青少年必读的成语典故

经典阅读书系

图文珍藏版

张燕　主编

中国纺织出版社

内 容 提 要

本书收录了400多则成语典故，生动形象地为读者再现了一个个耳熟能详的成语故事，这些成语故事蕴含着大量的历史事件，闪烁着人们卓绝的思想智慧，引领读者了解中华民族悠久的历史、探寻其深厚的文化渊源。每条成语注明其词义、用法、出处和典故，不仅能使青少年直观而全面地了解每一条成语，同时也能有效地培养青少年学习和运用成语的兴趣。

图书在版编目（CIP）数据

青少年必读的成语典故／张燕主编. —北京：中国纺织出版社，2016.6（2022.8 重印）

（经典阅读书系）

ISBN 978-7-5180-2400-1

Ⅰ. ①青…　Ⅱ. ①张…　Ⅲ. ①汉语-成语-典故-青少年读物　Ⅳ. ①H136.3-49

中国版本图书馆CIP数据核字（2016）第039433号

责任编辑：胡　蓉　　特约编辑：吴爱欣　　责任印制：储志伟

中国纺织出版社出版发行

地址：北京市朝阳区百子湾东里A407号楼　邮政编码：100124

销售电话：010—67004422　传真：010—87155801

http：//www.c-textilep. com

E-mail：faxing@c-textilep. com

中国纺织出版社天猫旗舰店

官方微博http：//weibo.com/2119887771

佳兴达印刷（天津）有限公司印刷　各地新华书店经销

2016年6月第1版　2022年8月第4次印刷

开本：710×1000　1/16　印张：18

字数：318千字　定价：45.00元

前言

成语是中华语言智慧的结晶，它言简意赅，内涵深远，有言有尽而意无穷之奇趣。每一则成语都是历史的缩影，凝聚了古人高超的生存智慧，闪烁着永恒的思想光芒。每一则成语的背后，都有一个饱含哲理的故事，发人深省，耐人寻味。这些成语故事有的是历史史实的概括，有的是古代战争的记述，有的是传说故事的精华，有的则是诗词文章的摘取和节录，还有一些成语来自民间口头流传，这些鲜活精彩的故事和历久弥新的经典文字，引领着广大读者去了解中华民族悠久灿烂的历史文化。

对于青少年读者来说，不论讲话或作文，准确恰当地使用一些成语，会使语言锦上添花。同时也能提高他们的自身素质、文化修养以及明白许多生活道理和增加个人智慧。

成语的精练和精辟与故事的生动和形象是统一的。青少年读者只有了解成语故事产生的时代和反映的历史事件，才能更好地理解成语的寓意和来历，从而在学习和生活中得心应手、运用自如！因此，学习成语最忌讳的是单单从字面上来理解它的意思。

本书取材广泛，体例新颖，编排独特，注重知识性、准确性、可读性和趣味性的统一。在条目方面，着重选取了实用性强又对读者具有启发和教育意义的成语故事；在内容上，做到了深入浅出，语言通俗易懂，适合各个层次的读者理解与记忆，同时配以形象的插图，通过文字、图片、版式的有机结合，将一个个脍炙人口的成语故事呈现给读者。

本书根据各个成语第一个字拼音开头的第一个字母顺序排列，非常方便读者查找。本书共收录了几百则具有典型教育意义的成语，并注明其词义、用法、出处与典故。出处译文有的在典故中进行了标注，有的对出处原文进行了精准翻译。每条成语，我们都竭力追本溯源，对于起源较晚的，也在故事中说明其演变过程，不仅让读者对每一则成语形成直观而全面的了解，同时也能有效地培养他们学习和运用成语的兴趣。

本书以全新的视角和全新的形式，展示中华民族博大精深的语言文化，生动地再现一个个人们耳熟能详的成语故事，全面领略中国传统文化的深厚积淀，探究中国历史上一段段传奇轶事和典故故事。拥有此书，无疑能丰富青少年的历史知识，增进青少年的文化修养，有助于提高青少年运用语言的能力。

编　者

2015 年 10 月

目录

D

E

F

G

H

J

K

L

M

N

O

P

Q

R

S

T

W

X

Y

Z

A

爱屋及乌

据说，殷商末代的商纣王为人残暴恣睢。当时的西部诸侯长西伯姬昌（周文王）也曾被纣王囚禁，受尽屈辱。周文王之子周武王得到其他几个诸侯的拥护，于是带兵伐纣，很快攻破朝歌（今河南省淇县东北）。纣王感到绝望，在朝歌放火自焚，商朝从此灭亡。

周武王灭商以后，建立了周朝。为了稳定局势，巩固政权，如何处理殷商的遗民，迫切地摆在了武王的面前。于是，周武王召集群臣，对此事进行商议。

姜尚向武王建议道：“**我听说，如果喜爱某个人，就连他房上的乌鸦也要喜爱；如果憎恨某个人，就连他家里的奴仆也憎恶**。我主张把殷遗民斩尽杀绝，一个也不留。”

周武王觉得这样做虽然干净利索，却对稳定局势不利，就问异母弟召公。召公说：“我认为应该杀有罪之人，不杀无罪之人。”武王觉得这样做还有些道理。

周武王又问同母弟周公，想听他有什么高见。周公非常严肃地说：“我觉得应该既往不咎，使殷人有安定的住所，安心于他们的职业。凡是注重仁爱的人，都和他们亲近，和他们和睦相处。”

周武王听了，觉得周公所说最为正确，于是就采纳了周公的意见。

◎成语释义

因为爱一处房子，也爱那房顶上的乌鸦。比喻爱一个人而连带地关爱与他有关的人或物。及：达到；乌：乌鸦。

◎故事出处

《尚书大传·牧誓·大战》：“太公曰：‘臣闻之也：爱人者，兼其屋上之乌；不爱人者，及其胥余。’”

◎成语示例

子存宠上了小老婆，未免“爱屋及乌”，把他也看得同上客一般。（清·吴趼人《二十年目睹之怪现状》第十四回）

安居乐业

《老子》又名《道德经》，是春秋时李耳的哲学著作。李耳非常睿智，提出了很多真知灼见，人们都尊称他为“老子”。

老子对当时的社会现状相当不满，认为国家加速发展会带来大灾难，希望回到远古的原始社会。为此，他设想出一个“小国寡民”的理想社会。

他是这样描述这个社会的：使国家变小，使人民稀少，即使造了大量的器具，也不发给人民去使用。让人民珍惜自己的生命，而不要向远方迁移，就算有车辆和船只，人们也不去乘坐它。就算有兵器装备，人们也不使用它。要让人民回复到远古结绳记事的自然状态之中，**让他们吃上可口的食物，穿上舒服的服装，有安逸的住处，对原有的淳朴风俗心满意足。**邻近的国家之间能够互相看得见，鸡鸣狗叫的声音能够互相听得到，可是人们要一直到老死，也不互相往来。

◎成语释义

原意是居住得安定，喜欢自己的职业。形容人们生活美满，劳动愉快。安：安于；居：住的地方，住处；乐：快乐，喜爱，愉快；业：所从事的事业。

◎故事出处

《老子》："甘其食，美其服，安其居，乐其俗。"

◎成语示例

吾村连岁械斗，弄得家家不安，人人担忧，现在不若奉此小郎君为主，一切听他指挥，倒可解怨息争，安居乐业，大众以为何如？（蔡东藩《清史演义》第一回）

按兵不动

春秋末年，卫灵公不愿继续听命于晋国，就与晋国断绝了关系。晋国大臣赵简子（即赵鞅）十分生气，就想率兵进攻卫国，逼迫卫国投降。为了弄清卫国的虚实，他派史默到卫国暗中了解情况。赵简子还与史默约定，要他在一个月内赶回晋国，以免贻误军机。

史默到卫国调查了一个月后本想回国，但脑筋转了一转，决定仍继续留在卫国搜集情报。晋国众臣子见史默迟迟不回，就劝赵简子立即发兵。赵简子左思右想，还是决定等史默回来后再说，不能草率出兵。

半年之后，史默才回到晋国，向赵简子汇报了自己的调查结果。

赵简子一见史默，就急不可待地问他："你这次去卫国，说好一个月就回来的，怎么用了这么长时间？我们都在为此事着急。"

史默回答说："想要得到利益，却很可能得到害处，这一点您觉察出来了吗？现在卫国国君拜蘧伯玉为相国，又有很多辅弼之臣；鲁国的孔子在卫国做客，他和他的学生子贡整日给卫国出谋划策。卫国国君对这些贤者的意见言听计从，所以卫国的实力越来越强。

"再说说卫国的民气吧！卫国国君命人到处宣扬，晋国已命令卫国，凡是有姐妹及女儿的人家，都要抽出一个女子送到晋国去当人质。为了让百姓相信这是真的，卫国国君召集了一批宗室、大夫之女，准备送往晋国。那里的老百姓眼看自己就要遭殃，就拦住那些贵族女子，纷纷表示要与敌军决一死战。

"所以说，想用武力征服卫国，恐怕很难。"

赵简子听了史默的话，觉得卫国虽小，但攻打它的时机还不成熟，于是下命令暂时停止对卫国的军事行动。

◎成语释义

原指作战时保存实力，暂时不行动。

现在多用来比喻接受任务后不愿意开展行动。按：止住。

◎故事出处

《吕氏春秋·恃君览·召类》：“赵简子按兵而不动。”

◎成语示例

又听得寨前炮响，史文恭按兵不动，只要等他入来，塌了陷坑，山后伏兵齐起，接应捉人。（明·施耐庵《水浒全传》第六十八回）

● 按图索骥

春秋时期，孙阳的“相马”（识别马的优劣）技术非常高超，人们很尊敬他，称他为“伯乐”。伯乐到了老年之时，为了把自己的技术传下去，就结合自己几十年相马的经验，写了一本名叫《相马经》的著作。

伯乐有个儿子，智商非常低，他很想继承父亲的相马之术，就把《相马经》读得滚瓜烂熟，准备根据书中的描述，找到千里宝驹，也好找一份相马的工作。

他看到书上说，千里马的额角高而丰满，眼睛特别大，四个蹄子又大又端正。他以为凡是具有这些特征的就是千里马，于是高高兴兴地出门寻马。走到半路，他看到一只大蛤蟆，就兴冲冲地将它抓住，带回家中。

见了父亲，他得意地说：“我的运气真好，一出门就找到一匹千里马。您看看，这匹马跟您书上说的差不多，额头宽，眼睛大，就是蹄子不太端正，还不够大。”

伯乐看到蛤蟆，又是气，又是乐，心想这孩子也太笨了。他苦笑着说：“可惜呀！这匹‘千里马’好蹦跶，不好骑呀！”

◎成语释义

原来比喻办事拘泥于形式，只按教条办事。现指按照线索去寻找事物。

◎故事出处

明朝杨慎所著的《艺林伐山》：“伯乐《相马经》有‘隆颡（sǎng）蚨日，蹄如累麹（qū）’之语，其子执《相马经》以求马，出见大蟾蜍，谓其父曰：‘得一马，略与相同；但蹄不如累麹耳。’伯乐知其子之愚，但转怒为笑曰：‘此马好跳，不堪御也。’所谓按图索骥也。”

◎出处译文

伯乐在他写的《相马经》书里有“额头高、眼睛亮、蹄子大，就是好马”的说法。一次，伯乐的儿子拿着《相马经》去认马。他出门看见一只癞蛤蟆，就对父亲说：“我找到了一匹（千里）马，其他条件都符合，就是蹄子有点不够大！”伯乐知道儿子很笨，被儿子气得笑了起来，说：“你抓的马太爱跳了，不能骑啊！”

◎成语示例

我就是想锻炼他，也该领着他一道去，一路上指点指点，让他先有个印象，以后再按图索骥。（毕淑敏《学会看病》语文课文）

● 暗送秋波

东汉末年，群雄并起，天下纷争，朝中大臣太师董卓夺权，“挟天子以令诸侯”，骄横不可一世。

当时司徒王允决意除掉董卓，于是想出美人计。王允有一歌伎，名貂蝉，天生丽质。王允有意让貂蝉与董卓的养子吕布相爱，于是安排貂蝉为吕布陪酒，席间貂蝉对吕布“秋波送情”，弄得吕布魂不守舍。

后来王允又让貂蝉与董卓见面，并把她许配给董卓。为此，吕布为貂蝉与董卓结下冤仇，最后杀了董卓。后人有诗赞王允道：“司徒妙算托红裙，不用干戈不用兵。三战虎牢徒费力，凯歌却奏凤仪亭。”

◎成语释义

原意指美女暗中眉目传情；后也泛指暗中示意，暗通信息，献媚讨好。秋波：旧时形容美女的眼睛像秋天的水波一样清澈明亮。

◎故事出处

罗贯中《三国演义》：“吕布欣喜无限，频以目视貂蝉，貂蝉亦以秋波送情。”、

◎出处译文

吕布非常高兴，不断地用眼睛去瞄貂蝉，貂蝉也用眼神回应。

◎成语示例

对张（作霖）则暗送秋波，对曹（锟）尤密切勾结。（蔡东藩、许廑父《民国通俗演义》第一二四回）

B

● 拔苗助长

春秋时期，宋国有一个农夫，总是担心田里的禾苗长得不快，每天到田边去看，急得抓耳挠腮。可是几天过去了，禾苗好像一点儿也没有长高。这下可把他急坏了，他在田边着急地来回踱步，心想："我必须想办法让它们长得再高点，再高点。"

有一天，他终于想到了一个办法，就慌忙跑到田边，将禾苗一棵棵地往上拔。他从早上开始拔，一直忙到黄昏，累得直喘粗气。干完活后，他非常疲惫地回到家中，说："今天可把我累坏了！但总算没白花工夫，禾苗都被我拔高了。"

他儿子听了，感到大事不好，急忙跑到田间细看，想找个补救办法。可是等他赶到田边时，禾苗全都已经枯死了。

◎成语释义

原意是把禾苗拔高帮助它生长。用来比喻违反事物发展的客观规律，一味追求迅速成功，结果把事情弄得一团糟。

◎故事出处

《孟子·公孙丑上》："宋人有闵其苗之不长而揠之者，茫茫然归，谓其人曰：'今日病矣！予助苗长矣！'其子趋而往视之，苗则槁矣。"

◎出处译文

宋国有个农夫看到他种的禾苗总是长不高，于是到田里一株一株地拔高。回家后对家人说："今天可把我累坏啦！我总算帮助禾苗长高了。"他的儿子跑到田里一看，禾苗都枯萎了。

◎成语示例

那种不顾学生能否接受的填鸭式的教学方法，无异于拔苗助长。

● 白衣苍狗

唐代，有一个叫王季友的诗人。王季友好学，家贫，但人穷志不短，作风很正派。可是，他妻子柳氏却嫌弃他，终于和他离了婚。有些人不了解内情，纷纷议论，以为是王季友抛弃妻子，都指责王季友，把王季友给丑化了。

杜甫作为王季友的朋友，对于社会上这些不公正的议论很有感慨，作《可叹诗》一首，就是针对那些不公正的议论而发的。它不叹王季友好夫无好妻，也不叹好人无好运，叹的是这样一个作风正派的人竟然被人说的那样低劣！

◎成语释义

本义指浮云像白衣裳，顷刻又变得像苍狗，比喻世事变幻无常，也作"白云苍狗”。苍：黑色。

◎故事出处

唐朝杜甫《可叹诗》：“天上浮云似白衣，斯须改变如苍狗。”

◎出处译文

天上的白云刚才还像一件白色的衣服，转眼间却变成了一只黑色的狗的样子。

◎成语示例

真是世事白云苍狗，不禁感慨系之矣！（鲁迅《华盖集·后记》）

百川归海

汉高祖的孙子刘安，位居淮南王之位。他非常好学，有过人的才华，曾召集宾客和懂得天文、医学、历算、占卜等技艺的人员数千人，集体编写了一部《淮南子》，又名《淮南鸿烈》，共有十万多字。

《淮南子》中有一篇著名的文章《氾论训》，讲述了人类社会发展的状况，其基本观点是符合历史唯物主义的。

文章中写道：“我们的祖先最早在山洞里居住，生活十分艰苦。后来，圣人出现，带领人们出洞建造房屋，摆脱了山洞里的生活。圣人又教会人们制造农具和兵器，用来种地和打猎，使人们过上了更安定的生活。后来，圣人又制礼作乐，用礼乐教化人们，使人们有了礼节和约束。

由此可以证明：社会总是在不断发展的。如果古时候的制度不适合今天的情况，就一定要废除；如果适合今天的情况，就应当发扬光大。

正如千千万万条从各处流来的江河，最后都会汇合流入大海一样，尽管每个人做的事情不尽相同，但人生目的是一样的，那就是要把社会建设好，让人们的生活越来越幸福。”

◎成语释义

原意是所有大小江河最后都流入大海。比喻大势所趋或众望所归。

◎故事出处

《淮南子·氾论训》：“百川异源，而皆归于海。”

◎出处译文

众多河流虽然源头不同，但最后都流向海里。

◎成语示例

唐王统一天下，万民称颂，有百川归海之势。

百闻不如一见

西汉宣帝时期，西北羌人攻入汉人

领地，夺取城池，烧杀抢掠。宣帝召集满朝文武商议，问谁敢带兵抵御羌人。老将赵充国虽已年过七旬，仍提出愿意承担重任，带兵杀敌。

汉宣帝大喜，问他需要带多少人马，他说：“听别人说一百次，还不如亲眼目睹一次。如果在千里之外为行军打仗进行计算，是绝对不可行的。我想亲自到那里看看，然后再制订精确的攻守计划，画好作战地图，再禀报陛下。”

宣帝觉得他说得很有道理，就同意了。他让赵充国带领一队人马，亲自到战区进行考察。赵充国的部队刚刚渡过黄河，就遇到一支羌军。赵充国下令进行攻击，结果大获全胜，抓获了很多敌军战士。士兵们想抓住这个机会继续进军，赵充国连忙予以阻止：“我军不远万里来到这里，兵马都很劳乏，不能追杀得太远。如果遭到敌人的伏击，后果将是灾难性的!”

士兵们听了这番话，对赵老将军的见识和谋略非常佩服。

赵充国对地形进行了仔细侦察，并从俘虏口中探得一些羌人内部的情况，了解到敌军的兵力部署，然后苦心谋划，终于制订出屯兵把守、整治边境、分化瓦解羌人的策略，向皇帝上奏。

汉宣帝看到赵充国的奏章，采纳了他的意见。不久，朝廷就派兵平定了羌人的侵扰，安定了西北边境。

◎成语释义

听说一百次不如亲眼见到一次。表示听得再多也不如亲眼见到可靠。

◎故事出处

《汉书·赵充国传》：“百闻不如一见，兵难隃度，臣愿驰至金城，图上方略。”

◎出处译文

听说一百次，还不如亲眼目睹一次。行军打仗很难进行计算。我想亲自到那里看看，然后再制订精确的攻守计划，画好作战地图，再禀报陛下。

◎成语示例

从前画师所绘的狮子形，统是全身有毛，我观这狮子并不是这么样子，所以百闻不如一见。(《慈禧太后演义》第三十六回)。

● 百折不挠

东汉灵帝时期，有一位叫乔玄的大臣，性情非常刚毅，疾恶如仇。

乔玄在京城任职的时候，有一天，三个强盗在他府门外转悠，看见乔玄10岁的小儿子正在门口玩耍，就劫持了孩子作为人质，想狠狠地敲诈乔玄一笔。校尉阳球得知消息后，与河南府尹、洛阳县令统率军队，将乔府围了个水泄不通，但是不敢进攻，害怕强盗狗急跳墙杀害孩子。

乔玄赶到自己的府第，大声喝道：“强盗如此猖狂，难道我会为了孩子而纵容他们的罪行吗?”乔玄还催促阳球立刻进攻。结果强盗全部抓获，他的小儿子也因此遇害。

乔玄担任尚书令时，发现同僚盖升有经济问题。盖升官至太中大夫，他和灵帝私交甚好，就仗着这层关系，毫无顾忌地收受贿赂、搜刮民财。

乔玄非常气愤，就给汉灵帝上奏章，要求将盖升罢官，将他的家产抄没。可是，汉灵帝庇护盖升，不但不对盖升进行处罚，反而升了他的官。乔玄便以生病为由，辞职还乡。

人们非常佩服乔玄这种刚毅果敢、勇往直前的精神，蔡邕为他写下了《太尉乔玄碑》，对他“百折不挠”的英雄气概给予了很高的评价。

◎成语释义

多用来形容意志坚强，无论遭遇多少挫折都不动摇，不屈服。挠：弯曲，比喻屈服。

◎故事出处

汉代蔡邕的《蔡中郎集·太尉乔玄碑》：“其性庄，疾华尚朴，有百折不挠、临大节而不可夺之风。”

◎出处译文

他的性格严肃，嫉恨奢华，崇尚俭朴，有百折不挠、在重大原则问题上决不改变自己意志的气概。

◎成语示例

自成虽然新遭大败，但此人百折不挠，锐意进取，加之重要将领均在，上下同心，亲密无向，又善于整饬军纪，救民之急，所以只要他喘息一下，重振旗鼓不难。（姚雪垠《李自成》第一卷第十七章）

包藏祸心

春秋时期，楚国将领公子围受哥哥楚王之托，去郑国访问。郑国非常弱小，为了在夹缝中求生存，对楚国使者极力巴结。毕竟，有了楚国的保护，别的强国就不敢任意欺凌郑国了。郑国的大夫公孙段为了国家利益，决定把女儿嫁给公子围，表示两国的友谊牢不可破。

公子围对这门婚事一口应承下来，其实他心中另有诡计。在迎亲时，公子围带来了很多兵马，想带进城去夺取郑国的政权。没想到郑国大夫子产一下子就看透了公子围的心机，因此拒绝他进入京城。

子产派子羽去对楚国的客人说：“本国的都城非常狭窄，无法容纳公子那么多的随从，就请在城外举行迎亲仪式吧!”

公子围十分生气，就叫太宰伯州犁向子羽答复道：“哪有在野外举行婚礼的先例呢？我们临来之前已经在祖庙里向祖先祭告过，如果在城外娶亲，岂不是羞辱我们楚国？而且这样做对郑国来说也不体面。况且不要忘了，我是楚国的令尹！假如我真的在野外结婚，回国后将被人瞧不起，再也没有做令尹的资格了。所以贵国的安排恕我难以接受。”

子羽板起面孔，他正颜厉色地说道：“不错，我们郑国是个小国。可是**国家弱小并不是错误，如果依赖大国而不加防备，那才是错误。我们本想通过联姻的办法求得楚国的保护，可是楚国心中却藏有不良企图，来打郑国的主意**，我们又怎能不作一点儿防备！”

公子围看到郑国早有防备，自己实在讨不到便宜，只好答应不带兵甲进城，郑国这才允许他进城迎亲。

这年的正月十五，公子围进入郑国都城，与公孙段的女儿结婚，婚后马上离开了郑国。

◎成语释义

本意是指心中藏有不良企图，后来也用它形容外表和善，心怀恶意。

◎故事出处

《左传·昭公元年》：“小国无罪，恃实其罪；将恃大国之安靖己，而无乃包藏祸心以图之。”

◎成语示例

面前摆着一幅画，我看了好久，觉得画中这位面目狰狞者好似包藏祸心的歹徒。

● 抱薪救火

战国时期，各诸侯国你争我斗，都想扩张领土，很多小国被大国所吞并。当时，比较强大的国家有秦、楚、齐、赵、韩、魏、燕七国。而这七国当中，又以秦国最为强大。它不断向邻国进攻，采取蚕食政策，想灭掉六国，统一天下。

魏国的国君安鳌王非常无能，面对秦国的屡次侵略，他一点办法都没有。安鳌王元年，秦军占领了魏国的两座城池；第二年又夺去三座城池，并且直逼魏都大梁（今河南开封市）。韩国出兵援助魏国，也被秦军打败。安鳌王无奈，只得割让一部分土地给秦国，才算了结了战争。

第三年，秦国又发动进攻，占领魏国两个城池，魏军战死沙场的足有数万人。第四年，秦国打败了魏、赵、韩三国军队，沙场上战死的足有十五万人，魏国大将芒卯也因此失踪。这时，魏国大将段干子向安鳌王提出建议，把魏国的南阳城割让给秦国，以此求得秦国退兵。

谋臣苏代是纵横家苏秦之弟。他主张各诸侯国联合作战，坚决反对妥协议和。

苏代对安鳌王说：“在魏国领土没有割完之前，秦国是不会轻易放过大王的。**用割地的办法来向秦国讨好，这就好比抱着柴草去救熊熊大火一样，柴草没烧完，火就不会熄灭。**”魏王厌倦了战争，一心想议和，把苏代的话当成耳旁风，结果魏国终被秦国所灭。

◎成语释义

比喻想消灭灾害，因方法不当，结果反而加重了灾害。

◎故事出处

《史记·魏世家》：“且夫以地事秦，譬犹抱薪救火，薪不尽，火不灭。”

◎成语示例

遇到困难应冷静思考，用正确的方法解决，抱薪救火，只会适得其反。

杯弓蛇影

一年夏天，县令应郴在家里摆下酒宴，请负责办理文书的官员杜宣吃饭。应郴对杜宣的工作表现非常满意，将宴席设在客厅里，而且在酒宴中一再殷勤劝酒。

杜宣见上司如此重视自己，心里非常高兴，可是当他将酒杯端起时，却看到酒杯里有一条小蛇在游动。他见杯中有蛇，心里非常害怕，可是上司劝酒，他又不敢不饮，于是心一横，将这杯酒一饮而尽。喝完酒后，他越想越难受，总怀疑自己吞下了一条小蛇，因此无论上司如何劝酒，他都不愿再饮了。

回到家后，杜宣只觉得肚子一阵又一阵的疼痛，实在无法忍受，终于病倒了。应郴听说杜宣生病了，就到他家去探望。当应郴问到他得病的病因时，杜宣不再隐瞒，将那天赴宴的所见所感一股脑儿地说了出来。

应郴回到家中，非常纳闷，怎么也不相信酒杯中会有一条小蛇。为了解开疑团，他到那天喝酒的地方左看右看，终于看到北墙上有一把涂了油彩的弩。这把弩会不会就是杜宣所看到的"蛇"呢？他马上坐在那天杜宣坐的位置，倒了满满一杯酒。他低头一看，弩的影子恰巧落在酒杯之中，就像一条小蛇在缓缓游动。

应郴恍然大悟，马上派人把杜宣请来，让他坐在那天喝酒时的原位上，并端来一杯酒，让他仔细看看杯中的影子。杜宣虽然落座，心里仍惴惴不安，他端起酒杯往里一看，只见酒杯里又有一条小蛇！他心里非常紧张，两手抖得厉害，浑身冷汗直流。

应郴笑嘻嘻地指着墙上的弩，说道："你仔细看看，我们家哪里有什么蛇，只不过是墙上那把弩的影子投射到你杯中罢了！"

杜宣知道那是弩的影子，这才解除了疑虑和恐惧，身体很快就痊愈了。

◎成语释义

比喻因疑虑而引起的恐惧，有时也用它讽刺那些疑神疑鬼、在虚幻现象面前盲目惊恐的人。亦称"蛇影杯弓"。

◎故事出处

东汉应劭《风俗通义》："时北壁上有悬赤弩照于杯，形如蛇。宣畏恶之，然不敢不饮。"

◎出处译文

挂在墙上的弓映在酒杯里，形状像蛇。杜宣害怕是蛇，却不敢不喝。

◎成语示例

看清楚！那只是块石头！别杯弓蛇影，自己吓自己。

● 背水一战

秦朝灭亡之后，爆发了楚汉战争。当时，汉王刘邦手下有一员大将韩信，是位非常了不起的军事家。他为了帮助刘邦打败项羽，先施巧计占领了关中，然后东渡黄河，打垮魏军，活捉魏王豹，接着又准备向东攻打赵国。

韩信指挥军队，在离井陉30里的地方停止前进，安营扎寨。这时候，赵国军队也来到这里。双方形成对峙之势。到了半夜，韩信又派出2000人马从小道悄悄前进，要他们在赵军离开营地后冲入赵军营地，将营地中的旗号改换为汉军旗号；韩信还派一万军队故意背靠河水排列开阵势，来引诱赵军进攻。

第二天，双方的激战开始。没打多久，韩信故意退往水边阵地，赵军则全体离开营地，追击韩信。这时，汉军由于没有了退路，就拼尽全力与赵军进行厮杀。战争的结果是勇猛无比的汉军大获全胜。

在庆功会上，众将问韩信："背水列阵是兵家的大忌。将军既然精通兵法，为什么明知故犯却取得胜利呢？"韩信哈哈大笑，回答说："兵法上虽然认为背水作战不好，但也说过，有意把士兵们放在死地，他们才会尽全力打仗，以求得生存。要是为士兵设置了退路，他们遇到困难就会东逃西散，不会有拼命的势头。"

◎成语释义

背靠江河作战，不给自己留退路。比喻和对方决一死战。背水：背临江河，表示没有退路。

◎故事出处

《史记·淮阴侯列传》："信乃使万人先行，出，背水陈……军皆殊死战，不可败。"

◎出处译文

韩信派出万余士兵离营，背靠河水排列开阵势……众军都拼尽全力与敌人进行厮杀，这样的队伍是不会被打败的。

◎成语示例

挫折也有两重性。它可以把人置于死地，也可能使人置之死地而后生。他只有背水一战了。（理由《高山与平原》）

● 鞭长莫及

鲁宣公十四年（公元前595年），楚庄王派申舟到齐国出使。由于楚庄王势力强大，所以他吩咐申舟不必向宋国提出借路的要求。宋国得知后，认为这是楚国在侮辱本国，感到不可忍受，就把申舟杀死。楚庄王勃然大怒，立即派人马讨伐，大军直打到宋国的都城，将城池团团围住。

两军相持了几个月后，宋国派遣大夫乐婴齐去晋国求援。

晋景公觉得这是一个称霸天下的好机会，想答应宋国的请求。大夫伯宗却劝道："大王，我们现在不能出兵。古人说得好：'马鞭子虽然长，但打不到马肚子上去。'现在楚国的力量非常强大，又受到上天的保护，我们怎么和它争斗呢？尽管我们晋国很强大，又怎能与天意相违抗？我劝您还是忍一忍，不要出兵吧。"

晋景公觉得伯宗说得在理，也就打消了出兵的念头，只是派大夫解扬去宋国，让宋国不要投降，说晋国援兵正在路上，很快就会到达宋国。

宋人听说有了援军，便精神百倍地坚守城池。几个月后，楚军久攻不下城池，怕别的国家出兵干涉，最后不得不同意停战修好。

◎成语释义

原意是马鞭子虽长，却打不到马肚子上。比喻虽然很想去做，但是能力却达不到。莫：不能；及：达到。

◎故事出处

《左传·宣公十五年》："宋人使乐婴齐告急于晋。晋侯欲救之，伯宗曰：'不可。古人有言曰："虽鞭之长，不及马腹。"天方授楚，未可与争，虽晋之强，能违天乎！'"

◎出处译文

宋国派乐婴齐去晋国求援。晋景公打算出兵解围，大夫伯宗说："不可出兵。古人说：'马鞭虽长，但打不到马肚子上。'上天正在保佑楚国，不可以同他争斗。虽然我晋国强大，但能违背天意吗？"

◎成语示例

除掉腹地里几省外国人鞭长莫及，其余的虽然没有摆在面子上瓜分，暗地里都各有了主子了。（清·李宝嘉《官场现形记》第五十四回）

● 宾至如归

公元前542年，郑简公派遣大夫子产出访晋国。为了表示对大国的尊敬，子产带去很多礼物。当时鲁襄公不幸逝世，晋平公借口向鲁国国丧致哀，没有接见子产。子产知道这是有意轻慢，就命令随从将晋国宾馆的围墙拆掉，将车马赶了进去，把带来的物品安放其中。

晋平公听说这件事，很吃惊，就派遣大夫士文伯前去追问子产这样做的原因。

子产并不着急，不卑不亢地回答说："郑国是一个小国，当然要向大国进贡，表示我们的礼貌。可是这次我们携带礼物来朝贺，你们的国君没有空，不肯见我们。听说晋文公做盟主的时候，自己的住所非常简陋，却把接待诸侯的宾馆修得又高又大，宾客到晋国时受到的照顾简直是无微不至。他虽然政务繁忙，却能及时地接见客人，和客人休戚与共，使客人在这里就像在自己家中一样。可是，现在的晋国国君却做不到这些。”

士文伯将子产说的话原原本本地报告给晋平公。平公听后，感到惭愧，立刻在宫中隆重地接见了子产，回赠他丰厚的礼物，并下令将宾馆重新修葺。

◎成语释义

指客人来到这里就像回到自己家里一样。形容主人招待客人非常热情、周到。宾：客人；至：到；归：回到家中。

◎故事出处

《左传·襄公三十一年》：“宾至如归，无宁灾患，不畏寇盗，而亦不患燥湿。”

◎出处译文

客人来到这里就像回了家一样，没有灾祸患难的打扰，不畏惧盗寇侵犯，也没有燥湿伤身的苦恼。

◎成语示例

我们经营酒店，要让客人有宾至如归的感觉。

● 兵贵神速

三国时期，曹操消灭了袁绍势力，袁绍的儿子袁尚、袁熙没有办法，只得投奔辽河流域的乌丸族首领蹋顿单于。蹋顿趁机向河北地区进行侵扰，使当地人民的正常生产和生活受到破坏。曹操手下的谋士郭嘉对当时的形势进行了仔细的分析，劝告曹操应当率军征讨袁尚、蹋顿，一举扫平后患。

曹操率领大军到达易县地区后，郭嘉又向曹操献计说：“行军打仗以行动迅速为贵。现在我们到很远的地方去作战，携带大量的军用物资，所以行军速度非常缓慢，这对作战非常不利。如果乌丸人了解了我军的情况，就会做好准备。为您的作战考虑，不如将笨重的军械物资丢弃，加快行军的速度，趁敌人没有防备的时候突然发动进攻，就能够一举获得胜利。”

曹操很相信他，依计而行，统率精锐部队飞快地赶路，直奔蹋顿单于驻地。乌丸人见曹操大军赶到，没有一点儿防备，仓促应战，结果一败涂地。蹋顿死在沙场，袁尚、袁熙逃往辽东。曹操大喜，对郭嘉更加信任。

◎成语释义

表示用兵打仗最重要的是行动迅速。贵：可贵、重要。

◎故事出处

《三国志·魏书·郭嘉传》：“太祖遂行至易，嘉言曰：‘兵贵神速。’”

◎出处译文

曹操率兵到达易县后，郭嘉对曹操说：“用兵打仗最重要的是行动迅速。”

◎成语示例

兵贵神速，今夜分四路去劫大寨，杀得他只轮不返。（清·陈忱《水浒后传》第七回）

● 病入膏肓

春秋时期，晋景公病重，打算聘请医术高明的人来给自己治病。医生还没到来之前，景公做了一个梦，梦见有两个人在自己的肚子里谈话。

一个说：“景公这回请的人，医术十

分高明。那个医生来了，会用药伤害我们。这回怎么逃哇？”另一个说：“不用怕！我们躲到肓之上、膏之下，那是药力达不到的地方，医生也拿我们没办法。”

第二天，医生到了。他详细地望闻问切之后，叹道：**“这个病，我的医术无能为力。因为病根在肓之上、膏之下，用灸法攻治不行，扎针又达不到，吃汤药，其效力也达不到。这病实在没办法治啊。”**医生说罢，面带惭愧之色。

景公听后说：“这是良医呀，所诊病情与我昨夜所梦完全吻合。”说毕，叫人送了一份厚礼给医生，让他回秦国去了。

◎成语释义

指病情十分严重，无法医治。比喻事情到了无法挽救的地步。古人把心尖脂肪叫“膏”，心脏与膈膜之间叫“肓”。

◎故事出处

《左传·成公十年》：“疾不可为也，在肓之上，膏之下，攻之不可，达之不及，药不至焉，不可为也。”

◎成语示例

吾观刘琦过于酒色，病入膏肓，今见面黄羸瘦，气喘呕血，不过半年，其人必死。（明·罗贯中《三国演义》第五十二回）

● 捕风捉影

汉成帝登基的时候只有20岁，可是到四十多岁他还没有子嗣。他听信方士之言，热衷于祭祀鬼神，但收到的效果甚微。

光禄大夫、大司农谷永向汉成帝上书说：

“听说对于明了天地本性的人，不可能用神怪去迷惑他；懂得世上万物之理的人，不可能受行为不正的人蒙蔽。现在好多人大谈神鬼，说仙人和长生不老药真的在世上存在。听他们的话，人们满耳都是美妙的景象，好像马上就能遇见神仙一样；可是你真要寻找仙人和不老药时，却又感到虚无缥缈，如同要捆住风、捉住影子一样，是不可能得到的。因此历代贤明的国君都不听神鬼之论，圣人绝对不说这种话。”

谷永又举了周灵王、楚怀王和秦始皇的反面例子，来提醒汉成帝。

最后，谷永又说：“从古至今，帝王们依靠着自己的权势和巨大财富，想找到神仙，却不免归于失败。希望您能吸取他们的教训，不要再让那些没有品行的小人干预朝廷政事，乱了朝堂。”

汉成帝认为谷永说得非常有理，便采纳了他的忠言。

◎成语释义

比喻说话做事没有确切的事实根据，或者无事生非。

◎故事出处

《汉书·郊祀志下》："听其言，洋洋满耳，若将可遇；求之，荡荡如系风捕景，终不可得。"

◎出处译文

听了他们的话，人们满耳都是美妙的景象。可是你真要去寻求时，却又感到虚无缥缈，如同要捆住风、捉住影子一样，是很难做到的。

◎成语示例

那些传闻只不过是捕风捉影，不必理会。

● 不耻下问

春秋时期，由于孔子在政治、哲学、教育学等方面都有很深的见解和学问，所以人们把他当成天下的圣人。但孔子却认为，人并不是生下来就具备渊博的学问，一定要好学多问。

有一天，孔子去鲁国国君的祖庙参加祭祖仪式，他不时向别人发问。很多人见他这样，都嘲笑他不懂礼仪，总问人家。孔子听后，一点也不在乎，还说："遇到不懂的事情就问个清楚，这才是知礼的表现啊！"

卫国的大夫孔圉非常耿直，而且谦虚好学。他逝世后，人们授予他"文"的谥号，所以后人把他叫作孔文子。

孔子的学生子贡对孔文子非常不服气，就问孔子，为什么人们给孔圉"文"的谥号。孔子笑了笑，然后回答道："孔圉聪敏又能勤奋学习，不因为向学问和地位比自己低的人求教而感到羞耻，因此他才可以得到'文'字的谥号啊！"

◎成语释义

不因为向学问和地位比自己低的人求教而感到羞耻。形容谦虚好学。耻：感到羞耻。

◎故事出处

《论语·公冶长》："敏而好学，不耻下问。"

◎出处译文

天资聪明而又好学，不以向地位比自己低、学问比自己差的人请教而感到羞耻。

◎成语示例

阁下既不耻下问，弟先须请教宗旨何如？（清·刘鹗《老残游记》第七回）

B

不合时宜

汉成帝死后，他的养子刘欣继承了帝位，史称汉哀帝。汉哀帝的身体不好，经常生病。建平二年（公元前5年）六月，哀帝的母亲丁太后因病逝世。官拜“黄门待诏”的夏贺良给汉哀帝上了一道奏表，提议改年号，说这样能使灾祸远离皇室。

汉哀帝害怕灾祸降到自己身上，就听从了他的建议，在六月甲子日发布诏书，大赦天下，改建平二年为太初元年，将帝号改为“陈圣刘太平皇帝”，把计时漏上的刻度从一百度改为一百二十度。

但年号改变后，哀帝经常生病的情况仍然没有好转。哀帝觉得夏贺良可能在骗他，于是派人对他展开调查，最后查明他平时说话就不负责任。

皇帝很生气，就在八月份下了一道诏书，说：“**黄门待诏夏贺良等提议改变年号和帝号，说增加漏的刻度可以使国家永远安定。我误听了他们的话，希望给天下带来安宁，但是并没有应验。夏贺良等人的话都违经背古，不契合世情。**六月甲子日的诏书，除了大赦天下之外，全部废除。”

◎成语释义

不适合时代形势的需要，也指不合世俗风尚。合：符合；时宜：当时的情况形势。

◎故事出处

《汉书·哀帝纪》：“待诏夏贺良等建言改元易号，增益漏刻，可以永安国家。朕听过贺良等言，冀为海内获福，卒亡嘉应。皆违经背古，不合时宜。”

◎成语示例

闻得他因不合时宜，权势不容，竟投到这里来。（清·曹雪芹《红楼梦》第六十三回）

不拘一格

近代时期，出现了许多思想新颖的文人，龚自珍就是其中一位。他从小喜爱读书，非常喜欢写诗，二十多岁时写诗就有很大的名气。他的诗富有想象力，语言浪漫瑰丽，充满着爱国热情。

龚自珍27岁中举，38岁考中进士，在清政府担任了二十余年的官职。可是他对官场的腐败和黑暗非常不满，在48岁时辞官回家。

龚自珍回家途中，路过江苏镇江。当地正在赛神，街上人山人海，熙熙攘攘，人们抬着天神在虔诚地祭拜。一个道士发现龚自珍来到这里，知道他是一个文豪，就请龚自珍为他们的祭祀活动写篇祭文。

龚自珍觉得这是好事，便点头答应。一挥而就写下了《九州生气恃风雷》一诗：“九州生气恃风雷，万马齐喑究可哀。我劝天公重抖擞，不拘一格降人才。”

诗的大意说：中国应当充满生气，展开快速、迅雷般的变革，来改造社会。现在人民都闭口不谈国家大事，这真是太可悲了。**我奉劝天公提起精神，重新振作起来，不受常规的限制，把有用之才降生到世间来。**

◎成语释义

指不受一种规格或格局的局限。拘：限制；格：规格、格局。

◎故事出处

近代龚自珍的《己亥杂诗·九州生气恃风雷》：“我劝天公重抖擞，不拘一格降人才。”

◎成语示例

不但体裁，风格，题材，表现手法可以鼓励勇于创新，甚至连主题，也可以是不拘一格的。（秦牧《“果王”的美号》）

● 不堪回首

南唐李煜，世称李后主。李煜在政治、军事上昏庸无能，他从小在深宫里长大，过着奢侈的生活，经常身陷后宫之中，和妃子们寻欢作乐。

974年秋，宋太祖赵匡胤派使者通知他到开封朝见，李煜知道有去无回，索性称病不去。赵匡胤正好找了这个借口，派十万大军征讨南唐。第二年初，宋军抵达长江北岸，南唐都城金陵危急，此时的李后主还蒙在鼓里，整天在宫内和一批和尚道士讲经说法。随后金陵被攻破。李煜被押到开封，当了亡国之君。

李煜虽然在政治上无作为，但却是当时著名的词人，在诗词、音乐、书画等方面无所不能，可能是中国历史上最有才华的一个国君。赵匡胤没有杀他，而是侮辱性地封他为违命侯，实际上让他过着囚犯一样难堪的生活。

赵匡胤去世后，他的弟弟赵光义即位，世称宋太宗。太宗比太祖更为猜忌。李煜有一天可能是喝多了酒，作了一首名为《虞美人》的词：“春花秋月何时了？往事知多少。小楼昨夜又东风，故国不堪回首月明中。雕栏玉砌应犹在，只是朱颜改。问君能有几多愁？恰似一江春水向东流。”

这首词非常明显地表达了他至今还

在恋念故国，令人同情。词写得凄切美丽，可能也是他最著名的一首作品了。不过他却逃不过“言论有罪”的惩罚，宋太宗听到后大发雷霆，就帮李煜解决了他亡国的“忧愁”，派人将他毒死。

◎成语释义

指对过去的事情想起来就会感到痛苦，因而不忍去回忆。堪：可以忍受；回首：回顾，回忆。

◎故事出处

南唐李煜《虞美人》词：“故国不堪回首月明中。”

◎出处译文

不忍心回首亡国以前的那些事情。

◎成语示例

诚有令人不堪回首者，则我今日之临眺于此，虽百年之久，曾不能以一瞬尔。（清·无名氏《杜诗言志》）

● 不可救药

周武王率领众诸侯灭掉了商朝，建立了西周王朝。西周初期，奴隶制经济有了较大发展，农业和手工业都不断进步，百姓的生活越来越好。众百姓一提到武王、周公的恩德，一个个激动不已，泪流满面。

可是到了西周后期，奴隶主贵族日益腐朽，他们穷兵黩武，无缘无故地发动战争，加重了百姓的负担。百姓们苦不堪言，怨声载道。

周厉王登基后，只知道吃喝玩乐，根本不管朝廷大事，国家越来越衰落。厉王十分贪婪，独占山林川泽，不许百姓去打猎、砍柴、捕鱼。他为了避免人们议论他，还派人监视人们的言行，如果发现有人对他不满，就毫不留情地将这人杀死。人民个个都愤恨厉王。

眼看国家摇摇欲坠，许多忠臣痛心不已。有一位名叫凡伯的老臣不断向厉王进言，极力劝谏他改变政治手段，以美德教化万民，挽救国家的颓势。可是周厉王不肯听他的正确意见。朝中的小人趁机嘲笑凡伯，说他是昏聩无能、不识时务的庸碌之臣。

凡伯眼见昏君佞臣如此糊涂，非常气愤，作了一首诗来表达自己的心情。这首诗后来被选入《诗经》，就是千古传诵的《板》。《板》的大意是这样的：

老天正在行暴虐，不要这样来喜乐。

老夫谆谆将你劝，小子骄傲意轻薄。

说话非我老昏了，是你有意来戏谑。

你的气焰如此盛，真是不可再救药。

凡伯的意思是劝说周厉王和那些权臣，千万不要把国家大事当儿戏，趁现在忧患还没到来的时候，对它尽力防止，如果忧患越积越多，就没有回天之术了。

果然不出凡伯所料，公元前842年，“国人暴动”爆发，平民和奴隶拿起武器，冲进王宫，周厉王仓皇逃走，从此再也没有回到京城。

自此以后，西周一天天衰落下去，出现了分崩离析的局面。后来周平王只得把都城迁到洛邑，建立了东周王朝。东周君王再也没有能力控制全国局势，于是各路诸侯为了各自的利益不断打仗，天下变成一处处战场。

◎成语释义

病重到已无法用药医治。现在多用来比喻人或事情发展到无法挽救的程度。

◎故事出处

《诗经·大雅·板》："匪我言耄，尔用忧谑。多将熇熇，不可救药。"

◎成语示例

怀疑与猜忌，难道就竟已成了他们不可救药的根性了吗？（郑振铎《桂公塘》十四）

不求甚解

东晋时期，田园诗人中陶渊明的名气很大。他开创了中国古典诗歌的新境界，受到人们的尊敬。

陶渊明特别喜欢幽静清闲的田园生活，就辞去官职，隐居在家。他回家后，过着非常贫苦的生活。家中只有几亩微薄的田产，加上天灾屡降，一家人的生活也只是勉强能够维持。但陶渊明却非常喜欢隐居生活，每日快快乐乐、潇潇洒洒。他稍有闲暇，就寄情于读书写诗之中。

在28岁那年，陶渊明给自己写了一篇文章，取名《五柳先生传》。在文章的开头，他写道："不知道先生是什么样的人，也不了解他的真实姓名。他在屋旁种了五棵柳树，所以就以'五柳'作为自己的雅号。五柳先生非常喜欢安静，从不多说话，也不羡慕荣华利禄。

他特别喜爱读书，但读书时却不在一字一句的解释上苦下功夫。每当体会到书中的要义时，他便会非常高兴，甚至把吃饭都忘记了。他生性喜欢饮酒，但家里很穷，不能常常供给他美酒。亲朋好友知道他的境况，就常常把美酒准备好，请他前去品尝，解解馋。而他从来不推辞，不把酒喝光决不回家。"

◎成语释义

原指读书只体会精神要义，不在一字一句的解释上浪费时间。现在多指学习时马虎，不深刻理解或不深入了解情况。甚：十分；解：理解。

◎故事出处

晋·陶渊明《五柳先生传》："好读书，不求甚解，每有会意，欣然忘食。"

◎出处译文

（陶渊明）特别喜爱读书，不钻牛角尖；每当体会到要义时，便高兴得忘了吃饭。

◎成语示例

这人小的时候，诸事颟颟顸顸，不求甚解。（清·李宝嘉《官场现形记》第五十四回）

不入虎穴，焉得虎子

公元73年，大臣窦固奉汉明帝之命，率领军队对匈奴进行征讨。窦固任41岁的部将班超为假司马，对他非常赏识。在这次战争中，班超奋勇杀敌，建立了不朽的功绩。窦固大喜，正巧他有联络西域各国的需要，就派班超和参谋郭恂一起，到西域各国去出使。

班超带领36名随从勇士出发，首先到了鄯善国。那里的国王一开始还对他们不

B

错，招待得非常周到。但这样的热情仅仅过了几天，国王就对他们冷淡起来。

班超作出判断，认为一定是匈奴国的使者也来到鄯善国，鄯善王犹豫不决，不知道该听谁的。于是他就问接待他们的胡人，在威逼之下，班超证明了自己的判断。班超将这个胡人囚禁起来，又召集36名勇士前来喝酒。

大家正在畅饮琼浆之时，班超严肃地对大家说："我们来到这么遥远的地方，就是想建立功业，求得功名富贵。现在匈奴使者一来，鄯善国王就对我们取消礼敬。如果他真的听了匈奴人的话，说不定还会暗害我们。你们知道，**不进入老虎洞，就抓不到小老虎，**我们还不如趁早把匈奴使者杀了，才能使自己的生命得到保全。"

当天晚上，班超带领36名勇士接近匈奴人的住所，将匈奴人杀死，并把他们的首级给鄯善王观看。国王惊得浑身是汗，知道汉朝将士不是好惹的，终于决定投靠汉朝，不接受匈奴的劝诱。

◎成语释义

不进入老虎的洞穴，就不能将幼虎捕获。常用来比喻不亲临险境、经历艰苦，就不可能取得成功。

◎故事出处

《后汉书·班超传》："超曰：'不入虎穴，不得虎子。'"

◎成语示例

不入虎穴，焉得虎子，我们不深入林中，就很难找到珍贵的药材。

不违农时

战国时期，梁惠王曾向孟子请教："怎样才能使我的国家富强起来呢？"

孟子直接回答道："不要整天忙于打仗。要鼓励人民种地，这样才能使百姓富裕起来，使国家强大起来。如果在农人播种、锄地、收割的季节里，国君不去征兵打仗、增派徭役，让他们把心思全用在田地里，您的国家就会收获数不清的粮食，还愁什么灾年呢？

"当然还有植树、打鱼的办法，您也应该立下法令进行规定。太小的鱼不能捕捞，没长高的树木不能滥伐。这样湖塘里就会有丰富的鱼类，森林里就会有用不尽的木材，老百姓生活富足，日子过得快乐，他们能不拥护你吗？如果这样做，国家就兴旺、富强起来了！"

"先生的意见很合我的心意！"梁惠

王听到这些真知灼见，非常高兴，从此更加佩服孟子了。

◎成语释义

按照最适宜的农事节气进行农业生产，不要因为其他事情使农业劳动受到干扰，以免耽误、错过最好的时间。

◎故事出处

《孟子·梁惠王上》："不违农时，谷不可胜食也。"

◎出处译文

按照最适宜的农事节气进行农业生产，粮食就会多得数不清，吃也吃不完。

◎ 成语示例

只要不违农时，按季节春耕秋收，遇上风调雨顺就会有好收成。

● 不遗余力

公元前260年，秦国大将白起与赵国交战，打败赵将赵括，活埋了他所率领的四十多万大军。秦王见赵军主力已被消灭，就提出要赵国割让六座城池给他，不然还要接着打仗。

赵王气愤不已，就召见大将楼昌和上卿虞卿，一起商讨对策。赵王说："长平一战，我赵国打了败仗，我想亲自率领大军与秦国决一死战，你们觉得怎么样？"楼昌说："这样恐怕不行，还是跟秦国求和为好。"

上卿虞卿问赵王："大王，这次秦国是想将我国军队歼灭呢，还是打一打就班师回去？"赵王说：**"秦国这次攻打我国，出动全部力量来作战，肯定是想消灭我国军队才肯走的。"**虞卿说："既然如此，我们可以带上重金去楚、魏两国，劝他们和我们联合。他们怕被秦国吞并，一定会接待我们。这样一来，秦国一定害怕起来，主动同我们讲和。"

可是赵王根本不听虞卿的忠言，还是让人向秦国求和。虞卿听说后，对赵王说："这样求和，无异于妥协，一定会失败。因为秦国会趁机将赵国求和之事向各国宣扬。其他国家都以为赵国与秦国讲和了，就感到没有必要援助赵国了。秦国见赵国失去援助，就会认为没有同赵国讲和的必要了。"

果然，赵国这次求和没有成功，秦国还是要打仗。赵王无奈，只得与秦国订立了非常屈辱的和约。

◎成语释义

使出所有的力量，不作一丝一毫保留。遗：留下；余：剩下的。

◎故事出处

《战国策·赵策三》：“王曰：‘秦之攻我也，不遗余力矣，必以倦而归也。’”

◎成语示例

委员和事，调停惟赖孔方；绅士责言，控诉不遗余力。（清·李宝嘉《文明小史》第四回）

不知所云

三国时期，蜀国丞相诸葛亮尽心尽力地辅佐后主刘禅，他发展生产，扩大军事实力，为国家作出了卓越的贡献。刘禅的能力不如诸葛亮，诸葛亮虽大权在握，但从来没有起过不忠的念头。

当时，蜀国的后方非常不稳，各种地方势力都想兴风作浪，不听从刘禅的命令。225年，诸葛亮统率大军攻打南中，平定地方势力的叛乱。他先后七次生擒了少数民族地方头目孟获，又七次将他释放。最后，孟获对诸葛亮心服口服，终于心悦诚服地归顺蜀国。

后来，诸葛亮考虑到蜀国非常偏僻，在三国之中实力最弱，为了保证蜀国的生存，他想采取以攻为守的策略，主动出击强国。

他进攻魏国之前，为刘禅写下了字字洋溢深情的《出师表》，对东汉末期帝王任人唯亲导致国势日衰的教训进行了总结，并劝告刘禅要严明赏罚，任人唯贤，虚心接受忠臣的意见。

在《出师表》的最后，诸葛亮写道：“现在我就要带兵到很远的地方去打仗，对着奏章哭泣落泪，不知道我自己在说些什么。”文章将他诚挚而激动的心情表达得淋漓尽致。

诸葛亮把朝中的一切都安排妥当后，才率领大军出征。后主刘禅深受感动，亲自带领文武百官送行，一直把诸葛亮送到离都城十里远的地方。

◎成语释义

不知道在说什么。形容说话时语无伦次，思维混乱，让人无法理解。云：说。

◎故事出处

诸葛亮《出师表》：“临表涕泣，不知所云。”

◎出处译文

对着奏表流眼泪，不知道说些什么。

◎成语示例

这篇文章逻辑性太差，使人看了不知所云。

不自量力

春秋时期，在现在河南境内有两个诸侯国，一个是郑国，一个是息国。公元前712年，有一次发生了争执，息国开始派军队攻打郑国。尽管两个国家都很弱小，可是郑国的人力与物力比息国要多出很多，郑国的军事实力也比息国要强。

由于息国的实力赶不上郑国，所以它出兵攻打郑国只能是连吃败仗。并且在其后的一段时间内，息国因为战场上的失败，产生了一系列连锁反应，国力越来越衰弱。

息国吃了败仗之后，一些眼光独到之人对息国的形势进行分析后断言，息国很快就会面临亡国的危险。

他们的分析有以下几个方面的依据。

第一，息国国君不考虑自己的德行如何。第二，息国没有周密而正确地将自己国家的人力、物力以及军事实力好好估量一番。第三，息国对与自己亲近的国家并没有表示继续友好的意思，两国的关系不稳固。第四，息国没有讲清楚自己征讨郑国的正当理由。第五，息国不能查明用兵失利的过错和责任，也就没有找到错误的承担对象。

犯了以上这五条错误，如果再与别国发生战争，那就肯定会失败。这样一来，息国不就要亡国了吗？

果然不出他们所料。没过几年，国力弱小的息国就被强大的楚国吞并了。

◎成语释义

意指不能正确估计自己的力量。形容对自己估计过高。量：估量。

◎故事出处

《左传·隐公十一年》：“不度德，不量力。”

◎出处译文

不考虑自己的德行能否服人，不衡量自己的能力是否胜任。

◎成语示例

就说我们殿试都是侥幸名列上等，并非不自量力，何敢自不量力，妄自谈文。（清·李汝珍《镜花缘》第八十七回）

C

才高八斗

南北朝时期宋国的谢灵运，以善写山水诗闻名天下。

谢灵运写诗对形式美非常注重，其诗作的艺术性很强，深得当时文人雅士的喜爱。人们竞相抄录他的诗篇，广为诵读。当朝皇帝宋文帝惊羡他的才能，对他格外赏识，他也因此被召回京都任职。宋文帝将谢灵运的书法和诗作并称为“二宝”，经常叫他边侍宴边写诗作文，对他宠爱之至。

宋文帝对谢灵运这样好，既令他非常感激，又使他充满自信，经常说一些豪言壮语。

一天，谢灵运一边喝酒一边说：“天下的文学之才其实共有一石（一种容量单位，一石等于十斗），其中曹子建（即曹植）独占八斗，我得一斗，剩下的一斗则分给古往今来的诗人。”

◎成语释义

形容人的文才高，知识丰富。才：文才、才华；斗：器具名。

◎故事出处

南朝·宋·无名氏《释常谈·斗之才》：“文章多，谓之八斗之才。谢灵运尝曰：‘天下才有一石，曹子建独占八斗，我得一斗，天下共分一斗。’”

◎成语示例

左宗棠这人虽然才高八斗，器量却不开阔。（唐浩明《曾国藩》）

沧海一粟

北宋时期的文学家苏轼，号东坡居士，喜欢到各处游玩，饱览祖国大好河山。有一次，苏轼被贬官到黄州，气闷之余，就到黄州的赤壁去游览。

那天晚上，天气晴朗，秋风微微吹拂，水面上找不到一丝波纹。过了一会儿，美丽的月亮出现在天边，将数里的山川照得光彩夺目。苏轼和朋友们在水中划桨，他们有的叩着船舷唱歌，有的则横吹洞箫。在优美的自然风光中，不由得为之深深陶醉。

这时，一位吹箫的朋友忽然吹出了悲哀的音调。苏轼非常吃惊，就问那位朋友：“你的箫声为什么悲伤之调这样浓？莫非你心里也有什么愁苦？”

吹箫的朋友停止演奏，将心中的苦闷向伙伴们坦言：“唉，今天的夜晚是多么美好！可是我细细想一想，我们这些同乘一船的朋友，每天面对着麋鹿鱼虾，在一叶小舟内快乐逍遥，将粗制的酒杯频频举起来劝酒，与大海中小小的一粒米和暂时居住在天地间的蜉蝣不是颇有相同之处吗？个人生命的短暂和渺小，岂不是一眼就能看穿吗！

“我倒是羡慕长江，水泻千里，总是无穷无尽；我还想和明月一样万古长存，永远知道天地间的事情。我知道我这样的想法是一种妄想，所以只好通过吹箫，把悲哀之情倾吐出来。”

苏轼听了这话，稍稍考虑了一下，就对友人朗声说道：“江水不断向东流，可整个长江并不会消耗掉；明月虽然有时圆满，有时残缺，毕竟没有受到削减。如果从变化的方面审视，天地万物无时无刻不在演化；如果从不变的方面看，万物和我们人类都是无穷无尽、不会消失的。想到这一层，你又何必对长江和明月空生羡慕呢？

实际上，天地间的万物都各有主宰，如果是我不能占有的，就连一丝一毫也不能拥有。只有江上的清风以及山间的明月，耳朵一听就能得到它的声音，眼睛一看就能得到它的颜色；收取不受旁人的限制，用起来不会有竭尽的时候，这是大自然赐予人们的宝藏，是咱们可以充分享用的！”

他这一席话，说得朋友们个个点头微笑。他们抛开忧郁，继续饮酒作乐，然后你靠着我、我靠着你，一觉睡到天亮。

◎成语释义

原意指大海中的一粒粟米。常用来比喻人或事物很渺小。

◎故事出处

北宋苏轼《前赤壁赋》：“寄蜉蝣于天地，渺沧海之一粟。”

◎出处译文

如同蜉蝣置身于广阔的天地中，像沧海中的一粒粟米那样渺小。

◎成语示例

我本人只是沧海一粟，渺小得很。真正伟大的是中国人民，是中国共产党，是中华人民共和国！（钱学森《在授奖仪式上的讲话》）

沧海遗珠

唐朝时，有一位历任高宗、中宗、睿宗三朝的老臣狄仁杰，他建立了不朽的功绩，对大唐的兴盛起到重要作用。后来，武则天掌握了政权，他协助女皇处理朝政，以不畏权势闻名中外，深受人们的钦敬。

狄仁杰虽然是一个杰出的政治家，但他的从政道路布满了荆棘。他青年时期参加明经考试，取得优异的成绩，被委任为汴州（今河南省开封市）判佐。这时就有无赖的官吏对他进行诬告，于是皇上派大臣阎立本对狄仁杰的问题进行处理。

阎立本接见了狄仁杰，见他相貌不凡，气质高雅，心中先有了几分喜爱。狄仁杰回答讯问时，从容不迫，安详镇定，这使得阎立本很惊奇。而狄仁杰忧国忧民的情怀在他的言辞中得到充分表现，感动了这位钦差。

讯问刚结束，阎立本将狄仁杰的大手紧紧握住说："孔子曾讲：'观察一个人的过失，可以知道这个人的品质为人。'今天我的眼前就站着一位贤人！照我的看法，仁杰兄实在是一颗大海里的珍珠，只是没有进入采珠人的视线罢了！"

◎成语释义

指大海里的珍珠被采珠人所遗漏。常用来比喻被埋没的人才或难得的人才。

◎故事出处

《新唐书·狄仁杰传》："狄仁杰举明经，调汴州参军。为吏诬诉，黜陟使阎立本召讯，异其才，谢曰：'仲尼称观过知仁，君可谓沧海遗珠矣。'"

◎出处译文

狄仁杰考中明经科，被委任为汴州判佐，遭到官吏诬告，黜陟使阎立本受召处理狄仁杰的问题，阎立本非常惊异狄仁杰的才能，对他说："孔子曾讲：'观察一个人的过失，可以判断这个人的贤愚。'你就好比是采珠人遗漏的大海里的珍珠一样。"

◎成语示例

考收似亦博矣，偶尔检阅，不无沧海遗珠之叹。（明·郎瑛《七修类稿·辩证五·格古要论当再增考》）

草木皆兵

383年，前秦皇帝苻坚四处用兵，终于将北方各种割据势力基本平定。然后，他统领九十万大军，南下攻打东晋。东晋宰相谢安非常沉着，命谢石为大将，谢玄为先锋，率领八万精兵迎战。

苻坚带领八千名骑兵，向前线挺进。等他到达寿阳（今安徽寿县）后，听信前锋苻融的判断，以为颇有胜算，就派朱序劝谢石投降。没想到朱序是个汉族人，不但不履行劝降职责，反而给谢石献计献策。谢石采纳朱序的建议，终于在洛涧（今安徽淮南东洛河）将前秦部队挫败。

得知秦军在洛涧吃了败仗，苻坚惊慌失措，立刻和苻融登上城头，仔细观察淝水对岸晋军的动静。

当时正是冬天，天气阴冷，淝水上空一片灰蒙蒙的。可仔细一看，但见桅杆林立，战船密布，晋国士兵持刀执戟，排列出齐整的阵容。苻坚再往北面八公山一望，伴随着一阵呼啸而过的西北风，只见山上有无数士兵在走动。其实苻坚眼中看到的"士兵"，不过是山上的草木而已。

苻坚吓得面如土色，惊恐地对苻融说："你这个人，居然还说晋军势力弱小，他们其实是劲敌啊！"

后来，苻坚中了谢玄之计，下令将军队后退，让晋兵渡过淝水后决一死战。结果，秦兵一后退便互相践踏，溃不成军，大败而逃。他们听到风声鹤鸣，都以为是晋军的追兵到了。

这一仗，就是历史上著名的以少胜多的淝水之战。在这一仗中，汉人谢石、谢玄击败北方的强敌，大长江南汉人的威风。

◎成语释义

看到杂草树木都以为是军队，形容极其疑惧，惊恐万分，稍有动静就紧张得不得了。

◎故事出处

《晋书·苻坚载记》：“坚与苻融登城而望王师，见部阵齐整，将士精锐；又北望八公山上草木，皆类人形。”

◎出处译文

苻坚与苻融登上城头，望向对岸的晋军，只见晋军阵容齐整，将士精锐；又往北看见八公山上的草木，都好像是人的样子。

◎成语示例

这一天大家都是惊疑不定，草木皆兵，迨及到了晚上，仍然毫无动静。（清·吴趼人《二十年目睹之怪现状》第五十九回）

察言观色

春秋时期，在孔子的众多弟子中，有一个叫颛孙师的人，字子张，陈国人，比孔子小48岁。

一天，子张向孔子询问道：“读书人怎样做才能称得上通达呢？”孔子反问他：“你所说的通达是什么意思？”子张回答说：“在朝廷里要有一定的名望，在家里也要有一定的名望。”

孔子笑笑说：“这只是有名声，还不是通达。怎样才能叫通达呢？**品质应该很正直，遇事讲道理，对别人讲的话善于分析，善于观察别人的脸色，经常考虑怎样谦恭待人**。这样的人，在朝廷里无论做什么事都会通达，在家里也一定会通达。”

◎成语释义

观察他人的话语和神情，多指揣摩别人的心意。

◎故事出处

《论语·颜渊》：“夫达也者，质直而好义，察言而观色，虑以下人。”

◎成语示例

宝钗见此景况，察言观色，早知觉了七八分。（清·曹雪芹《红楼梦》第三十二回）

车载斗量

三国时期，吴主孙权对官员赵咨非常赏识。赵咨有广博的学问，办事能力很强，与人交谈起来更是滔滔不绝。有一次，孙权想探探魏国的虚实，就派赵咨出使魏国，了解那里的情况。

到了魏国京城建业，魏文帝曹丕想难为赵咨，也好了解吴国人才到底怎样，便直接问他道："你们的主公孙权到底有没有学问？"

赵咨当场作出了明确答复："我家吴王浮江万艘，带甲百万，选用贤明有才之人，志存经略。每当有了空闲，就博览群书，采撷奇异的知识，只是不会像书生那样寻章摘句而已。"

曹丕想以大国之威压服这个能言之人："吴国能被征服吗？"

赵咨爽朗地答道："大国有征伐之兵，小国有备御之固。"

"吴国对魏国可有畏惧之心？"

"我国带甲百万，江汉为池，对贵国有何畏惧？"

赵咨不但没被曹丕吓倒，反而对答如流，有理有节。曹丕心中暗暗称奇：此人之才实属难得。于是，曹丕语气缓和地问赵咨："刚才听了您的话，使我深受启发。那么，吴国像您这样的人才，还有几人？"

赵咨不卑不亢地答说："我国有大智慧的人有八九十，**至于像我这样的人，那是用车装，用斗量，不计其数。**"

赵咨一出此言，不但曹丕点头佩服，就是魏国群臣也个个惊讶，对他表示应有的敬重。

◎成语释义

常用来形容数量很多，不足为奇。

◎故事出处

《三国志·吴志·孙权传》注引《吴书》："如臣之比，车载斗量，不可胜数。"

◎成语示例

举人、进士、我和表兄两家车载斗量，也不是什么出奇的东西。（清·吴敬梓《儒林外史》第四十六回）

沉鱼落雁

毛嫱是越王的美姬；丽姬是晋献公的爱妾，后来立为夫人。这两位都是人们所称道的美人。溪中游动的鱼儿见了她都羞愧得沉入水底，不敢浮出水面；天空飞过的大雁惊讶她的美丽，忘了飞行跌落到树林里。

与之相对应的成语还有“闭月羞花”，是说古代另外两位美女的故事。东汉末年的貂蝉美貌不仅惊人，竟连月亮见了她都自叹不如，躲进了云彩之中。唐朝杨玉环的美丽能让鲜花感到羞愧，花儿都含羞低下了头。

◎成语释义

现在多用来形容女子容貌美丽。

◎故事出处

《庄子·齐物论》：“毛嫱、丽姬，人之所美也；鱼见之深入，鸟见之高飞，麋鹿见之决骤，四者孰知天下之正色哉？”

◎成语示例

二人长的一个是沉鱼落雁之容，一个是闭月羞花之貌。（清·李宝嘉《官场现形记》第十二回）

城门失火，殃及池鱼

南北朝时期，东魏大将侯景率领十万大军，在河南驻守。后来他背叛东魏，向西魏投降，西魏不信任他，他又转而投降南方的梁朝。

南梁的大臣都认为侯景反复无常，不可收留。但梁武帝贪图土地，不听大臣们的劝谏，不但接受侯景的投降，还封他为河南王。这年八月，梁将萧渊明奉梁武帝之命对东魏发起攻势。九月，他的军队继续前进，气势汹汹地向彭城（今江苏徐州）扑来。

十一月，东魏高澄派高岳和慕容绍宗率军对彭城进行救援，杜弼被委任为救援大军的军司。慕容绍宗用诱敌之计，引诱萧渊明深入追击，然后以伏兵夹击，活捉萧渊明，梁军伤亡逃走的有几万人。

东魏大获全胜之后，杜弼给梁朝写了一封檄文，指责梁朝不该贪恋土地而接受侯景的投降，破坏多年友好的两国关系。

文中还说：“侯景的品质非常恶劣，只要得到机会就会作乱。**恐怕楚国的猴子逃亡，灾祸会蔓延到林中的树木，宋国城门失火，会连累池中鱼儿遭殃。**将来长江、淮河流域以及荆州、扬州一带的官员百姓，会因你的错误决定而遭受战争之苦。”

果然，到了第二年八月，侯景发动叛乱，将梁武帝围困起来，导致梁朝政局动荡，人民饱受战乱的苦难。

◎成语释义

城门失火了，大家都用护城河里的水灭火，水被用完了，池中的鱼受连累而死。常用来比喻无辜被连累而遭受灾祸。

◎故事出处

《全北齐文·为东魏檄梁文》："但恐楚国亡猿，祸延林木，城门失火，殃及池鱼……"

◎成语示例

假如是个平凡的人，却不幸生在不平凡的时代，"城门失火，殃及池鱼"，无端惹出许多是非。（柯灵《回看血泪相和流》）

城下之盟

春秋时期，有一次楚王率军队对绞国发动进攻。楚军连连得胜，一直攻到绞国都城的南门。绞国军队不出城交战，竭尽全力把守城池，楚军几次三番攻城，都没有取得成功。

楚国大将屈瑕见此情形，就对楚王说："绞国国势弱小，处理事情很轻率而缺乏计谋，我们可以利用这个弱点，用智谋取胜。"然后，他向楚王献了一条计策。楚王一听，认为很好，就依计而行。

第二天，楚国的几十个士兵扮作樵夫模样，到绞国都城周围打柴，来引诱敌军。绞国将领见到楚人在山上打柴，身后没有楚军保护，就派军队捕捉他们，结果三十个手无寸铁的楚人被他们抓住。绞国官兵见这么容易就获得"胜利"，都高兴得笑了起来。

过了一天，又有一群楚兵扮作打柴的樵夫，到山上引诱敌军。绞兵发现后，没有等到下命令，就纷纷出城，追到山里去抓打柴的楚人。这时，事先埋伏在城北门的楚兵一起冲杀出来，绞国军队很快就被打得大败。

绞国军队遭到惨败，城池眼看就守不住了。在这种情况下，绞国国君为了保住国家，被迫在绞国的城下与楚国签订屈辱的盟约。从此以后，绞国贪小便宜吃大亏的事情，便在各国传扬开来。

◎成语释义

常用来比喻抵御不住敌人的武力威逼，被迫签订屈辱性的和约。

◎故事出处

《左传·桓公十二年》："大败之，为城下之盟而还。"

◎出处译文

在战争中大败，被迫在城下与别人订立屈辱的盟约后返回。

◎成语示例

国有已困之形，人有不困之志。君民效死，与城俱碎，岂肯为城下之盟哉。（明·冯梦龙《东周列国志》第五十五回）

乘风破浪

南北朝时期，宋国出了一员名将宗悫。他是南阳人，从小就立下了雄心壮志。他的叔父宗炳有一次问他："你长大了想干什么呀？"

宗悫平常喜欢练武，就痛快地答说："愿乘长风破万里浪！"

叔父见他志向如此与众不同，便说："你将来如果不富贵，可就将我们家的门户给破坏了啊！"原来当时天下太平，军事人才并不受重用，人们都以舞文弄墨作为正当职业。可是宗悫却对武艺表现出浓厚的兴趣，所以家乡的人都不称赞他。

有一次，他哥哥娶亲，夜里来了盗贼，抢他家的财物。他气愤不已，挺身而出，将十多个贼人打得落荒而逃。

宗悫后来从军，当了一名军副。有一次他跟着军队去讨伐林邑。林邑王指挥倾国之兵对付宋军，又赶出几头大象。这些大象全身都披上铠甲，士兵跟在后面，向他们横冲猛撞，如同潮水一般，叫人无法阻拦。

宋军打不过林邑王，连吃败仗。宗悫忽然急中生智，就说："狮子是百兽之王，大象一定怕它！"于是他让士兵们做了一头假狮子，搬到大象面前，又蹦又跳，摇头摆尾。这样一来，大象居然被吓跑，敌军也溃败得不可收拾。宗悫随后将林邑攻下，立了一件奇功。

宗悫因为智勇双全，很快受到朝廷的赏识，不久就晋升为左卫将军。他死后，又被朝廷追封为征西将军，谥为肃侯。

◎成语释义

驾船顺着风势，冲开浪前进。多用来形容志向远大，也用来比喻不怕艰险，勇往直前。

◎故事出处

《宋书·宗悫传》："悫年少时，炳问其志，悫曰：'愿乘长风破万里浪。'"

◎出处译文

宗悫小的时候，宗炳问他长大后的志向是什么。他回答："希望驾着大风刮散绵延万里的巨浪。"

◎成语示例

轮船在乘风破浪，汽车在驶过原野。（茅盾《子夜》五）

程门立雪

北宋时期，有两个著名的学者，一个叫杨时，一个叫游酢。他们谦虚好学、尊师重道的精神历来为人们所传颂。

杨时在幼年之时就非常聪明，问一答十，长大以后对经史产生了深厚的兴趣，整天沉浸在学习的快乐之中。因为他晚年曾在龟山隐居，人们送了他一个"龟山先生"的雅号。游酢，字定夫，建州建阳（今属福建）人，有"鹰山先生"的美称。

杨时考取进士以后，为了更深入地研究学问，他放弃做官的机会，赶到河南颍昌拜大学者程颢为师，钻研学问。当他40岁的时候，程颢不幸逝世。为了获取知识，他又赶到洛阳，找到程颢之弟程颐，在他门下求学。当时，游酢也是程颐的学生。

一次，狂风大作，天变得很阴沉，眼看就要下雪。可是杨时和游酢因对某问题有不同看法，为了求得一个正确答案，就结伴到老师家请教。他们到了程颐家中，却见到程颐坐在炉旁闭目养神。

他俩都知道老师不容易，所以不愿惊醒老师，但也不甘心就此离去。于是二人就悄悄地、恭恭敬敬地侍立在门外，等候程颐醒来。他俩站了很久，程颐才睁开了眼睛，这时门外纷飞的雪花已经有一尺多厚了，而杨时和游酢依然站在那里，一点疲倦和不耐烦的神情都没有。

◎成语释义

表示尊敬老师，诚恳、恭敬地向老师求教。

◎故事出处

《宋史·杨时传》："见程颐于洛，时盖年四十矣。一日见颐，颐偶瞑坐，时与游酢侍立不去。颐既觉，则门外雪深一尺矣。"

◎出处译文

杨时到洛阳求见程颐，杨时大概当时有40岁了。一天拜见程颐的时候，程颐坐着打瞌睡。杨时与游酢站在门外等着没有离开。等到程颐醒后，门外积雪已经一尺多厚了。

◎成语示例

这位青年学者求学坚持不懈、程门立雪的精神值得我们学习。

惩前毖后

周武王是周朝的开国君主，他逝世后，其子即位，就是周成王。由于成王年幼，武王的弟弟周公便辅助他处理国家大事。武王的另外两个弟弟管叔鲜、蔡叔度看到周公的权力那么大，便心怀妒忌。他们故意制造谣言，诬蔑周公助理成王是想伺机废除成王，夺取王位。

年幼的成王不懂事，以为谣言所说的都是真的，对周公就冷淡下来。后来，管叔鲜与蔡叔度见成王与周公不和，就和殷纣王的儿子武庚勾结在一起，发动叛乱，企图篡夺王位。周成王依靠群臣的力量，终于把叛乱平定。接着，周公又忠心耿耿地替成王料理了几年的国家大事，等到成王长大成人后，便把政权交还给他，让他自理朝政。

成王正式接管朝政这一天，前往宗庙祭祀祖先。在祭祀仪式上，周成王当着满朝文武的面，对周王朝以往的教训进行了总结，说："我一定要从以前的错误中汲取教训，小心谨慎地办事，以免再遭祸害。”

◎成语释义

指批判以前所犯的错误，吸取教训，以免再犯同样的错误。惩：警戒；毖：谨慎。

◎故事出处

《诗经·周颂·小毖》：“予其惩而毖后患。”

◎出处译文

我要从以前的错误中吸取教训，小心防止以后再犯同样的错误。

◎成语示例

唐总理惩前毖后，实不欲再当此任，只是需款甚急，又不好不硬着头皮，出去商办。（蔡东藩、许廑父《民国通俗演义》第十回）

痴人说梦

在唐高宗时候，有一个修行很高的和尚游历于长江、淮河一带，他的名字叫作伽。人们对他的举止非常好奇，有人想了解他的情况，问他：“你姓何？”这和尚毕竟是古怪的，不报出自己的真姓，只是淡淡答道：“我姓何。”别人又问他：“何国人？”他只答道：“何国人。”

伽和尚回答的话，本来是为了搪塞别人。不料后来的人竟真以为他说的是实话，世界上真有个何国，何国中真有姓何之人。

到了玄宗时候，著名书法家李邕接受请托，为伽和尚书写墓碑碑文。他竟然对那和尚留下的几句搪塞之语当真起来，在碑文中大胆写下“大师姓何，何国人”。这个李邕实在糊涂得很，这桩事真像是和痴傻的人说梦，痴傻的人听了却把梦当作真事了。

让人万万没有想到的是，这个关于“何国”的故事还没有结束。

到了后来，一个名叫赞宁的和尚编了一本名叫《僧史》的书，为了使这本书更加精彩，就将李邕为伽和尚写的碑文也选了进去，并煞有介事地对碑文进行了如下注解：“这位大师说他的姓是何，只是因为他出生于何国。这好比一个叫康会的和尚是康居国人，人们就叫他康僧会一样，这位何国和尚也被人称为何僧伽。”

赞宁还望文生义地胡写：“何国是碎叶国的附属国，位于碎叶国的东北。”

这与梦里说梦难道有什么不同吗？每当知情者读到《僧史》中关于伽和尚碑文的注解，全都忍俊不禁，这真是一个笑话啊。

◎成语释义

起初只是表示对以讹传讹现象的讽刺，后来专门用来形容不明事理的人想入非非，说话荒唐。

◎故事出处

宋·惠洪《冷斋夜话·痴人说梦》九卷：“僧伽，龙朔中，游江淮间，其迹甚异。有问之曰：‘汝何姓？’答曰：‘姓何。’又问之曰：‘何国人？’答曰：‘何国人。’唐李邕作碑，不晓其言，乃书传曰：‘大师姓何，何国人。’此正所谓对痴人说梦耳。”龙朔，是唐高宗李治的年号。

◎出处译文

有一位名叫伽的古怪和尚，游历于长

江、淮河一带。有人问他姓什么，他回答姓何。又有人问他是哪国人，他回答说何国人。唐代李邕为伽和尚作碑文，不知道伽和尚说的是戏言，于是作文说：“大师姓何，何国人。”这真是痴人说梦话。

◎成语示例

子牙笑曰：“邓将军，你这篇言词，真如痴人说梦。”（明·许仲琳《封神演义》第五十三回）

重蹈覆辙

东汉桓帝时期，宦官把持朝政，结党营私。老百姓在沉重压迫下不断起来反抗，世家豪族和文人们对此也强烈不满。

在这种情况下，司隶校尉李膺与太学生首领郭泰等人竭力铲除宦官。后来，宦官诬陷李膺等人结党诽谤朝廷，将他们关进大牢，受到株连的人达到数百之多。这就是历史上有名的“党锢之祸”。

汉桓帝皇后的父亲窦武，看到宦官的胡作非为，十分愤慨，他给桓帝上了道奏折，说李膺等人被捕入狱是不公平的，宦官们祸国殃民，应该压制。

奏折中说：“**今天如果不吸取以前宦官专权祸国的教训，就会再走上翻车的老路，**只怕秦二世覆灭的灾难会在我朝出现。”

桓帝虽然昏庸，却认为窦武的话还是有道理的，就把李膺等人释放，但是禁锢终身，不许再做官。

◎成语释义

比喻不吸取失败的教训，重犯以前犯过的错误。蹈：踏；覆：翻；辙：车轮碾过的痕迹。

◎故事出处

《后汉书·窦武传》：“今不虑前事之失，复循覆车之轨。”

◎成语示例

要从失败中吸取教训，以免重蹈覆辙。

宠辱不惊

唐朝时，幽州涿（今河北省涿州）人卢承庆官运亨通，很快成为朝中重臣。他处理政务非常公正，特别善于发现他人的长处，因此深受人们的嘉许。

有一次，卢承庆遵奉圣命对一些官员进行考核。当面对一个因运粮沉船而犯过失的官员时，卢承庆考虑到事故的影响，只给他评了个中下，而且直截了当地将考评结果向他公布。没想到那位官员丝毫没有发怒，而是一个劲地点头，承认这样评定是合理的。

面对这种情况，卢承庆又考虑到，这位官员在沉船事故发生后，也曾全力以赴地进行抢救，而且这样的损失绝非人力所能挽救，所以他的过失也还值得原谅，于是改评为中中。那位官员听说后，面色沉静，脸上没有一丝欢愉的神色。

看到那官员一副坦然自若的表情，卢承庆断定他平时必定不计较个人得失，心胸坦荡，于是大加称赞道："得荣、受辱时都不为之所动，绝不是轻易就能做到的。"于是将其改评为中上。

◎成语释义

常用以比喻胸怀坦荡，不受荣辱的影响，不患得患失。

◎故事出处

《新唐书·卢承庆传》："初，承庆典选，校百官考。有坐漕舟溺者，承庆以'失所载，考中下'，以示其人，无愠也。更曰'非力所及，考中中'，亦不喜。承庆嘉之曰：'宠辱不惊，考中上。'"

◎出处译文

唐太宗时期，有个人叫卢承庆的人，他主要负责考察官员。有一次，卢承庆考核一个监督运粮的官员。这个人在运粮食的过程中，由于翻船把不少粮食掉进了河里。因此，卢承庆只给他定了一个中下。这个运粮官得到中下的评语，一点也没生气着急，反而谈笑自若。卢承庆觉得，给他这么低的一个评价，他都没生气，说明他认识到了自己的错误，从这点上来讲，这个人有认错表现，有责任心，改个中中吧。改成中中后，这个运粮官也没因此而高兴。卢承庆心想这个人无论怎样，他都能宠辱不惊，坦然面对。他又调查到，那次船翻了，不是他管理不善造成的，而是因为突然遇到刮大风，把粮船给吹翻了。卢承庆一想：我给他中中看来也不合适，又改成了中上。

◎成语示例

不过，他经的大风大浪太多，虽未到宠辱不惊、名利皆忘的境地，却已能不动声色，淡然置之。（高阳《清宫外史》下册）

出尔反尔

战国时期，邹国有一次和鲁国发生了战争。结果，邹国被打得大败，许多将士阵亡。

邹穆公非常生气，向孟子抱怨："这次战争中，我手下的官员被敌军杀死的有三十三个，可是受他们保护的老百姓只是从旁看着长官被杀，却不施与援手，真是太可恶了。要是把他们全杀了吧，他们人太多，杀也杀不完，要是不杀吧，又难解我心头之恨。您说该怎么办才好呢？"

孟子答道："有一年闹灾荒，很多人在山沟荒野之中被饿死，外出逃荒的居然有一千多个壮年人。那时您的粮仓却很丰盈，国库里也有的是钱，可那些管钱粮的官员对于这样严重的灾情，却不向您进行汇报。他们整天高高在上，根本不管百姓的死活，还任意地残害百姓。"

孟子在回顾了这辛酸的往事后，又对邹穆公说："孔子的弟子曾子曾经说过，要警惕啊！你怎么对待别人，别人也将怎么对待你。现在老百姓既然有了报复的机

C

会，当然就会用同样的手段去对待那些毫无责任感的官员了。”

最后，孟子又对邹穆公发出告诫：“所以，大王不要去轻易责怪老百姓，也不要任意惩罚他们。如果您施行仁政，您的黎民百姓自然就会对他们的长官倍加爱护，并且愿意为他们献出生命。”

◎成语释义

原意是你怎样对待别人，别人也怎样对待你。后来形容一个人言行前后自相矛盾，反复无常。尔：你；反：同“返”。

◎故事出处

《孟子·梁惠王下》：“曾子曰：戒子戒子！出乎尔者，反乎尔者也。”

◎出处译文

曾子说过：“警惕啊警惕啊，你怎样对待别人，别人也会怎样对待你。”

◎成语示例

倘若不肯，也只好由他，我们不能做出尔反尔的事。（清·李宝嘉《官场现形记》第五十九回）

● 出类拔萃

作为儒家学派的后来者，孟子对本学派的创始人孔子非常敬佩。在他心中，孔子是万人崇拜的偶像，是超乎众人的天才，是了不起的圣人。

有一天，孟子的学生公孙丑这样向他发问：“老师，您已经算是一位圣人了吧？”孟子见他这样问，愣了一下，然后回答道：“连孔子都不敢自称为圣人，我又算得了什么呢？”

公孙丑便滔滔不绝地说了几个才能、品德相当出众的人，然后向孟子请教，这些人与孔子是不是一样的人。孟子见学生这样忽视孔子的存在意义，就说道：“自有人类以来，没有人比孔子更伟大了。”公孙丑接着又问：“那么，我说的这些人和孔子相比，到底有什么不同呢？”

孟子就借用了孔子的学生有若的一句话，谈自己对孔子的看法：“麒麟和走兽，凤凰和飞鸟，泰山和丘陵，河海和水洼细流，它们都是同类，但前者都远远超过了后者。圣人和老百姓也是同类，都是人，但圣人却远远地超出、高过其他人，而表现出更高的才能和品德。”

◎成语释义

才能和品德远远超出同类之上。拔：超出；萃：草丛的样子，比喻聚在一起的人或物。

◎故事出处

《孟子·公孙丑上》：“出于其类，拔乎其萃。”

◎出处译文

（圣人）远远地超越了自己的同类，而表现出更高的才能和品德。

◎成语示例

在那海一样的人民当中，到处都有出类拔萃的劳动英雄，这些英雄本身就是人民当中开出的鲜艳花朵。（杨朔《迎春词》）

● 出奇制胜

战国时期，齐国无故进犯燕国，杀死

无数燕国将士。燕昭王痛定思痛，任用贤才，提高了本国的实力。后来，燕国大将乐毅联合秦、赵等国，大举进攻齐国，将齐军杀得大败。齐滑王见燕军势大，吓得心惊胆战，连忙逃往莒城。

田单是齐国君王的远亲，人们不知道他有才能，一直不重视他。燕军攻来时，他带着家人逃跑，很快来到即墨。不久，即墨官民共同推举田单，请他做本城军队的统帅。

田单对兵法非常熟悉，而且很聪明。为了将乐毅彻底打败，他派人到处散布谣言，说乐毅按兵不动，是想在齐国称王，占据土地。此时燕昭王已死，燕惠王即位，他开始怀疑乐毅，便命一位才能不高、品德不好的骑劫做统帅，罢免了乐毅的官职。从此以后，燕国军队丧失了斗志，士气低落。

然后，田单一面对内宣扬天神会帮助齐国，一面隐藏起精锐部队，请求骑劫接受他的投降。这样一来，齐军士气高涨，燕军则对即墨守军放松了警惕。

紧接着，田单挑选了一千多头牛，将尖刀绑在牛角上，将浸过油的芦苇绑在牛尾巴上。天黑时，齐军将牛尾上的芦苇点燃，驱赶牛群踏入燕国军营。燕军面对这种奇特的攻击，不由得惊慌失措，又跳又叫，抱头鼠窜地退去。

田单紧紧抓住这个机会，率领军队进攻，很快就将齐国的疆土全部收复。

◎成语释义

在战斗中用敌人料不到的奇兵奇计将敌人制服，取得胜利。后来也泛指用某种对方想象不到的方法或手段取得胜利。奇：奇兵、奇计；制胜：取胜。

◎故事出处

《史记·田单列传》："兵以正合，以奇胜；善之者，出奇无穷。"

◎出处译文

战争是用正面的军队同敌人交战，用出其不意的奇兵取胜。会用兵的人能出奇谋而变化无穷。

◎成语示例

统率所部，出奇制胜，将法人所占越南各城，迅图恢复。（高阳《清宫外史》下册）

● 出人头地

在北宋时期，司马光主政后，他把被宋神宗贬谪的许多大臣都召回朝廷，其中有两个是宋朝著名的文学家——苏轼和苏辙。

苏轼兄弟俩，是眉州眉山（今四川眉山）人。苏轼20岁刚出头时，他的父亲苏洵带着他和苏辙到京城去考进士。

主考官欧阳修正在注意从考生中物色有才华的人。第一场考试下来，他在阅卷的时候，看到一篇文章，高兴得拍案叫好。考卷是密封的，上面没有考生的名字。欧阳修心里想，能写出这样精彩的文章，一定是一个文坛高手。

京城里有点名气的文人，欧阳修多少了解一点，这篇文章究竟是谁写的呢？他想了想，觉得从文章的风格看，很可能是他的门生曾巩。他本来想把这篇文章评为第一名，但是曾巩是他门生，评得高了，怕人们说他偏袒，就把它评为第二。

直到发榜的那天，欧阳修才知道，那个写精彩文章的不是曾巩，却是刚到京城的青年考生苏轼。苏轼考取以后，照例要去拜见主考老师欧阳修。欧阳修跟他谈了一阵子，觉得他气度大方，才华出众，更是赞叹不已。

苏轼走了以后，欧阳修就写信给梅尧臣：“像这样出众的人才的确难得，**我应当让路，使他高出我一头。**”欧阳修这番话传出去，一些读书人听了都不服气。京城里这么多的人才，难道比不上一个初出茅庐的小伙子？

后来，大家读到苏轼才气横溢的诗歌和文章，才不得不服输。

◎成语释义

指高人一等。形容德才超众或成就突出。

◎故事出处

宋·欧阳修《与梅圣俞书》：“老夫当避路，放他出一头地也。”

◎成语示例

孙俊英见人家看得起，能出人头地，一呼百应，好不威风自在。（冯德英《迎春花》第八章）

● 出言不逊

东汉末年，袁绍手下有一员智勇双全的大将，名叫张郃。

有一次，袁绍与曹操各自率领军队，在官渡（今河南省中牟县东北）进行决战。袁绍害怕自己粮草不足，就命令淳于琼专门负责督运粮草，屯粮于乌巢。此时曹操的粮食不多了，想迅速结束战争，就赶往乌巢袭击淳于琼。

张郃对袁绍进行劝谏，劝他不要小看曹操，应当派遣重兵保住乌巢，否则军队没了粮食，后果不堪设想。袁绍手下的谋士郭图，却认为乌巢的形势没有那么严重，应该调动主要兵力袭击曹操的大本营。张郃觉得这样做占不到什么便宜，坚决反对。

袁绍觉得自己的兵力远胜于曹操，于是采取郭图的方案只派小部队救援乌巢，而调动重兵攻打曹军大本营，却未能如愿以偿。结果，曹操袭击乌巢成功，将袁绍的粮草烧得一干二净。这样一来，袁绍大军军心浮动，士气低落，不战自败。

郭图知道正是自己的计策不当才造成大军失利，便采取恶人先告状的办法，向袁绍诬告说：“您打了败仗，张郃却整天幸灾乐祸，说话也非常傲慢无礼。”

◎成语释义

形容说话态度傲慢、粗暴无礼，缺乏礼貌。逊：谦让。

◎故事出处

《三国志·魏书·张郃传》：“郃快军败，出言不逊。”

◎出处译文

（张）郃在您打败仗后，仍然幸灾乐祸，说话非常傲慢，缺乏礼貌。

◎成语示例

八岁纵笔成文，本郡举他神童，起送至京。因出言不逊，冲突了试官，打落下去。（明·冯梦龙《喻世明言》卷三十一）

楚材晋用

春秋时楚国有个大夫叫伍举。一次，他的岳丈犯了法偷偷跑掉，有人造谣说，是伍举向他通风报信并送他逃走的。伍举怕楚王听信谗言治他的罪，便带着一家老小逃到了邻近的郑国。刚好遇到好友、要出使晋国而路过郑国的蔡国大夫声子，问明情况后，他们便去了晋国。

声子在晋国办完事后，特地来到楚国。楚国的令尹子木接见了他，并询问他说："晋国的大夫和楚国的大夫相比，你以为哪国的大夫更贤能呢？"

声子回答说："晋国的人才没有楚国多，但晋国的大夫却非常贤能，不过他们多半都是楚国人。这些人因为在楚国得不到重用，所以到了晋国。就像杞木、梓木和皮革等，都是从楚国运去的一样，楚国的一些人才都流到晋国去了。有人说，这叫楚材晋用。"

后来，在声子的说服下，子木恢复了伍举的职位，并派人把他接回了楚国。

◎成语释义

比喻本国的人才外流到别的国家去工作。

◎故事出处

《左传·襄公二十六年》："虽楚有材，晋实用之。"

◎出处译文

楚国虽然有许多有才干的人，但是大多都是被晋国所用。

◎成语示例

我花了钱，教出了人，却教外国人去用，这才是"楚材晋用"呢。（清·吴趼人《二十年目睹之怪现状》第三十回）

春风得意

唐代诗人孟郊，在其一生中，写下了很多首流传于世的诗作，可是他的经历却非常坎坷。

孟郊年轻时，隐居于河南嵩山。他为人孤僻、耿直，很少与人结交，却和诗人、散文家韩愈一见如故。韩愈对孟郊的诗文非常欣赏，也尽力扶持他，希望他能考取功名，走上仕途。可是孟郊的运气不好，虽然屡次赴考，却屡试不中，所以生活过得非常艰苦。

孟郊虽然没有踏上仕途，却一点也不灰心，仍旧努力学习。他41岁那年，先后两次到京城参加科举考试，但都名落孙山。功夫不负苦心人，在第三次应考时，他终于考中了进士，获得了做官的资格。

孟郊为了表达自己的愉快心情，写了一首名诗《登科后》：“昔日龌龊不足夸，今朝放荡思无涯。春风得意马蹄疾，一日看尽长安花。”

诗的大意是这样的：我以前过的都是穷困潦倒的岁月，一点也不值得夸耀，今天我的心胸突然开阔，真是太幸福了。我乘着春风高兴地骑马而行，我只用一天的时间就把长安的美景、鲜花看个够，这样的经历是多么的愉快呀！

这时的孟郊已差不多50岁了。

◎成语释义

原意指在春风轻拂中扬扬得意。后来常用来形容人处境顺利，做事如意，事业有成。

◎故事出处

唐代孟郊《登科后》：“春风得意马蹄疾，一日看尽长安花。”

◎出处译文

策马奔驰于春花烂漫的长安道上，今日的马蹄格外轻疾，一日之间已把长安的花看尽。

◎成语示例

在这些“伸手”派心目中，新社会也不过是一个猎场，可以任由他们在其中践踏一切，呼朋引类，春风得意，纵马狩猎。（秦牧《手莫伸》）

● 唇亡齿寒

春秋时期，晋国想灭掉虢国。可是在晋国和虢国之间隔着一个虞国，讨伐虢国，必须经过虞国。晋献公想向虞国借路，又怕虞国不答应。

晋国的大夫荀息对晋献公说：“请您把那块垂棘出产的宝玉和屈地出产的宝马，作为礼物送给虞国国君，然后提出要借路让我军通过，他肯定会同意。”

献公摇摇头说：“垂棘的玉石是我祖传之物，很有纪念意义；屈产的那匹马，我可最喜爱了！如果虞国把礼物收下，又不肯把路借给我们，我们就吃亏了。”

荀息说道：“一定不会出现那种情况。虞国国君这个人我是了解的，他如果不愿意借路，肯定不会接受我们的礼物；而他接受了礼物，一定会把路借给我们。尽管他将礼物收下，但玉石和宝马，也只是暂时由他保管而已，最后还是能够收回来的。把玉石放在虞国，就如同把它从内室移到外室，把宝马送给虞国，就如同把马从圈里牵出来放到圈外来养一样。您的忧虑是完全没有必要的。”

晋献公觉得荀息的话很有道理，就派他带上玉石和宝马，到虞国去借路。虞君见到美玉和宝马，非常喜欢，就答应晋国借路进兵。

虞君朝中有一个大臣，名叫宫之奇，他觉得这件事有点不对劲，就说：“国君不可答应晋国的要求呀！虢国是我们的友邦，我们的关系如同嘴唇和牙齿一样，利益相关。前人说过：‘辅车相依，唇亡齿寒。’虢国之所以存在，是因为虞国在支持；虞国之所以存在，靠的是虢国的支持。如果我们把道路借给晋国，那么虢国被灭掉后，虞国也难以存在。面对这样不幸的前景，我们又怎能把道路随便借给晋国呢？”

虞君听后，觉得宫之奇在危言耸听，就没把他的话当回事。宫之奇觉得身为重臣，眼看国家将亡，却无能为力，于是就带着全家老小，逃往曹国避难。

晋献公见道路已经借到，就命令荀息统率军队向虢国进攻，很快就取得了胜利，消灭了虢国。晋军得胜之后，借口要整顿军马，就在虞国驻扎下来。荀息趁虞君不防备，突然对他进行袭击，把虞国也给灭了，并俘虏了虞君。

荀息捧着那块玉石，牵着那匹宝马，回朝报功。晋献公看了看美玉，又看了看宝马，高兴地说：“美玉依旧是原来的样子，就是宝马老了一些啊！”

◎成语释义

嘴唇没有了，牙齿就会感到寒冷。比喻互相依存，彼此利害关系十分密切，一方受到打击，另一方必然不得安宁。

◎故事出处

《左传·僖公五年》：“谚所谓‘辅车相依，唇亡齿寒’者，其虞虢之谓也。”

◎出处译文

谚语所说的“辅车相依，唇亡齿寒”的道理，就是在说虞国和虢国的关系啊。

◎成语示例

这两家公司有着多种业务关系，正所谓是唇亡齿寒。

D

打草惊蛇

南唐的时候有个县令名叫王鲁，他贪得无厌，财迷心窍，见钱眼开，搜刮了不少钱财。衙门里上上下下的官吏也都暗地里受贿、敲诈勒索，无恶不作。老百姓怨声载道。

一天，王鲁批阅案卷，发现他的部下被人联名控告，说是营私舞弊、违法乱纪，一件件事情有证有据，揭发得清清楚楚。这些事情，几乎和王鲁自己平时的行为一模一样。

因此，他一面仔细看着案卷，一面浑身发抖。心想："这简直就像是告我一样，以后我得多加小心才是。幸亏这个案子落在我的手里！"可能是由于紧张，他居然批了八个字："汝虽打草，吾已惊蛇。"

王鲁这八个字的意思是说，你们虽然打的是草，可是我这条藏在草里的蛇，却已有所警惕了。

◎成语释义

比喻行动不谨慎，反使对方有所戒备。

◎故事出处

宋·郑文宝《南唐近事》："汝虽打草，吾已惊蛇。"

◎出处译文

尽管你只是为了打地上的草，可我已经像躲在草里面的蛇一样被吓了一跳。

◎成语示例

空自去"打草惊蛇"，倒吃他做了手脚，却是不好。（明·施耐庵《水浒全传》第二十九回）

大材小用

南宋时期著名的爱国词人辛弃疾，他曾发下宏愿，要用词写尽天下的贼，用剑杀尽天下的贼，为国建功。

那时金人占据中原地区，宋室只拥有半壁江山。为了收复失地，辛弃疾英勇地投身到抗金的民族战场上去。他在故乡起义，组织了一支两千多人的抗敌军队。后来，他率领这支部队，投奔济南府农民耿京领导的起义军。不久，起义军接受南宋朝廷的任命，与朝廷的正规军队配合作战，沉重地打击了南侵的金军。

辛弃疾在抗金杀敌之余，还写下了很多流传千古的爱国诗词。

一次，辛弃疾拜访善写诗词的文坛前辈陆游，两人聚在一起讨论国家大事，都觉得相见恨晚。陆游认为辛弃疾才能出众，为了鼓励他发挥自己的才能，特意写了一首长诗送给他。

诗中写道："**辛弃疾是古代大政治家、**

军事家管仲、萧何一流的人物，现在只担任浙江东路安抚使，实在是把大的材料用在小处。你应当为恢复中原而努力奋斗，千万不能因为受到排挤而耿耿于怀，丧失斗志。”

但辛弃疾这位才能出众的英雄，始终被朝廷“大材小用”。他直到68岁那年，也没有得到充分发挥自己才能的舞台，饮恨而终。

◎成语释义

原意是把大的材料用在小处。常用来比喻对人才使用不恰当，从而导致人才的浪费。“材”也可写作“才”。

◎故事出处

宋·陆游《送辛幼安殿撰造朝》一诗：“大材小用古所叹，管仲萧何实流亚。”

◎成语示例

小张博士毕业后，来到新单位，领导只让他去做杂活，真是大材小用。

大逆不道

秦朝灭亡后，西楚霸王项羽和汉王刘邦为争夺天下，展开了一场长达五年的楚汉战争。一次，项羽与刘邦在广武对峙，项羽在阵前向刘邦喊话：“现在天下大乱，都是因为我们两个人。你如果同情天下百姓，就和我一对一地决斗，来决定天下到底归谁。”

刘邦却对他说道：“我们二人一开始都跟随楚怀王夺取天下，约好谁先入关中谁就做关中王。我先平定关中，你却不讲信用，把我贬到巴蜀去当汉王。这是你的第一条罪状。怀王命你去援救赵国，你却在路上将上将军宋义杀死，自己做了上将军，指挥军队。这是你的第二条罪状。你违抗怀王的命令，擅自劫持各诸侯的军队入关。这是你的第三条罪状。”

接着，刘邦又将项羽烧毁秦宫、挖掘秦始皇的坟墓、搜刮财物、杀死投降的秦王子婴、活埋二十万秦国百姓、阴谋杀死君主楚怀王等罪状当场揭露。

刘邦最后说：“你作为臣子，却把天下的共主楚怀王杀死，又杀害已经投降的人，为政不平，对订立的约定不讲信义，已经为天下所不容，这些罪行属于重大的叛逆。你犯下如此十条大罪，我才兴仁义之师来讨伐你这个逆贼。你又有什么面目向我挑战呢？”

项羽听到刘邦将他谋害君主的大罪都讲出来了，气得浑身发抖，一句辩驳的话也说不出来。他气急败坏地命令弓箭手向刘邦放箭。结果刘邦的前胸不幸被射中，汉军只好暂时收兵。

◎成语释义

多指封建统治者对反抗封建统治、背叛封建礼教的人所加的罪名，意为罪大恶极。现也用来指不合某种观念和道德标准的行为。逆：背叛；道：是指封建道德标准。又作“大逆无道”。

◎故事出处

《汉书·高帝纪上》：“汉王数羽曰：‘……夫为人臣而杀其主，杀其已降，为政不平，主约不信，天下所不容，大逆无道，罪十也。’”

◎成语示例

汝赖吾玉玺，僭称帝号，背反汉室，大

逆不道！吾方欲加兵问罪，岂肯反助贼乎！（明·罗贯中《三国演义》第十七回）

大义灭亲

春秋时期，卫庄公有个小儿子名叫州吁，为人专横无礼，但卫庄公非常宠爱他。庄公死后，州吁与石厚勾结在一起，杀掉卫桓公，由州吁当了卫国国君。

石厚的父亲是老臣石碏，他对州吁说，只要周天子能够信任他，卫国人就不会起来造反。而要得到周天子的支持，必须请陈国国君来帮助。于是州吁、石厚二人便带着很多礼物去找陈桓公。

没想到石碏早已给陈桓公写信，让他逮捕并处死州吁和石厚。所以州吁他们一到陈国就被抓起来，人们早就厌恶州吁，将他杀死。卫国人觉得石厚是石碏的儿子，虽然坏事做绝，但看在石碏的面子上，尚可饶他一命。可是石碏觉得石厚手上沾了卫桓公的血，不能不死，就派家臣将石厚处死。

《左传》将石碏这种大公无私的行为称为“大义灭亲”。

◎成语释义

为了维护正义，捍卫国家利益，对犯罪的亲属不徇私情，进行严厉的惩罚。

◎故事出处

《左传·隐公四年》：“石碏纯臣也，恶州吁而厚与焉。大义灭亲，其是之谓乎？”

◎出处译文

石碏真是忠臣啊，他讨厌儿子石厚与州吁一起做坏事，就将石厚处死。大义灭亲，不就是这样吗？

◎成语示例

这是一条汉子，大义灭亲，死活只有一个党。（丁玲《太阳照在桑干河上》二四）

呆若木鸡

战国的时候，人们很喜欢斗鸡的游戏。一个叫纪渻子的人专门训练斗鸡，准备参加搏斗。齐王便是当时的一位斗鸡迷，专门请纪渻子帮助他训练斗鸡。

十天后，齐王问纪渻子：“鸡训练好了吗？”纪渻子回答说：“还没有，这只鸡表面看起来气势汹汹的，其实没有什么底气。”十天后，齐王再次询问，纪渻子说还不行，因为它看到别的鸡的影子，虽然已经不乱动，但还不够沉稳。

又过了十天，纪渻子对齐王说，斗鸡已经训练好了。

待到斗鸡的时候，对手的鸡气势汹汹，又叫又跳。纪渻子训练的鸡却没什么反应，它虽然偶尔叫几声，但已经有些呆头呆脑，看上去就像木头鸡一样。别的鸡一看到这只“呆若木鸡”的斗鸡，竟然还没有交手就都转身逃跑了。

以后，齐王用这只鸡和别人的鸡斗，自然场场获胜，这只鸡也名声大噪。“呆若木鸡”这个成语在庄子看来是一种美德，鸡有这样的表现，说明它已经进入完美的境界了。

◎成语释义

现在用以形容因恐惧或惊异而发愣的样子。

◎故事出处

《庄子·达生》："望之似木鸡矣，其德全矣。"

◎出处译文

这只鸡一点儿反应也没有，像是木头做的，这样的鸡已经具备了所有的格斗才能。

◎成语示例

匪首侯殿坤，在得知这个噩耗之后，特别是知道了老妖道的落网后，当即呆若木鸡。（曲波《林海雪原》二八）

当局者迷

唐朝时候，大臣魏光向唐玄宗上了一道奏章，请示将魏征整理修订过的《礼记》列为儒家的经典著作。唐玄宗觉得这样做很好，就派元澹等人仔细校阅，把新的注解加上去。

但是右丞相张说却觉得，原来的《礼记》已经非常成熟完善了，实在没有必要改用魏征整理修订的版本。唐玄宗觉得他说的也有道理，便改变了主意。但是元澹认为应该改换版本。为了让唐玄宗支持他，他写了一篇名为《释疑》的文章，来阐述自己的观点。

《释疑》一文，运用了主客对话的形式。先是客人问："《礼记》这部经典著作，戴圣编纂、郑玄加注的版本与魏征整理修订的版本相比，哪一个更好呢？"

主人则答道："戴圣编纂的那个版本从西汉时一直使用到今天，有许多人进行修订、注解，其中互相矛盾的地方有很多处，魏征正是考虑到这些因素而重新整理，没想到那些墨守成规的人会反对用新版本。"

客人听后，表现出若有所思的样子："是呀，这和下棋有相似之处，看棋的人清清楚楚，下棋的人反倒非常糊涂。"

◎成语释义

原意是下棋的人往往容易迷惑。后常用来比喻当事人容易陷入主观片面而犯糊涂。当局者：原指正在下棋的人，后指当事人。

◎故事出处

《新唐书·元澹传》："当局称迷，傍观必审。"

◎出处译文

下棋的人糊涂，旁观的人却是清清楚楚。

◎成语示例

希望我们大家互相勉励……当局者

D

迷，旁观者清，我们应该有则改之，无则加勉。（邹韬奋《事业管理与职业修养·关于工作与学习五》）

道不拾遗

战国时期，秦孝公任命商鞅为宰相，对他言听计从。商鞅制定新法，将维护贵族特权的旧法废除。这次变革，在历史上称为“商鞅变法”。

商鞅主张，不管是什么人，只要为国家做出了一定贡献，就应该对他进行奖励。他废除贵族世袭制度，他鼓励耕织，发展农业生产，大搞水利建设，规定生产多的人可以免除徭役。

由于商鞅积极推行变法，秦国的老百姓普遍提高了生产积极性，军队纪律严明，士兵们都心甘情愿地为国家出力。老百姓的生活变得富裕起来，社会秩序安定，民风非常淳朴，人们晚上睡觉连门窗都不用关，在路上丢了东西也不用担心被别人拾走。

从此，秦国越来越强大，别的诸侯国对它非常畏惧。

◎成语释义

原意是道路上有东西遗落，却没有人拾起来，占为己有。形容社会风气好。遗：指丢失的东西。

◎故事出处

《战国策·秦策一》：“期年之后，道不拾遗，民不妄取，兵革大强，诸侯畏惧。”

◎出处译文

一周年之后，路上没人拾取他人遗失的东西，百姓不乱取非分的财物，国力大大加强，诸侯个个畏惧。

◎成语示例

人人称赞道不拾遗、夜不闭户的良好社会风气。

得陇望蜀

西汉末年，王莽篡位时，岑彭在家乡棘阳（今河南新野县）当县官。不久，刘玄和他的族弟刘秀联合并利用各路农民起义部队，在昆阳（今河南叶县）一带把王莽军彻底打垮。后来，他们杀入关中，恢复了汉朝的统治，刘玄因此称为汉更始帝。

汉军进攻棘阳的时候，岑彭率众投降刘玄，后在刘秀手下为官。刘秀在平定了河南，打下基础以后，接着就占领河北，出击山东。在这一时期，岑彭为刘秀立了不小的功劳，颇得刘秀的赏识。

同时，刘秀的势力也因此比刘玄大得多了，刘秀便自立为汉光武帝。刘秀控制了东部地区以后，又转身向西进军。这时，岑彭担任了大将军的职务，随刘秀先攻下天水，又和吴汉把隗嚣围困在西城。

隗嚣在王莽时曾占据陇西，后来投降更始帝刘玄，随即又表示归附光武帝刘秀。可是，过了一段时间，他又叛离了刘秀，跟公孙述勾搭上了。公孙述从王莽时起，在蜀地宣布独立，自称蜀王，以成都为国都，拥兵数十万，势力不小。

刘秀向西进军，目的就在于平定陇、蜀二地，以完成全国统一。

当岑彭和吴汉的军队围困西城的隗嚣时，刘秀因事先回洛阳，后来写了一封信给岑彭，信上说："攻克西城以后，必须立即收复四川。**人的欲望很难满足啊，我们已经平定了甘肃，现在又要攻取四川，每次出兵，头发胡须都白了很多。**"

但这次的进兵，岑彭没有成功。后来他再次进攻公孙述，眼看就要成功，却被一个刺客暗杀，令人惋惜不已。

◎成语释义

比喻得寸进尺，贪心不知满足，贪得无厌。

◎故事出处

《后汉书·岑彭传》："人苦不知足，既平陇，复望蜀，每一发兵，头鬓为白。"

◎成语示例

我很希望兄有空，再画几幅，虽然太有些得陇望蜀。（《鲁迅书信集·致陶元庆》）

● 得心应手

春秋时期，有一次齐桓公正在堂上读书。他大声读书，堂下正在制作车轮的工匠轮扁听了，感到心情非常烦躁，就把手里的活儿放下，对齐桓公说："我想问一下，您现在读什么书呢？"

齐桓公见他这样多管闲事，心里非常不高兴，说道："我读的是圣人的书。"

"那写书的圣人还活在世上吗？"

"当然早就死了！"

"既然圣人都不在世上了，那么您所读的书，必定是古人留下来的糟粕！"

齐桓公见他如此大胆，说话这么唐突无礼，不禁大怒道："我在这里读书，你一个粗俗的工匠竟然如此胡乱议论！你还敢说圣人留下的东西都是糟粕。你今天一定要把话说清楚，否则休怪我无情，将你开刀问斩！"

轮扁不慌不忙地说："您请暂息雷霆

之怒。其实我只是根据自己制作车轮的经验向你谈一点想法而已。例如用斧头削木头做榫头，如果削小了，放进卯眼就会松滑，显得不牢固；如果削大了，就会装不进去。只有不大不小才能相互吻合，结结实实。这种技术做起来得心应手，却难以言传。

古人学问中的精妙独到之处是用语言表达不出来的，您现在看到的不是古人的糟粕又是什么呢？”

齐桓公听完后，觉得他说的话多少有一点道理，便没有治他的罪。

◎成语释义

做起事来非常顺手，与自己的心思相适应。形容做事非常娴熟。

◎故事出处

《庄子·天道》：“不徐不疾，得之于手而应于心。”

◎出处译文

动作不快不慢，就能使手上做的与心里想的相应。

◎成语示例

挟了七八万现款的冯云卿就此走进了公债市场，半年来总算得心应手，扯起息来，二分半是有的。（茅盾《子夜》）

得意忘形

三国时期，魏国有一位著名的文学家，名叫阮籍。他出身于书香门第，父亲是“建安七子”之一阮瑀。他曾任步兵校尉，因此被人们称为“阮步兵”。

阮籍对掌握政权的司马氏集团非常不满，因此采取不合作的态度，辞官归隐。但司马氏集团毕竟大权在握，他不敢直接提出反对意见，只得闭门读书，或者与酒为伴。他还蔑视礼教，面对俗人就以“白眼”相待。

阮籍所写的《咏怀诗》八十余首非常出名，他在诗中非常曲折地表达了忧国避世的心情。

阮籍与嵇康、山涛、向秀、刘伶、王戎等是非常好的朋友，他们意气相投，有着共同的志趣。再加上阮籍的侄子阮咸在内，一共有七位隐士。

这七人经常到一片竹林里游玩。他们作诗弹琴，狂饮谈论，高兴时就放声大笑，不高兴时就放声痛哭，无拘无束，任性而为。他们被人称为“竹林七贤”。

在这七个人中，阮籍最为狂放。他有时读起书来，能够读上数月都不出门；到外游山玩水，能够待上好几天都不回家。他如果高兴起来，就忘乎所以，甚至连自己长什么样都忘记了。

◎成语释义

形容高兴得控制不住自己，失去了常态。

◎故事出处

《晋书·阮籍传》："嗜酒能啸，善弹琴。当其得意，忽忘形骸。"

◎出处译文

（阮籍）嗜好喝酒并能够长啸，又很会弹琴。当他得意时，竟忘记了自己的形骸和举止。

◎成语示例

他把科长看成有天那么大，把他和科长连在一块，他没法不得意忘形。（老舍《四世同堂》三十二）

德高望重

北宋时出了一个名叫富弼的名臣。他字彦国，是洛阳人。他在贫寒的家庭中长大，从小就非常喜欢读书，知识面非常广，思想非常开阔，气度不凡。人们见到他，往往赞叹道："这是辅佐帝王的贤才呀！"

富弼在26岁的时候进入仕途。他做了四十多年的官，对北宋王朝竭尽一片丹心，在处理内政外交、边防戍守、监察刑狱、赈济灾民等各种事务中，显示出了过人的能力，所以官运亨通，先后在仁宗、英宗、神宗三朝被拜为宰相，不但百官对他非常仰慕，就连皇帝也很尊重他。

富弼这个人总是以恭顺温和的态度处世，他当了宰相之后，从来不倚仗势力，欺压良民。每当下属官员或平民百姓前来拜见时，他从不盛气凌人，而是始终以礼待人。

神宗熙宁五年（1072年），富弼年老辞官到洛阳过起了隐居生活。有一天，他坐轿外出时被百姓认出，于是很多敬仰他的人都跟随着他，热闹的集市顷刻之间变得空空荡荡。

所以，著名史学家司马光称赞他"三世辅臣，德高望重"。这个评价，是毫不夸张的。

◎成语释义

品德高，声望重。常用来称颂年老而有名望的人。德：指品德；望：指声望。

◎故事出处

司马光《辞人对小殿札子》："臣窃惟富弼三世辅臣，德高望重。"

◎出处译文

我认为只有富弼是三朝的辅政之臣，品德高，声望重。

D

◎成语示例

我们家德高望重，呼韩邪单于保护我们、信任我们。（曹禺《王昭君》第三幕）

● 颠倒黑白

战国时期，有一位伟大的诗人，名叫屈原。他知识面非常广，擅长辞令，不仅在文学上成就很高，而且在政治、外交上也颇有建树。楚怀王非常赏识他，决定对他委以重任，于是封他为左司徒。但是由于屈原对内主张改革政务，对外主张联齐抗秦，引起贵族上官大夫靳尚和令尹子兰的不满。他们非常忌恨屈原，一心想报复他。

他们抓住每一个机会，恶意中伤和诬陷屈原。一开始，楚怀王还是依旧厚待屈原。但时间一久，他听信谗言，屈原逐渐被楚怀王疏远。

后来，楚怀王的儿子楚襄王登上王位，他比楚怀王还要昏庸，宠信子兰、靳尚等一班狐朋狗党，把屈原流放到遥远偏僻的湘水地区。公元前278年，秦国大将白起率领军队与楚军交战，将楚国的都城郢攻破，将楚国先王的陵墓发掘。人民不敢在都城中生活，只能四处逃亡，希望能保住自己的身家性命。

屈原在湘水受尽折磨，听到这一变故，心中非常绝望。他有心帮助楚襄王挽回败局，但自己遭到流放，已经不能在朝议事、辅佐君王了。他只得将满腔的爱国之心与悲愤之情，抒发在激越奔放的诗篇当中。

他写道：“变白以为黑兮，倒上以为下。”这就是对那些故意颠倒黑白、误国害民的小人所进行的有力控诉。

◎成语释义

把黑的说成白的，把白的说成黑的。常用来比喻蓄意混淆是非，歪曲事实。

◎故事出处

《楚辞·九章·怀沙》：“变白以为黑兮，倒上以为下。”

◎出处译文

白的要说成黑的，高的要说成低的。

◎成语示例

终日终夜，只是躺在烟铺上，公事大小，一概不问，任着幕宾胥使，颠倒黑白。（清·彭养鸥《黑籍冤魂》第七回）

● 东窗事发

南宋时期，宰相秦桧畏敌如虎，一心主张向金人妥协投降。他觉得，名将岳飞一心抗敌，有了他，议和就难以实现。为了铲除岳飞，他就诬陷说岳飞有心谋反，将其抓入监狱。可是岳飞没有被他的威势吓倒，就是不肯承认造反的罪名。由于“罪行”是编造出来的，当然没有证据，所以秦桧无法定岳飞的罪。

有一天，秦桧和老婆王氏在卧室的东窗下商议该怎样对付岳飞。王氏要秦桧不顾一切地定岳飞死罪，不给他东山再起的机会，秦桧采纳了其妻王氏的毒计。很快，秦桧指使谏议大夫万俟卨等人伪造一些证据，将岳飞和他的儿子岳云、部将张宪以莫须有的罪名判了死刑，处死在风波亭外。

岳飞死后，众百姓都为他鸣冤。后来，秦桧在游西湖时得了病，很快就一命呜呼。没过多久，秦桧的儿子秦熺也死了。王氏想见他们一面，就请来一个道士做法术招魂。

据说，那个道士来到地狱，寻找秦氏父子。可是，他却看到秦桧和万俟卨都戴着铁枷，接受着各种酷刑的惩罚。道士见此处这等恐怖，便想立即回转阳世。临行前，秦桧哭丧着脸对道士说："请带话给我夫人王氏，就说东窗事发了。"

道士回到秦府后，把秦桧的话向王氏传达。王氏得知秦桧在受这等报应，不由得吓呆了。过了一段日子，由于王氏连惊带吓，最后也死去了。

◎成语释义

指阴谋败露或罪行被人揭发。

◎故事出处

元·刘一清《钱塘遗事·东窗事发》："秦桧欲杀岳飞，于东窗下谋……后桧游西湖，舟中得疾……桧遂死。未几，子熺亦死。夫人思之，设醮，方士伏章……备受诸苦。桧曰：'可烦传语夫人，东窗事发矣。'"

◎出处译文

秦桧想要除掉岳飞，和妻子王氏在卧室的东窗下密谋。后来秦桧泛舟西湖时，得了重病，很快就一命呜呼了。没多久，秦桧的儿子秦熺也死了。王氏很思念秦桧父子，请道士作法招魂。道士来到地狱，见秦桧正经受各种酷刑的惩罚。秦桧说："请带话给我夫人王氏，说密谋败露了。"

◎成语示例

我早间见那做娘的打庆奴，晚间押番归却，打发我出门，莫非是"东窗事发"？若是这事走漏，须教我吃官司，如何计结？（明·冯梦龙《警世通言》卷二十）

东山再起

东晋时期，有一位名士姓谢名安，他在少年时就聪慧好学。成年后，他不但学识广博，而且字写得非常漂亮。

谢安不喜欢玩弄权术，不愿意进入政坛，开始只是做了个著作郎，不久就故意称病，辞官而去。他后来在浙江会稽的东山过起隐居生活，经常和王羲之等好友赏玩山水，论诗作文。朝廷听说他名气越来越大，就封他为吏部郎，想借他撑撑门面，他不想为官，就婉言谢绝了。

后来，征西大将军、晋明帝的女婿桓温，请谢安做司马。由于桓温权势大，可比三国的曹操，他不敢与之对抗，只得应召前往。这时谢安已经四十多岁了。

在谢安将要出任的那一天，很多文武官员都出来欢迎。有个叫高菘的官员，平时就好直言不讳，这时索性半开玩笑地说："你过去高卧东山，屡次与天子的意思相违拗，不肯出来做官。想不到今天终于改变初衷了！"谢安听了这话，心里非常羞愧。

由于谢安才华出众，官职一再攀升，后来成为当朝宰相。在淝水之战中，他派弟弟和侄子为大将，抗击前秦，击败了苻坚的百万大军。

◎成语释义

原意是指归隐后再出来当官，现在比喻失势后重新恢复地位。

◎故事出处

刘义庆《世说新语·排调》：“卿屡违朝旨，高卧东山，诸人每相与言：‘安石不肯出，将如苍生何？’”

◎出处译文

你屡次与天子的意思相违拗，隐居东山不出。大家都私下里议论：“你要是不肯出来做官，将使天下百姓怎么办呢？”

◎成语示例

回到家乡，先图个骨肉团聚，一面藏器待时，或者圣恩高厚，想起来还有东山再起之日，也未可知。（清·文康《儿女英雄传》第三十九回）

● 东施效颦

越国的西施长得非常漂亮，人们都非常喜欢她。西施身体不太好时常心口疼，所以她总是轻轻地用手按住胸口，微微地皱着眉头，这样时间一长就成了一种习惯的姿态。因为她长得实在太美了，所以这副病态在人们眼里也妩媚可爱、楚楚动人。

离西施家不远，有个长得很丑的姑娘，有一次遇见西施，并且听见人们对于西施的美纷纷称赞，她非常羡慕。回家以后，便模仿西施的姿态，双手按着胸口，紧紧地皱着眉头，慢慢地走路，自以为也很美。

可是，因为她本来很丑，还要如此勉强做作，就成了一副怪模怪样。人们看到她那装模作样的姿态，觉得她更难看了。

◎成语释义

比喻模仿别人，不但模仿不好，反而出丑。

◎故事出处

《庄子·天运》：“故西施病心而矉其里，其里之丑人见而美之，归亦捧心而矉其里。”

◎出处译文

从前西施心口疼痛而皱着眉头在邻里间行走，邻里的一个丑女人看见了认为皱着眉头很美，回去后也在邻里间捂着胸口皱着眉头。

◎成语示例

若真也葬花，可谓“东施效颦”了，不但不为新奇，而且更是可厌。（清·曹雪芹《红楼梦》第三十回）

● 独当一面

秦朝灭亡之后，项羽与刘邦互相争斗，都想夺取天下。开始，刘邦率领军队从齐国东进，向项羽的都城彭城发动进攻，并迅速攻克。项羽得知刘邦竟敢侵犯自己的都城，勃然大怒，立刻组织精兵强将进行反攻，要挫一挫刘邦的锐气。

结果，刘邦被项羽打得大败，狼狈而逃。

刘邦逃到下邑（今安徽省砀山县东）后，惊魂未定。他对张良说：“我们这次败得太惨了，伤亡的士兵数不胜数，现在士气十分低落。谁要是能给我出这口气，把项羽击败，我愿意拿出函谷关以东的土地封赏他，你看我封给谁才好？”

张良笑笑答道：“九江王黥布是员了不起的猛将，他虽在项羽手下听命，但与项羽的矛盾很深；彭越统率着一万多人马，已经宣布与楚国为敌。大王可派人与这两股力量联络，将他们争取到咱们手下。至于大王手下的将领，只有韩信能够担当一方面的重任。大王如果将关东的土地分封给他们三人，让他们尽心尽力地攻打项羽，那么项羽的失败是指日可待的。”

刘邦采纳了张良的建议，一方面和黥布、彭越联系，另一方面又对韩信进行重用，派他到黄河以北开辟战场，扩大领土。

后来，韩信真的不负众望，打了几次大胜仗，为刘邦立下了汗马功劳。最后，韩信、彭越、黥布三人联合作战，终于在垓下打败了不可一世的项羽。

◎成语释义

原意是能单独指挥军队作战，迎接一面之敌。后泛指独立担当或单独负责一个方面的工作。当：承担、担当。

◎故事出处

《史记·留侯世家》：“良进曰：‘……汉王之将，独韩信可属大事，当一面。’”

◎出处译文

张良向刘邦进谏说：“……在汉王你的众多将领中，只有韩信能够办成大事，可以单独指挥军队作战，迎接一面之敌。”

◎成语示例

将来可以独当一面，只嫌功名心重些。（清·曾朴《孽海花》第四回）

断章取义

春秋时期，齐国的大夫崔杼和庆封共同密谋，一起作乱，将国君齐庄公杀死，改立杵臼为君，史称齐景公。崔杼和庆封则分别担任右相和左相的职务。

庄公有两个亲信——卢蒲癸和王何。他们得知庄公遇害，觉得大事不好，都逃往国外。卢蒲癸临走前嘱咐弟弟卢蒲嫳，要他想办法取得崔杼和庆封的信任，以便在适当之时奋力出击，上为国君报仇，下为百姓除害。

卢蒲嫳没有辜负哥哥的嘱托，故意表示为庆封效力，并帮助他杀死了崔杼。庆封独掌朝堂后，对卢蒲嫳非常信任。后来卢蒲嫳又想办法让哥哥回国，为庄公报仇雪恨。

卢蒲癸回国后，便把准备杀死庆封的事告诉了妻子庆姜。庆姜虽然与庆封有亲，但表示要大义灭亲，支持丈夫完成除害之举。结果，卢蒲癸不但将庆封杀死，还杀死了岳父庆舍以及庆氏全族。

后来，有人问卢蒲癸：“庆氏和你们卢氏都是姜姓之后，你娶庆姜为妻，不是与同宗联姻吗？你为什么要这么做呢？”卢蒲癸笑笑说：“庆姜不因我与她同宗而避开我的求亲，我为什么要回避呢？就像常常有人截取《诗经》中的某篇某章，来表达自己的意思是一样的啊。我只要我想要的，怎么会把‘同宗’的问题放在心上！”

◎成语释义

原指只截取《诗经》中某一篇章的诗

D

句，借以表达自己的意思，而不考虑所引诗句的原意。后常用来指不顾全文和原意，只根据自己的片面理解和需要，孤立地摘取别人的文章或言谈。章：文章中的章节、段落。

◎故事出处

《左传·襄公二十八年》："赋诗断章，余取所求焉。"

◎出处译文

截取《诗经》中某篇诗的某一章节，用来表达自己的意思。

◎成语示例

宋人攻击王介甫，说他将明妃写成一个不忠君不爱国的人，其实是断章取义，故入人罪。（朱自清《清华的一日》）

对牛弹琴

春秋时期，鲁国有个著名的音乐家叫公明仪，他对各种乐器都很精通，尤其对琴颇有研究。他演奏的琴声优美动听，人们听到如此美妙的琴声之后往往如醉如痴。

在一个春天的午后，天气晴和。公明仪心情舒畅，就到郊外去散步踏青。忽然，他看到有一头牛在葱绿葱绿的土地上低头吃草。这清静怡人的氛围，使他的创作灵感受到激发，他决定要为这头牛演奏一曲。

他首先弹奏了一曲非常高深的《清角之操》，尽管他演奏得非常认真，也融入了自己的感情，但琴声的感染力却没有使那头牛动情。那头牛还是老样子，只顾着埋头吃青草，对悠扬美妙的琴声和大音乐家公明仪表现出不感兴趣的神态。

公明仪看到牛竟然如此忽视他的琴艺，非常无奈，认为这头牛真是什么也不懂。但是当他仔细地进行观察后，他才明白并不是那头牛没有听见他的琴声，而是因为牛的欣赏水平实在有限，无法接受曲调过于高雅的《清角之操》。

公明仪明白了这一点，就重新弹了一段奇怪杂乱的声音。那头牛听到好似蚊子、牛蝇、小牛在叫的琴声后，忽然停止吃草，竖起耳朵，非常认真地听着这支曲子。公明仪看到后喜出望外，觉得这头牛虽然愚笨，也能欣赏自己的艺术。

◎成语释义

比喻说话时不看对象，对不懂道理的人讲道理，对外行人说内行话。

◎故事出处

汉·牟融《理惑论》："昔公明仪为牛弹清角之操，伏食如故。非牛不闻，不合其耳也。"

◎出处译文

公明仪对着牛弹了一首高深的曲子《清角之操》，牛毫不理会，只顾自己吃草。并不是牛听不到，而是曲调不入它的耳朵（口味）罢了。

◎成语示例

对牛弹琴，牛不入耳，骂得很好，咱们一总再算账！（清·李汝珍《镜花缘》第九十回）

E

恶贯满盈

商朝末年，纣王整日贪恋酒色，施行暴政。诸侯和百姓对他非常不满。周武王见纣王的行为已经引起众怒，就联合各路诸侯讨伐商纣王。

武王在伐纣之前，向全军述说纣王的罪行，说纣王的罪行多得数不胜数，不应该继续待在君位之上了。最后，武王要全军团结起来，为国家除去祸害。伐纣大军渡过黄河，直奔商都而去。商、周两军在牧野相逢，便展开了一场血战。

因为武王的军队讲究仁义，所到之处秋毫无犯，所以得到百姓的拥护。商朝大军中甚至有很多人在战场上投降。而人民群众对于纣王的军队却是深恶痛绝。结果商军大败。纣王感到无路可走，为了不在周人手里受折磨，自焚而死，商朝也灭亡了。

◎成语释义

指一个人罪恶非常多，就像穿钱一样，已穿满了一绳子。常用来形容罪大恶极之人。贯：穿钱的绳子；盈：满。

◎故事出处

《尚书·泰誓》上：“商罪贯盈，天命诛之。”

◎出处译文

商纣王的罪恶多得数都数不过来，这是上天要我们讨伐他呀。

◎成语示例

你今日恶贯满盈，有何理说。（元·无名氏《朱砂担》第四折）

尔虞我诈

楚国围攻宋国的都城，相持好几个月攻打不下，楚庄王决定撤退。替楚庄王驾车的申叔时献计道：“不必撤退，咱们只要在阵地上修建房屋，让士兵就地种田，作长久包围的打算，宋国人害怕，就会投降的。”楚庄王采纳了申叔时的建议。

宋国见楚国作了长期打算，果真慌乱起来。一天夜里，宋国的大臣华元潜入楚军驻地，摸到楚军主帅子反的床边，将他拉下床来。

华元对子反说："我们的国君要我告诉你，我们现在粮草虽然不足，但斗志很旺盛，我们宁肯整个国家毁灭，也决不向你们屈服！如果你们答应后撤三十里，那一切都好商量。"

子反在华元的威逼下，只好答应了宋国的条件。于是楚军后撤三十里，楚宋两国签订了和约。和约上写着"我无尔诈，尔无我虞"等话，意思是"我不欺骗你，你也不必防备我！"后人把这句话简化成了"尔虞我诈"，意思和原意完全相反。

◎成语释义

本意是说大家不要互相欺骗，后多用来表示大家互相欺骗。

◎故事出处

春秋·左丘明《左传·宣公十五年》："我无尔诈，尔无我虞。"

◎出处译文

你不要欺骗我，我也不欺骗你。

◎成语示例

国内，南方各会党首领之间，也是互相猜忌，钩心斗角，尔虞我诈，令人烦恼。（任光椿《戊戌喋血记》第十七章）

F

防微杜渐

东汉时期，有一位才华出众的大臣，名叫丁鸿。他对经书极为通晓，对钻研学问特别感兴趣。

当时，汉和帝虽然贵为天子，却没有什么实权。窦太后把持朝政，为所欲为。窦太后的哥哥窦宪官居大将军，其他窦氏子弟也身居要职，权势惊人。看到朝廷里竟然形成这种局面，大臣们都觉得汉室江山出现危机，可是谁也不敢上奏章反抗。丁鸿对窦氏一门的专权非常不满，决心要为主分忧。

几年后，天上出现了日食现象。丁鸿就以此为借口，向皇帝上了一道奏章，认为这是个不祥征兆，皇帝应该注意自己身边的不合理现象。他指出，窦家权势过大，给国家造成了极大危害，这种状况不改变绝对不行。他特别指出，皇帝处理国政，应在事态出现萌芽时就加以防备，这样才能使国家长治久安。

汉和帝本来就对窦家权势过大很生气，这道奏章等于给他收拾窦家提供了很好的机会。于是迅速撤了窦宪的官。窦氏兄弟看到皇帝要整治他们，回家后便自杀了。

◎成语释义

祸患和错误刚出现苗头时，就加以预防与制止，不使它得到进一步发展。杜：堵塞；渐：事物的开端。

◎故事出处

《后汉书·丁鸿传》：“若敕政则躬，杜渐防萌，则凶妖消灭，害除福凑矣。”

◎出处译文

如果皇帝执掌朝政，能够在事态出现萌芽时就加之防备，国家的祸害就可以消除，人民就可以幸福安康。

◎成语示例

有不尽者，亦宜防微杜渐而禁于未然。（《元史·张桢传》）

废寝忘食

春秋时期，孔子曾经周游列国，到处宣传他的治国主张，希望能得到重用。在他64岁之时，他来到了楚国的叶邑。

叶邑的大夫沈诸梁接见了孔子，他对孔子非常热情。沈诸梁被人们称为叶公，是一位颇有名望之人。因为孔子的名声很大，所以他很早就知道孔子。可是，他对孔子的人品并不了解，于是就向孔子的学生子路询问。

这个问题太敏感了。子路虽在孔门弟子中才能出众，但一时却不知怎么回答才好，就没有作声。

后来，孔子知道了这件事，就对子路说："你为什么不这么回答他'孔子的为人呀，努力学习而不厌倦，甚至连吃饭、睡觉都忘记；他喜欢传道授业，从不为受贫受苦而担忧，甚至忘记了自己的年纪'这样的话呢？"

从孔子的话中可以看出，因为他的理想非常远大，所以自己生活得非常充实。

◎成语释义

顾不上睡觉，忘记了吃饭。常用来形容对某件事非常专心。废：停止；寝：睡觉。

◎故事出处

《论语·述而第七》："女奚不曰：'其为人也，发愤忘食，乐而忘忧，不知老之将至云尔？'"

◎出处译文

你为什么不这样说，他这个人，发愤用功，连吃饭都忘了，快乐得把一切忧虑都忘了，连自己快要老了都不知道，如此而已。

◎成语示例

但得个寄信传音，也省得人废寝忘食。（元·曾瑞卿《留鞋记》第一折）

分道扬镳

南北朝时期，北魏大臣元齐很有才能，立下了汗马功劳，甚至救过孝文帝的命。孝文帝非常敬重他，封他为河间公。元齐有一个儿子叫元志，官居洛阳令，很有才华，但非常骄傲。

不久以后，孝文帝采取了御史中尉李彪的意见，将都城从山西平城（今山西大同市东）迁到了洛阳。洛阳令元志成了"京兆尹"，成为权势惊人的民政长官。

有一次，元志出外游玩，和李彪的马车正巧相遇。按照礼节，元志官职比李彪小，应当让路，可是他觉得自己有才能，偏不让路。

李彪见他眼里根本没有上级，就问他："既然我的职位高于你，你为什么不赶快让路？"

元志却显得很有理，他说："我是洛阳的地方官，依我看来，你虽然官位高，但只是洛阳的一个住户，哪有地方官给住户让路的道理呢？"

他们谁也不让谁，就到孝文帝那里去评理，请孝文帝给他们做主。孝文帝听了他们的争论，觉得都有道理。就笑着说：**"洛阳是我的发祥之地。你们互不相让，但都各有道理。既然这样，你们就停止争吵，分开行走，各走各的，不就行了吗？"**

◎成语释义

分路而行。比喻志趣、目标不同，各行其道，各奔前程。扬镳：提起马嚼子。提起马嚼，即勒马而行的意思。

◎故事出处

《北史·魏诸宗室·河间公齐传》："孝文曰：'洛阳，我之丰、沛，自应分路扬镳。自今以后，可分路而行。'"

◎成语示例

第二军总司令李烈钧，亦向广西进发，分道扬镳，为国效力去了。（蔡东藩、许廑父《民国通俗演义》第五十九回）

奋不顾身

汉武帝时，朝中有一员猛将，名叫李陵，字少卿，很受皇帝的信任。汉武帝任命他为骑都尉，他知恩图报，在抵御匈奴入侵的战争中表现得非常积极。不料，在一次和匈奴的战斗中，李陵由于寡不敌众，无奈向匈奴投降。

汉武帝得知后勃然大怒，觉得李陵辜负了自己对他的信任。朝中很多大臣见风使舵，都附和皇帝，纷纷指责李陵没有骨气。

只有太史令司马迁替李陵抱不平。他说："我虽然和李陵没有深交，但我见他为人很讲义气，对父母孝顺，对士兵讲信誉，不贪恋财物。对于国家大事，他总是能够奋不顾身地解救危难。所以，这次李陵在统率兵马不到五千，而遭遇数万名敌兵的情况下，最后由于伤亡惨重，弹尽粮绝，归路被切断，才被迫投降，实在是情有可原的。他这次投降，并非贪生怕死，而是想等待时机再立功赎罪。"

汉武帝根本听不进司马迁的这些刚直之词，认为司马迁不分是非，替叛将辩护，实在是辜负君恩，将他施以"腐刑"。

后来，汉武帝在盛怒之下，将李陵全家都处死了。李陵听到全家人的噩耗，非常痛心，于是在匈奴娶妻成家，至死不回故土。

◎成语释义

奋勇直前，不顾生命安危。

◎故事出处

《汉书·司马迁传》："然仆观其为人自奇士，事亲孝，与士信，临财廉，取予义，分别有让，恭俭下人，常思奋不顾身，以徇国家之急。"

◎出处译文

我看他讲义气，对父母孝顺，对士兵讲信誉，不贪恋财物，能够谦恭地对待下人。他总是能够奋勇直前，不顾生命安危来解救危难。

◎成语示例

部下弟子，虽不敢谓久经训练，有勇知方，惟大义所在，却是奋不顾身。（蔡东藩、许廑父《民国通俗演义》第一百十五回）

风吹草动

春秋时期，楚平王荒淫无耻，听说自己的儿媳妇长得漂亮，竟然把她霸占了。大臣伍奢看不惯他的这种做法，对他颇有微词。楚平王听说后，下令把他抓起来，还要他写信叫两个儿子回来，想把他们父子三人一起杀死。

伍奢的两个儿子伍尚、伍员（即伍子胥）接到书信，知道父亲只怕难逃一死，心里非常悲痛。伍员劝哥哥不要进京送死，伍尚则要弟弟为父亲报仇，自己甘愿与父亲同死，尽人子之道。结果伍尚刚到郢都，就和父亲一起被楚平王杀害了。

楚平王为了斩草除根，到处张贴伍员的画像，悬赏捉拿。

伍员为了报仇，就乔装改扮，准备到吴国借兵报仇。一路上，他白天躲在丛林中，晚上出来赶路，受尽了辛苦，每当来到关隘更是提心吊胆，小心谨慎。每次发现一些风吹草动的小动静，就立刻隐迹藏形，生怕被人发现。

后来，在朋友们的帮助下，伍员终于逃出楚国，进入吴国边境。伍员得到吴王的赏识，被委以重任，带兵打回楚国，将楚平王之尸鞭打三百下，报了杀父杀兄之仇。

◎成语释义

风稍一吹，草就摇动。比喻形势的轻微变化或变故。

◎故事出处

《敦煌变文集·伍子胥变文》：“偷踪窃道，饮气吞声。风吹草动，即便藏形。”

◎出处译文

偷偷地改变踪迹，寻找人迹罕至的道路行走，不敢大声呼气和说话。一有风吹过、草摇动，就要找地方隐藏自己。

◎成语示例

万一后边有些风吹草动，被人发觉，不要说道无颜面见令尊，传将出去，小生如何做得人成？（明·凌濛初《二刻拍案惊奇》卷二十三）

凤毛麟角

南北朝时期，宋国有一个善写山水诗的名手谢灵运。谢灵运的诗名盛极一时，天下人都对他钦羡不已。他的孙子名叫谢超宗，非常喜欢学习，文章写得很漂亮，因此也有一定的名气。

谢超宗曾在新安王刘子鸾手下担任常侍之职，写过很多文告函件，为新安王增色不少。一次，王爷的母亲殷淑仪不幸逝世，谢超宗奉命写了一篇悼念死者的诔词，文章之精彩令人称绝，孝武帝读过以后心服口服，称赞说：“谢超宗真是有凤毛呀，我朝岂止有一个谢灵运!”

当时，将军刘道隆也在座。他只听到孝武帝夸谢超宗有什么凤毛，竟认为谢超宗真有这宗宝贝呢！于是，这位不通文墨的将军就跑到谢家，苦苦哀求道：“你们家肯定有什么稀奇物件，快让我看看，也好长长见识！”

谢超宗知道家中无宝，对那不解事的将军一口回绝：“我们家实在贫寒，怎会有什么宝贝？”

刘道隆想了想，皇上的话千真万确，谢超宗的父亲名字又叫谢凤，这“凤毛”必定是他家不肯出示的绝世珍宝，于是索性强硬起来，进府四处搜寻。他把谢府搜了一个底朝天，也没见到什么稀罕东西。

此时天色已晚，他才自言自语地说：“早上陛下说凤毛在你府上啊，如今竟然踪影全无!”尽管他不甘心，但也无计可施，只好没精打采地回去了。

这件事传到朝廷里，文武百官都忍不住笑了起来。

◎成语释义

比喻珍贵而不可多得的人或事物。凤毛与麟角这两样东西在这世界上根本不存在，人们常用来比喻稀有、难得。

◎故事出处

《南史·谢超宗传》：“超宗殊有凤毛。”

◎成语示例

全县只考上你一个，无论如何是凤毛麟角。（梁斌《红旗谱》二十）

釜底游鱼

东汉时期，大臣张纲敢于仗义执言，以刚直不阿闻名天下。他不但与宦官的不良行为进行斗争，还不畏强权，对外戚梁冀的罪恶予以揭发。梁冀领教了张纲的厉害，对他恨之入骨，决定对他进行残酷报复，只是苦于没有机会。

当时，平民张婴指挥了一支起义军，有数万之众，在广陵地区（今江苏省、安徽省交界一带）与官府对抗，杀戮地方官吏。东汉政府曾经多次派兵镇压，欲扑灭起义火焰，可是由于起义群众作战勇敢，所以起义火焰越烧越旺。

梁冀见张婴之势如此猛烈，就指使亲信推荐张纲担任广陵太守，想借张婴的刀除掉张纲，也好解决自己的心腹之患。

张纲到了任所，通过调查研究，才知道张婴等人是由于广陵官员压榨农民太甚，被逼而反，实在情有可原。于是，他冒着生命危险，只率领很少的人去张婴兵营，在以武力威胁的同时，力陈自己决不会对起义军横加杀戮，只希望他们归顺朝廷。

在张纲软硬兼施的压力下，张婴坦诚相告：“**我们只是荒野愚人之后，没有途**

径让朝廷了解我们的苦难，又实在不能忍受贪官污吏的压榨，这才聚众造反，我们的目的不过为了活命而已。看看我们的处境，真与游动在锅里的鱼儿一样，活不了多长时间。我们愿意归顺朝廷，从此安分守己。”

后来，张婴果不食言，真的带领部分军队向官府投降。

◎成语释义

常用来比喻身处绝境，面临灭亡的事物。釜：锅。

◎故事出处

《后汉书·张纲传》：“（张婴曰）：‘荒裔愚人，不能自通朝廷；不堪侵枉，遂复相聚偷生，若鱼游釜中，喘息须臾间耳。’”

◎成语示例

他们已是飞走路绝，恰似釜底游鱼，或降或死，别无他途。（姚雪垠《李自成》第一卷第十一章）

G

肝脑涂地

汉高祖五年，刘邦终于消灭了项羽的主力部队，迫使项羽在乌江自刎。刘邦打下天下后，他决定在洛阳建都，表示自己要继承周朝的礼乐，使万里河山固若金汤。

这时，有人向刘邦报告，一个叫娄敬的人说一定要见他。刘邦是个敬贤之人，立刻接见娄敬。娄敬刚一入宫，就直截了当地说："听说您想在洛阳建都，难道是想和周朝较量兴隆的盛况吗？"刘邦点了点头，说："这正是我的想法，我想建立一个与周朝一样强盛的国家，使老百姓安居乐业，免受兵灾之苦。"

"陛下，您错了！"娄敬的一句话让刘邦不明白。娄敬接着说："周朝以德行来治理天下。可是您从丰沛起兵，打了很多仗，其中大的战争有七十场，小的战争也不下四十场。由于屡次交战，**天下无辜百姓的肝脑都涂满了土地，男人的尸骨散落在荒郊野外，数目多得数也数不过来**。如今，生者的哭声未绝于耳，伤者还没有复原。想一想吧，您怎能与周朝相提并论呢？

"我觉得，您在洛阳建都非常不合适，还是把国都建在秦地的长安方为稳妥。那里环山傍水，易守难攻，可以屯驻百万雄兵，真称得上是'天府'之地。"

刘邦听了娄敬的话，觉得他说得非常有道理，就把都城建在了长安。后来，西汉王朝果然发展得非常强盛，延续了二百多年。直到刘秀建立东汉王朝时，才把都城迁到了洛阳。

◎成语释义

指肝血脑浆涂抹满地。原意是指死得凄惨，后来表示忠心耿耿，不顾惜任何牺牲。

◎故事出处

《史记·刘敬叔孙通列传》："使天下之民肝脑涂地，父子暴骨中野，不可胜数。"

◎成语示例

今得相随，大称平生，虽肝脑涂地，无恨矣。（明·罗贯中《三国演义》第二十八回）

高山流水

春秋时代，有个叫俞伯牙的人，精通音律，琴艺高超。俞伯牙年轻的时候聪颖好学，曾拜高人为师，但他总觉得自己还不能出神入化地表现对各种事物的感受。

伯牙的老师知道他的想法后，就带他

乘船到东海的蓬莱岛上，让他欣赏大自然的景色，倾听大海的波涛声。伯牙举目眺望，只见波浪汹涌，浪花激溅；海鸟翻飞，鸣声入耳；山林树木，郁郁葱葱，如入仙境一般。一种奇妙的感觉油然而生，耳边仿佛响起了大自然那和谐动听的音乐。

他情不自禁地取琴弹奏，音随意转，把大自然的美妙融进了琴声，伯牙体验到一种前所未有的境界。

一夜，伯牙乘船游览。面对清风明月，他思绪万千，于是又弹起琴来。琴声悠扬，渐入佳境。忽听岸上有人叫绝。伯牙闻声从船舱中走出，只见一人站在岸边，伯牙当即请他上船，一块喝酒赏月。此人自称是钟子期。

俞伯牙弹琴，钟子期在旁边欣赏。当伯牙弹奏表现登上高山时，子期说道："伯牙琴弹得真好！雄伟而庄重，好像高耸入云的泰山一样！"当伯牙用琴音表现奔腾澎湃的波涛时，子期又说："真好！宽广浩荡，好像看见滚滚的流水、无边的江河一般！"伯牙兴奋极了，激动地说："你真是我的知音啊！"

过了一年，伯牙来拜访钟子期，谁知道子期已经不在人世了。伯牙悲痛万分，在子期的墓前弹了一曲后，把琴摔碎，以示失去知音，今后不再弹琴。

◎成语释义

比喻知己或知音。也比喻乐曲高妙。

◎故事出处

《列子·汤问》："伯牙鼓琴，志在登高山，钟子期曰：'善哉，峨峨兮若泰山。'志在流水，曰：'善哉，洋洋兮若江河。'"

◎成语示例

孔圣人尚学琴于师襄，一操便知其为文王。高山流水，得遇知音。（清·曹雪芹《红楼梦》第八十六回）

● 割席绝交

三国时，魏国的管宁和华歆是同窗好友，但性格却不同：管宁对富贵荣华看得很淡泊，一心钻研学问；华歆却羡慕权势，不愿读书。

他们求学的时候，常常是一边读书，一边劳动。一次，他们在一起锄地，翻出一块金子。华歆、管宁平时读书养性，就是要摒除人性中的贪念，见了意外的财物不能动心，平时也以此相标榜。

所以这时候，管宁见了黄金，就把它当作砖石土块对待，用锄头一拨就扔到了一边。但华歆却喜出望外，想据为己有。

又有一次，管宁和华歆一同读书，一个大官坐着车子路过，车子装饰十分豪

华，敲锣打鼓十分热闹。管宁好像没听见一样，继续认真读他的书，而华歆赶紧丢下书本出去看，回来后对管宁夸个不停。

管宁一把拔出身上的刀，把两人同坐的席子割成两半，使两人分开坐，说：“你不是我的朋友了。”表示从此同华歆绝交。

◎成语释义

指朋友间断绝往来。

◎故事出处

南朝·刘义庆《世说新语·德行》：“又尝同席读书，有乘轩冕过门者，宁读书如故，歆废书出看。宁割席分坐，曰：‘子非吾友也。’”

◎成语示例

他品德极坏，我已经和他割席绝交了。

● 功败垂成

东晋时期，有一员名叫谢玄的大将，因为在军事指挥方面才能出众而享誉江南。383年，前秦皇帝苻坚率领八十七万大军攻打江南，企图将东晋一举歼灭，统一天下。东晋宰相谢安命令谢玄统率雄兵八万前去抵抗。晋军在洛涧将秦军前哨击退，苻坚锐气受挫，觉得四处的草木都像是晋国士兵，心里害怕起来。

晋军打到淝水，要求秦兵向后撤退，以便他们渡河交战。苻坚想，如果在晋军渡河之际进攻他们，岂不是抓住了难得的战机？因此同意后撤。可是，秦军一撤退就难以停住，将士们不知真相，以为前方吃了败仗，纷纷向后方逃窜。谢玄渡水追击，结果秦军大败。他们听到风声鹤唳，都以为是晋国兵将又追杀来了，不敢停留。

谢玄乘胜将洛阳、彭城等地攻占，苻坚仓皇逃到关中。

淝水大捷之后，谢玄率领兵马收复北方国土。他想趁着这个有利时机，多为国家作贡献，甚至实现统一天下的夙愿。但是，东晋皇族怕谢玄功大难制，借口打仗的时间太长了，请他班师回朝，然后到淮阴驻守。这真是功败垂成啊！

虽然谢玄一心想要立功报国，但难以违拗众人，只得班师。在回师南归的途中，他身染重病。过了两年，由于医治无效，谢玄不幸辞世，死时只有45岁。可怜盖世英雄一旦早逝，夺取北方的志愿也终于化成了泡影。

◎成语释义

形容功业即将成功的时候却遭到失败，有惋惜之意。

◎故事出处

《晋书·谢玄传记》：“庙算有余，良图

G

不果；降龄何促，功败垂成。”

◎出处译文

指挥调度都很有能力，但最终却没能将北伐进行到底。老天给他的年龄怎么这样短促，北伐将要取得成功的时候，竟然失去了机会。

◎成语示例

况且十二道金牌，他未必不知道是假的，何必就班师回去，以致功败垂成。（清·吴趼人《二十年目睹之怪现状》第六十一回）

钩心斗角

秦王嬴政灭掉六国后，自立为皇帝，史称秦始皇。为了让自己的生活过得更加奢侈淫乱，他开始建造一座规模宏大的宫殿，将六国的妃嫔、公主纳入其中。因为这座皇宫的前殿所在地是阿房，所以人们就将这座宫殿称为阿房宫。阿房宫的建造规模非常大，从秦始皇统一天下就开始修建，直到秦朝灭亡还没有修完。

秦朝灭亡后，项羽率军进入关中。由于项羽是楚国贵族，所以对秦朝有着刻骨的仇恨。为了报仇，他索性一把火把阿房宫烧得一干二净，大火烧了好几个月仍然没有熄灭。

唐朝晚期，诗人杜牧来到长安。他饱览关中的大好河山后，看到阿房宫遗址的残破样子，想到了这座宫殿以前的富丽堂皇，就写了一篇《阿房宫赋》，描写阿房宫的壮丽景象，劝谏唐代君王不要走秦朝的老路。这篇赋很快就流传开来，成为一篇传世奇文。

文章中有一句是描写阿房宫精密布局的，大意是：阿房宫的长廊回环曲折，层层楼阁凭借地势高低而环抱其间；宫室顶部是牢固而巧妙的钩心结构；檐角高耸，那气势似乎在与什么力量争斗。

◎成语释义

原指宫室建筑结构精密巧妙，彼此回环掩抱，飞檐连接交错。后常用来比喻用尽心机，明争暗斗。

◎故事出处

唐·杜牧《阿房宫赋》：“五步一楼，十步一阁，廊腰缦回，檐牙高啄。各抱地势，钩心斗角。”

◎出处译文

五步一座高楼，十步一座亭阁；长廊如带，迂回曲折，屋檐高挑，像鸟喙一样在半空飞啄。这些亭台楼阁啊，各自凭借不同的地势，参差环抱，回廊环绕像钩心，飞檐高耸像斗角。

◎成语示例

但他人谁会想到他为了争一点无聊的名声，竟肯如此钩心斗角，无所不至呢。（鲁迅《两地书》十五）

苟延残喘

春秋后期，晋国大夫赵简子有一次在中山狩猎，突然发现林中窜出一只狼，便拉弓搭箭，向它射去。狼中箭拼命逃跑，赵简子在后面紧紧追赶。

这时候，有一个叫东郭先生的人往北而行。他赶着一头驴子，驴背上驮着一袋书。他走着走着，正好与狼相遇。

这只狼见了东郭先生，就苦苦哀求说："先生不是总是济困扶危吗？以前毛宝曾买了一只乌龟放生，后来他在战争中逃命，乌龟驮他过江逃命；隋侯救了一条蛇，后来蛇就给他衔来价值不菲的珍珠报答。**今天我也同龟、蛇一样遇到了危险，您让我在您的书袋里躲藏一阵，让我勉强延续一口气吧。您今天能救我一命，我日后一定会像龟、蛇那样重重地报答您！**"

东郭先生向来心地慈善，经不起狼的恳求，只好把狼装在书袋里，把书盖在上面。很快，赵简子的人马来到这里，见到东郭先生，向他打听狼的下落，东郭先生只说不知道。赵简子等人见找不到狼，只得乘兴而来、败兴而归。东郭先生见他们走远，就把狼从书袋里放了出来。可这时狼却翻脸不认人，竟想吃掉自己的救命恩人。

这时，一位农夫正巧路过。他问明恶狼纠缠东郭先生的原因，就把狼骗回了书袋，抡起锄头，几下子就把狼打死了，也为天下除了一害。

◎成语释义

勉强拖延一口没断的气。比喻勉强维持生存。苟延：勉强延续；残喘：临死前的喘息。

◎故事出处

明·马中锡《中山狼传》："今日之事，何不使我得早处囊中，以苟延残喘乎？异时倘得脱颖而出，先生之恩，生死而肉骨也，敢不努力以效龟蛇之诚！"

◎成语示例

穷得当卖全无，虽只区区四金，到也不无小补，又可以苟延残喘得好几日了。（清·李宝嘉《官场现形记》第二十八回）

孤注一掷

北宋真宗景德元年（1004年），辽国军队大举南下，欲夺取宋室江山。宋真宗听说辽兵的进攻速度很快，想听从大臣王钦若、陈尧叟之见，迁都南逃。宰相寇准力主抵抗，并说明利害，使真宗御驾亲征，到澶州督战。

宋朝前线将士们见天子与他们共存亡，深受感动，努力作战，大挫辽军锐气。宋军虽然大获全胜，却为了尽早结束战乱，与辽国订立和约，由宋朝每年向辽国进贡白银。这次和约被史家称为"澶渊之盟"。

澶州一战，寇准功劳卓著，所以宋真宗在战后对他十分宠信。

劝宋真宗逃跑未成的王钦若对寇准非常嫉恨，总想找机会害他。一次罢朝后，王钦若逮住了机会，对真宗说："陛下对寇准极其尊重，是因为他对天下有大功

G

吗？”真宗说：“正是这样。”王钦若则说道：“澶州之役，陛下怎么不以为耻，还说寇准有功于天下？”

真宗听了，表现出不解的样子。王钦若说：“当初敌人兵临澶州城下，我朝被迫订立和约。以天子的崇高地位，订立城下之盟，难道不是很大的耻辱吗？”

真宗听罢，脸色大变。王钦若见所进谗言奏效，继续说道：“您知道赌博吗？**赌徒快输光时，把剩余的钱都拿出来狠拼一把，这叫作孤注**。陛下当初就是寇准的孤注啊，寇准这样做，对陛下而言，实在太危险了！”

宋真宗入了王钦若的圈套，脸色阴沉下来，从此对寇准冷淡下去，再也不听他的建议了。

◎成语释义

用来比喻在危急时竭尽全部力量，作最后一次冒险。

◎故事出处

《宋史·寇准传》：“博者输钱欲尽，乃罄所有出之，谓之孤注。”

◎成语示例

无如他被全台的公愤逼迫得没有回旋余地，只好挺身而出，作孤注一掷了。（清·曾朴《孽海花》第三十二回）

刮目相看

三国时期东吴有个年轻的将领吕蒙，勇猛善战，20多岁就已成为名将。吕蒙出身贫寒，早年没有读书机会。有一天，吴国的君主孙权严肃地说：“你现在已经是吴国的大将军，拥有很高的权力，但是只有一身武功是不够的，我还希望你多读点书。”

于是吕蒙在繁忙的军旅生活中，利用一切空隙时间用心读书，发愤图强。随着知识领域的不断扩大，他的见解也日益深刻。

东吴主将鲁肃领兵经过吕蒙驻地，觉得吕蒙有勇无谋，不屑去看他。有个部下对他说，吕将军进步很快，不能用老眼光看他，还是去一趟吧！鲁肃前去看望，吕蒙设宴招待。席上，吕蒙问：“将军这次接受重任，和蜀国大将关羽为邻，不知有何打算？”

鲁肃答道：“兵来将挡，水来土掩，到时再说吧！”吕蒙听了，婉言批评说：“现在吴蜀虽然结盟，但关羽性同猛虎，怀有野心，战略应该早定，决不能仓促从事啊！”并为鲁肃筹划了五项策略。

鲁肃听了，非常折服，并拍着吕蒙的背亲切地说：“我总以为老弟只会打仗，没想到学识与谋略也日渐精进，大丈夫分别数日后，就应当换个眼光去看待啊！”

◎成语释义

比喻别人已有进步，不能再用老眼光去看他。

◎故事出处

《三国志·吴志·吕蒙传》裴松元注引《江表传》：“士别三日，即更刮目相待。”

◎出处译文

大丈夫三天没有看见，就应当换个眼光去看待他。

◎成语示例

世界也刮目相看，东亚病夫居然奋起了，睡狮果然醒了。（朱自清《这一天》）

H

骇人听闻

隋朝时，太原晋阳人王劭从小爱好读书，而且记忆力惊人，对看过的内容能过目不忘。可是他的人品很糟糕，是一个擅长溜须拍马、阿谀奉承的人。

有一天，隋文帝做了一个梦，梦见自己想爬一座高山，却怎么也爬不上去，后来侍从崔彭前来相助，他才登上山顶。文帝把梦境对满朝文武说了，要大家给他圆一圆梦。王劭听后，对皇帝说："这个梦非常吉利，梦见高山，说明皇上的位置稳如泰山；崔彭好比彭祖（传说他是长寿人物），您得到他的帮助，说明您的寿命很长。"

隋文帝是个爱听奉承话的人，听了这套说辞，心里美滋滋的。从此，文帝更加喜欢王劭了。

王劭有时候还会讲一些荒诞怪异的事情，让人听起来感到难以置信。他说这些话的目的，也是为了拍马屁。隋文帝虽然觉得他的话有点玄，但总是甘心受骗。

有一次，王劭谎称在某地发现神龟，龟腹上有"天下杨兴"四个大字，这是隋朝兴旺的证据。皇后独孤氏死后，他又胡说八道，说皇后是"妙善菩萨"转世，受上天所派辅佐天子。她现在不是死，而是任务完成，回转天界了。因为隋文帝向来对皇后非常敬畏，所以这一次，他的马屁又拍准了。

◎成语释义

形容事出非常或故意夸大其词，使人听了十分惊骇。骇：惊吓，震惊。

◎故事出处

《隋书·王劭传》："劭在著作，将二十年……或文词鄙野，或不轨不物，骇人视听，大为有识所嗤鄙。"

◎出处译文

王劭当了近二十年的著作郎……他写的东西要么文词俗套，要么胡说八道，故意夸大其词，有点才学的都很鄙视他。

◎成语示例

任听部下逞艳于非时之候，献媚于世主之前，致令时序颠倒，骇人听闻。（清·李汝珍《镜花缘》第六回）

害群之马

中华民族的共同祖先是黄帝，姓姬，号轩辕氏、有熊氏，是少典之子。炎帝扰乱各部落，黄帝为使各部落安宁，就在阪泉（今河北涿鹿东南）与炎帝大战，终于大获全胜。后来蚩尤作乱，他又率领各部落在涿鹿杀掉蚩尤。从此，炎帝等人对黄帝心服口服，共同推举他为部落联盟领袖，治理华夏。

黄帝还是一位伟大的发明家，养蚕、舟船、车辆、文字、音律、医学、算术等都是他发明的。他的发明创造对中华民族的发展起到了很大的推动作用。

一天，黄帝要到具茨山（今河南省境内）去拜见贤人大隗，走到襄城（今河南省襄城县一带）却迷了路，这时一个放马的男孩正好从旁经过。黄帝问道："你可知道具茨山在什么位置吗？"男孩答道："当然知道。"黄帝又问："那你知道大隗住在哪里吗？"男孩回答："知道。"

黄帝很高兴，顺口说道："这孩子真叫人吃惊，他不但知道具茨山，还知道大隗的住处。那你可晓得，天下应当如何治理吗？"

男孩认真地说道："治理天下没什么了不起的。我前几年离家到外面游历，结果生了一场病。有位长辈就告诫我说：'你在外游历的时候，要注意日出而游，日入而息。'我觉得他的话非常有道理。现在我的身体好多了，打算到更远的地方去游历。"

黄帝见男孩非常聪明，就一定要问他如何治理天下，小孩无奈，就把话说得更详细：**"治理天下，和放马有何什么不同？只要把危害马群的坏马赶出去就是了。"**

黄帝听罢，觉得牧童真是个了不起的人，就改称他为"天师"，恭敬地向他拜了三拜，然后告辞离去。

◎成语释义

危害马群的劣马。常用来比喻危害社会或集体的人。

◎故事出处

《庄子·徐无鬼》："夫为天下者，亦奚以异乎牧马者哉？亦去其害马者而已矣。"

◎成语示例

赶走害群之马的走狗！（杨沫《青春之歌》第二部第三十八章）

● 邯郸学步

据说在战国时期，燕国寿陵有个年轻人，听说赵国邯郸人走路的步法非常优美娴雅，就千里迢迢地跑到邯郸去学习。一路上，他跋山涉水，披星戴月，总算赶到邯郸城。

他来到邯郸的大街上，仔细观察邯郸人走路的姿态。他发现，邯郸人走起路来，果然姿态优美，妙不可言。这样一来，他学习人家步法的意志就更加坚定了。

于是，他一边苦心琢磨人家走路的特点，一边模仿着做起来。他跟这位先生后边走几步，再跟那位姑娘后边走几步。可是学来学去，总是学不像，人家邯郸人走路宛若仙子，他虽然也依样迈步子，却少了几分飘逸的风格。

问题到底出在哪里呢？这个青年人想，也许自己多年来已习惯于家乡人的步法，所以学起邯郸步法来总是学不到位。于是他下决心丢掉自己原来的习惯走法，像小孩一样从头开始学走路；从此，他每走一步都紧张得满头大汗，既要想着腿脚如何摆动，又要想着腰肢怎样配合，还得顾及到每一步的距离……这样一来，他不知该怎样迈步才好。

面对这些困难，他一点也不灰心，心里只想着：困难是暂时的，只要努力学习，一定会把邯郸人的美妙步法学到手；到了那时，他走起路来就会飘若仙子，一定会成为本乡的风流人物……

可是在实际生活中，他学得一直不顺利，虽然学了几个月之久，不但没将邯郸人的步法学到手，连自己原来的步法也全忘了。这时，他的钱已经花光，于是只好回家了。可是他竟然忘记怎样走路，只好在地上爬回寿陵。

◎成语释义

形容毫无主见，胡乱模仿他人，结果不仅学不到本事，反而把自己原来会的东西也忘掉了。

◎故事出处

《庄子·秋水》："子独不闻夫寿陵余子之学行于邯郸与？未得国能，又失其故行矣，直匍匐而归耳。"

◎出处译文

况且你就没听说过燕国寿陵的余某人到赵国的邯郸去学习走步之事吗？没学会赵国人走路姿势，又忘记了他原来走路的姿势，最后只好爬回去了。

◎成语示例

作为新时代的学生应该充分发挥自己的创造力，不能人云亦云、邯郸学步。

● 沆瀣一气

唐朝时期，有个名叫崔瀣的年轻人来到京城参加科举考试，考中了就能做官。主考官崔沆连日批阅考卷，批到崔瀣的卷子，大为赞赏，连声叫好。

等到发榜那天，崔瀣前去看榜，他的名字果然荣登金榜。他见自己被录取了，自己十载寒窗的辛苦没有白费，当然很高兴。可是周围的人们却在他背后指指点点："座主门生，沆瀣一气。"

人们为什么要说这些话呢？原来这次

考试的主考官名叫崔沆，人们把崔沆、崔瀣两人的名字合到一块，就认为他们两个私下勾结，把国家考试当成儿戏。因此人们把两个字合在一起编成两句话：“座主门生，沆瀣一气。”事实上崔沆、崔瀣并不存在营私舞弊的情况。

◎成语释义

常用来讽刺互相勾结、气味相投的坏人。

◎故事出处

宋·钱易《南部新书·戊集》：“又乾符二年，崔沆放崔瀣，谈者称座主门生，沆瀣一气。”

◎出处译文

乾符二年，崔沆放崔瀣荣登金榜，周围的人称他们师生二人像是夜间的水汽、雾露连在一起。

◎成语示例

皓东的敏锐活泼，和胜佛的豪迈灵警，两雄相遇，尤其沆瀣一气。（清·曾朴《孽海花》第十四回）

● 何足挂齿

秦朝末年，陈胜、吴广揭竿而起，反抗秦的暴政，各地人民纷纷响应。一时间，全国各地，到处是造反的声音。消息传入京城，秦二世恐慌得不得了，急忙召集博士、儒生等人，共同商议军情。

秦二世问他们：“现在那些乱民攻占州郡，意图搅乱天下，你们看应该怎么办呢？”他的话音刚落，有三十多位儒生齐声说道：“这些乱民竟然不顾朝廷的恩德，起来造反，真该千刀万剐，陛下应该派遣雄兵对他们进行讨伐！”

儒生叔孙通没有说话，他偷偷地看了秦二世一眼，发现皇帝的脸色变得非常难看。他意识到皇帝对儒生这些“派兵讨伐”的话非常反感。

于是，他快步走到皇帝面前，恭恭敬敬地说：“陛下，他们说的话一点道理也没有，现在天下统一，百姓们过的是太平日子，谁还愿意造反！**那些起来闹事的人，不过是一些鼠窃狗盗之辈，根本不值得一提**。陛下根本不需要为这点小事而忧虑。”

秦二世听了这番话，非常高兴，连连说好，还给了叔孙通丰厚的赏赐。从此，秦二世更加放心了，自然不会想到要派大军去打那些鼠窃狗盗之辈。结果，没过多久，秦朝就被推翻了。

◎成语释义

哪里值得挂在嘴上。用来比喻事情很小，微不足道，根本不值一提。足：值得。

◎故事出处

《史记·刘敬叔孙通列传》：“此特群盗鼠窃狗盗耳，何足置之齿牙间。”

◎成语示例

不过先人留下来的几本破书，卖又不值钱，随便带在行箧解解闷儿，当小说书看罢了，何足挂齿。（清·刘鹗《老残游记》第三回）

● 鹤立鸡群

嵇康是三国时期的著名隐士。他为人耿直，才华出众，又长得魁梧英俊，格外引人注目。由于他对掌权的司马氏集团不满，所以惨遭杀害，死时年仅41岁。嵇康的儿子嵇绍，继承了他父亲的优点。无论走到哪里，都显得与众不同。

后来司马炎代魏称帝，建立晋朝，就将嵇绍召到洛阳做官。有人看见他后，就对著名官员王戎说："昨天我正巧与嵇绍相遇，他的身材是那样的魁梧高大，在人群之中，就如同一只鹤站立在鸡群中那样。"

王戎听了，笑笑道："你还没有见过他父亲嵇康，嵇绍与他父亲相比，真是小巫见大巫啊！"

晋惠帝司马衷继位后，任命嵇绍为侍中，让他作为天子的随从，为天子撰写文书。因此嵇绍经常在宫廷出入，很受人们羡慕。

后来，"八王之乱"爆发，惠帝御驾亲征，嵇绍紧随天子左右，保护圣驾的安全。在一次战役中，他为了保护惠帝，中箭而死，鲜血滴在惠帝的战袍上。晋惠帝非常感动，不让内侍将战袍上的血迹洗掉，来表达对嵇绍的怀念。

◎成语释义

像鹤立在鸡群之中。用来比喻仪表出众，才能、品质超过一般人。

◎故事出处

南朝·宋·刘义庆《世说新语》："有人语王戎曰：'嵇延祖卓卓如野鹤之在鸡群。'答曰：'君未见其父耳。'"

◎出处译文

有人对王戎说："嵇绍身材魁梧高大，在人群之中，就如同一只鹤站立在鸡群中那样。"王戎回答说："你是还没见过他的父亲才这样说的吧。"

◎成语示例

正在谈论，谁知女儿国王忽见林之洋杂在众人中，如鹤立鸡群一般。（清·李汝珍《镜花缘》第三十九回）

● 哄堂大笑

冯道，字可道，五代景城人。他学识广博，口才极佳，待人和气，曾在后唐、后晋、后汉、后周四朝为官，侍奉过十位君主，三次被拜为当朝丞相。和凝，字成绩，五代郓州须昌人。他才思敏捷，但性情非常急躁。曾任后汉、后周两朝丞相。

有一天，冯道与和凝在一块工作。他们两人很熟，所以无话不谈。和凝见冯道上下一身新，就问他："冯大人，您购买新鞋花费了多少银钱？"

冯道满脸堆笑，慢慢地将左脚抬起，对和凝说："不贵不贵，才花了九百文。"

和凝听罢，急脾气又上来了，当场把手下人叫来，大声呵斥："冯大人买双新鞋只花了区区九百文，而我的一双新鞋却花费了一千八百文。你是怎么当差的！为什么放着便宜的鞋不要，单买贵的？等我回府后好好收拾你！"下人听了，吓得浑身打战，跪在地上一个劲地求饶。

冯道这时又将右脚慢慢抬起，说道："和大人，这只鞋也花了九百文。"

满屋子的人听了，忍不住同时大笑起

来。一只鞋价值九百文，一双鞋的价格不正好是一千八百文吗？这个冯道，性子太慢了，怎么话只说到一半就停住了？这个和凝，性子又太急了，竟然随便呵斥人！

这一下，弄得和凝非常尴尬，不知道如何是好。

◎成语释义

形容满屋子的人同时大笑起来。

◎故事出处

《归田录·冯道和凝》："冯徐举其右足曰：'此亦九百。'于是哄堂大笑。"

◎成语示例

因把在筱亭客厅上的事情，说了一遍。大家哄堂大笑。（清·曾朴《孽海花》第十四回）

鸿鹄之志

秦朝末年，有一个农民起义军领袖，名叫陈胜，字涉。

陈胜青年时代，曾经做人家的雇农，替别人耕地。有一次，他停下耕田，走到田埂上休息。他因失望而叹恨了好久，对另一个雇农说："我们当中如果有人富贵了，可不能忘掉别人。"

一同当雇农的人都笑话他："你给人家当雇农，怎么会有富贵呢？"陈胜长叹一声说："唉，小小的燕雀怎么会知道鸿鹄的远大志向！"

陈胜、吴广起义之时，陈胜因为有远大的志向和坚韧不拔的品质，因此得到了众人的拥护，成为农民起义军的领袖。

◎成语释义

比喻远大的志向。

◎故事出处

《史记·陈涉世家》："庸者笑而应曰：'若为庸耕，何富贵也？'陈涉太息曰：'嗟乎！燕雀安知鸿鹄之志哉！'"

◎成语示例

大丈夫应该拥有鸿鹄之志，这样才能成为英杰之才。

后生可畏

孔子到东方游历，在荆山下碰见三个小孩。其中两个在一起玩耍，另一个小孩却站在旁边。孔子对此非常奇怪，就问站在一边的小孩为什么不和大家一起玩。

那个小孩回答说，激烈的打闹能伤害人命，拉拉扯扯的玩耍会伤害人的身体，退一步说，即使不伤害身体，有时也可能撕破衣服，总之没有任何好处。

后来，这个小孩用泥土堆成一座城，他自己坐在里面，眼看孔子的车子要过来，他还不躲避。孔子忍不住问他，为什么不避让车子呢。这小孩振振有词地说，他只听说车子要绕城走，还没听说过城要避车子的。

孔子听后非常惊讶，觉得这么小的孩子居然说出如此有道理的话，赞扬小孩虽然年纪不大，但是知道的道理还不少。

小孩子却说："我听说鱼生下三天，就能在江海中潜游；兔子生下来三天，就能在三亩地的范围内活动；马生下三天，就能跟在母马后面行走；人生下三个月就能认识父母。这些都是自然的事，有什么大惊小怪的呢？"

孔子听后赞扬道："好啊，好啊，我现在才知道少年人实在了不得啊！"

◎成语释义

指青年人是新生的力量，势必超过他们的前辈，令人敬畏。

◎故事出处

《论语·子罕》："后生可畏，焉知来者之不如今也！"

◎出处译文

年轻人值得敬畏，怎么知道将来的人不如我们现今的人呢？

◎成语示例

你们青春年少，正是后生可畏之时，还望努力自重才好。（苏曼殊《惨世界》第十回）

囫囵吞枣

相传，有一个年轻人，在路上一边走一边吃梨和枣子。正在这时，一个学识渊博的老医生迎面走来。医生见到年轻人这副吃相，不由皱了皱眉头。

老医生耐心地对年轻人说："梨不能吃得过多，它虽然有益于牙齿，可是多吃会伤害脾脏。"

听老医生这么一讲，年轻人从兜里将几个枣子掏了出来，说道："吃梨不行，那么我就吃枣子吧！"

老医生说："吃枣子虽能补脾，可是吃多了却对牙齿不利。"

年轻人听完老医生的话，闭起眼睛想了一下，自作聪明地说："既是这样，我有办法了。我吃梨时，只在嘴里嚼，不咽下去；吃枣时，不用牙咬，一口吞到肚子里。这样一来，既不会伤脾，又不会伤牙齿。用这样的方法吃水果，我吃多少个都没事！"

说完，这个不听劝的年轻人就把枣子放进嘴里，一口吞了下去。老医生望着年轻人，无奈地摇了摇头。

◎成语释义

多用来比喻学习时不求甚解，并不理解所学知识，不加分析地笼统接受。

◎故事出处

宋·朱熹《答许顺之书》："今动不动便先说个本末精初无二致，正是鹘仑（囫囵）吞枣。"

◎成语示例

一个高中文科的学生，与其囫囵吞枣或走马看花地读十部诗集，不如仔仔细细地背诵三百首诗。（朱自清《论诗学门径》）

狐假虎威

战国时期，楚宣王手下有一员大将，名叫昭奚恤，他指挥的军队非常勇猛。其他国家的君主听到他的名字，无不心惊胆战。楚宣王有一次与满朝文武商议国事，就向大臣们问道："我听说北方各国对昭奚恤非常畏惧，真有这样的事情吗？"

大臣一听此言，都陷入一阵沉默，不知道该怎样回答才好。这时，有位叫江乙的大臣，平时因为一些事情对昭奚恤怀恨在心，因此想否定昭奚恤的影响，就说道："大王，怎么可能有这种事情呢？北方各国其实并不害怕昭奚恤，而是害怕您呀！还是让为臣给您讲一个故事吧！

"从前，有一只凶猛无比的老虎，在森林中碰到一只狐狸，便猛扑过去，准备将这狐狸当作一顿美餐。狐狸知道转身逃跑已来不及，便故意装出一副若无其事的样子，对老虎说：'我是天帝派到森林里的百兽之王，你怎么还敢吃我！你如果真吃了我，就无异于违抗天帝的命令，天帝将会无情地惩罚你！'

"老虎看到狐狸又瘦又小，左看右看也觉得它不像个百兽之王，所以根本不相信它的话。狐狸见老虎不上当，就急忙说道：'你如果不相信，就跟我到林子里去走一趟，看看众野兽见了我是不是怕得要命！'老虎想看它到底要什么把戏，就同意了。于是，狐狸在前面大模大样地走，老虎在后面紧紧跟随。

"森林中的野兽，起初看到装模作样的狐狸，都不禁笑了起来，可是看到它身后的老虎，都吓得掉头而逃。老虎不知道野兽们害怕的是自己，还以为它们真是害怕狐狸呢！

"大王，您现在占据的地盘有五千里，部下的雄兵有百万之众，并把这些都交给昭奚恤掌管，所以北方各国都害怕他。其实他们哪是怕区区一员战将，而是害怕您的兵马，就像林中百兽害怕老虎一样呀！"

"哦，原来如此！"楚宣王对江乙的看法点头同意。这样一来，昭奚恤虽然立下了无数战功，但他在楚宣王心中的地位却打了一个折扣。

◎成语释义

比喻依仗别人的威势欺压人、吓唬人。

◎故事出处

《战国策·楚策一》："狐曰：'子随我后，观百兽之见我而敢不走乎？'兽见之皆走，虎不知兽畏己而走也，以为畏狐也。"

◎出处译文

狐狸说："你跟随在我后面，看看百兽见了我，是不是都逃走？"百兽见到狐狸都逃走了，老虎不知道百兽是因为害怕自己而逃走，以为百兽害怕狐狸。

◎成语示例

自己有真才实学才是硬道理，光靠跟在领导身边狐假虎威是没有前途的。

怙恶不悛

公元前740年，卫国联合宋、陈等国，侵入郑国。郑庄公为了离间卫国的盟国陈国，就派使者去陈军营中要求两国和好，并希望两国能结为同盟，一国有难，另一国就来援救。

没想到，陈桓公对郑庄公很瞧不起，对郑国的结盟要求置之不理。陈桓公的弟弟五父劝说他道："要立国，就应该对邻国亲近、友善、仁爱。您最好答应郑国的要求。"

可是，桓公不听五父的忠言，说："宋国和卫国都是大国，我们陈国千万不能得罪他们。而郑国国力衰弱，纵然对我们心生怨恨，又能把我们怎么样呢？"

郑庄公听到陈桓公拒绝与自己结盟，不由得勃然大怒，从此就对陈国怀恨在心。公元前717年，他亲自率军攻打陈国，桓公仓促应战，结果吃了败仗。

后来，史学家对此事进行评论，说：**"友善不可以丢失，罪恶不能够滋长，这是针对陈桓公而说的。一直做罪恶的事而不改过，最终就会自食其果，遭到失败。"**

◎成语释义

形容坚持作恶，不肯改过。怙：依仗，坚持；悛：改过，悔改。

◎故事出处

《左传·隐公六年》："君子曰：'善不可失，恶不可长，其陈桓公谓乎。长恶不悛，从自及也。'"

◎成语示例

野蛮政府，怙恶不悛，偏要和我们为难。（《东欧女豪杰》第二回）

华而不实

春秋时期，晋国大夫阳处父到卫国出使。在回国的途中，他经过鲁国的宁城，住在一家客店里。店主宁嬴看到阳处父长得仪表堂堂，很有气势，心想他肯定品德出众，就对妻子说："多年来，我一直梦想着能够侍奉一位品德高尚之人，但总是没有找到这样的君子。现在，我觉得阳处父这个人挺好的，所以想投奔他，为他办事。"

于是，店主就去找阳处父，表示自己愿为他效犬马之劳。阳处父觉得有这样一个人在自己鞍前马后服务也很不错，就表示自己求之不得。到了第二天，宁嬴辞别妻子，跟随阳处父走了。

两人往前走，宁嬴就和阳处父聊起天来。经过交谈，店主发现阳处父并没有真才实学，个人品德也不高尚。他想了想，又改变了主意，离开阳处父回转家中。

妻子见他回来，不明白其中的原因，就问丈夫："你不是要去晋国吗？为什么走到半路上又回来了呢？"

宁嬴回答说："我看他长得相貌堂堂，举止有度，以为这人必是品德高尚的贵人。谁知听了他的言论，一张口就夸夸其谈，让人讨厌。亏他还能出使外邦！**他这个人虽然外表好看，但总是不务实，只怕会招来别人的怨恨。**

"我跟着他，不但学不到什么有用的东西，反而可能遇到祸害。我越想越觉得跟着他走不靠谱，就离开了他。"果然，一年后，阳处父被杀了。

◎成语释义

只开花而不结果。比喻外表好看，腹内空空，没有学问。华：花，开花；实：果实。

◎故事出处

《左传·文公五年》：“且华而不实，怨之所聚也。”

◎成语示例

他穿着光鲜，却是一个华而不实之辈，肚子里没有半点墨水。

画龙点睛

南北朝时期的梁朝，有位非常出色的大画家，名叫张僧繇。他的绘画技术非常高超，皇帝一旦修建寺庙，就让他在庙中作画，为寺院增辉。

这个张僧繇特别善于画龙。有一年，张僧繇曾在金陵安乐寺的墙壁上画了四条白龙。这些龙画得栩栩如生，简直就像真的龙一样活灵活现。游人纷纷到寺中观看，都说张僧繇的龙真是画绝了。但是，美中不足，这四条龙都没有眼睛，大家纷纷请求他把龙的眼睛点上。

张僧繇听了他们的话，把头摇了又摇：“如果鄙人点上眼睛，当然容易得很。但一点上，龙就会破壁腾云而去，这样的后果是任何人都不愿看到的!”他刚说完这话，人们就觉得他拿大话压人，实在令人难以相信。

有人直接对他说：“你说得实在太玄了，请你给龙画上眼睛，让我们看看龙到底会不会飞走吧!”在众人的一再要求下，张僧繇无法推托，只好挥舞画笔，为墙上的白龙点睛。

他刚画完两条白龙的眼睛，忽然雷鸣电闪，风雨交加，两条巨龙撞破墙壁，腾云驾雾，飞到天上去了。另两条没有被点上眼睛的龙，却仍然在墙壁上。人们知道张僧繇没有骗人，就更佩服他的本事了。

◎成语释义

比喻说话或写文章时，能在关键之处点明要旨，使讲话或文章显得精辟有力。

◎故事出处

唐·张彦远《历代名画记·张僧繇》：“金陵安乐寺四白龙，不点眼睛。每云：‘点睛即飞去。’”

◎出处译文

（张僧繇）在金陵安乐寺画了四条白龙，都没画上眼睛。他常常说：“画了眼睛龙就会飞走。”

◎成语示例

然而一个好题目，却常常对作品有画

龙点睛之妙，激发人们阅读的兴趣。（秦牧《车窗文学欣赏》）

画蛇添足

战国时期，楚怀王有一次派昭阳为大将，命他进攻魏国。

昭阳不但是一个出色的军事指挥员，还身先士卒，英勇作战，很快就将魏国军队打败了。魏军将士在战场上殉国的不计其数，有八座城池被楚军占领。昭阳见作战如此顺利，就想转移目标，攻打齐国，让楚王对自己另眼相看。

齐王得知昭阳想向齐地进军，就派陈轸为使节，去劝说昭阳不要进犯齐国。

陈轸来到楚军大营，非常客气地对昭阳说："您这次大获全胜，我向您表示祝贺。但是我很好奇，按照贵国的规定，像您今天所取得的战果，得到的奖赏到底有多少？"

昭阳非常得意地说："官封为上柱国，爵为上执珪！"

陈轸又问了一句："请问，楚国百官之中，还有比这官更大的吗？"

昭阳答道："令尹是百官之长，当然比上柱国大，除此之外就没有了。"

陈轸笑笑说："可是依我看来，令尹之职很显贵，你家大王是不会同时设置两个令尹的。请您听我打个比方，来说明一下您如今的状况吧。

"楚国有个人负责管理祠堂，他在一次祭祀祖先之后，把一壶在祭祀中用过的酒，赏给前来帮忙的门客。这壶酒如果每人一口是不够的，如果给一个人喝，就能喝个痛快。有人提议：每个人都在地上画一条蛇，谁最先画完，谁就得到这壶美酒。

"大家都认可这个建议，就各自在地上画起蛇来。有一个人画的速度非常快，一转眼最先画好了。他提起酒壶正要享用，可是看见别人都还没有画好，就想显示自己的本领。于是他左手拿着酒壶，右手继续画蛇，自作聪明地说道：'你们画得太慢了，我再给蛇画几只脚也不算晚呢！'

"他正在画蛇脚，另一个人已经画好了，一下把酒壶抢过去，说：'蛇本来没有脚，你为什么要给它添上？画上脚就不是蛇了，所以算起来，第一个画好蛇的是我，而绝非你这个脑筋糊涂的人！'那人说完，就理直气壮地捧着酒壶喝了起来。

"现在，您为楚国作战，已经把魏军打得大败，得了八座城池，却贪心不足，仍要讨伐齐国。我觉得您的名气够大的了，官也不会再升迁，如果在得胜之时不停止进

军，等到一旦打了败仗，性命都保不住了，爵位对您来说又有何用？你这样做不是和画蛇添足一样吗？”

昭阳听了陈轸的话，觉得很有道理，就带领军队回转楚国，不再进攻齐国。

◎成语释义

比喻做事情节外生枝，多此一举，不但无益，反而有害。

◎故事出处

《战国策·齐策二》：“蛇固无足，子安能为之足？”

◎出处译文

蛇本来就没有脚，你怎么能给它画上脚呢？

◎成语示例

他想接上去说，又觉得是画蛇添足，只好惋惜地坐着没动。（周而复《上海的早晨》第四部）

● 黄粱一梦

古时候，有一位书生姓卢，生活相当贫困。一次，他住在邯郸一家旅馆里，与一位道士吕翁相逢。卢生与那位道士聊了几句，就哀叹自己过得非常不如意。

吕翁笑了笑，就从袖子里拿出一个枕头，对卢生说道：“你不是想得到好运气吗？把它枕在头下，想要什么就有什么。可以一切如愿。”这时，店里正在煮着黄粱饭，卢生因为一路上非常辛苦，疲劳不堪，便倒在吕翁给他的枕头上睡着了。

没多久，卢生做了一个梦，梦见自己和一位美貌多情、温柔贤惠的崔氏女子结了婚。崔氏的父亲非常富裕，由于有岳父家的资助，卢生顺利地踏上仕途。卢生做官后，对妻子更是体贴入微，他们两人过着甜甜蜜蜜的日子，生了几个子女。

后来，这些子女在卢生的细心培育下长大成人，每个人都过着舒适的生活。卢生的官运也越来越红，一再升官，终于成为当朝宰相，权倾天下。又过了些年，他的孙子、外孙相继出世。卢生便辞官不做，回到家里闲居。就这样，他非常快乐地活到了八十多岁，才安然逝世。

梦，终究是会醒的。当卢生从梦中醒来的时候，他的嘴边还挂着幸福的笑容。等他睁开双眼一看，发现自己仍住在旅店的小房间里，刚才的富贵只不过是做的一个梦。店主人煮的黄粱饭，还没有煮熟。

◎成语释义

比喻虚幻不实的事和欲望破灭，就如同做了一个梦一样。黄粱：黄米。

◎故事出处

唐·沈既济《枕中记》：“卢生于邯郸逆旅遇道者吕翁，生自叹穷困，翁探囊中枕授曰：‘枕此，当令汝荣适如意。’时主人蒸黄粱，生梦入枕中……及醒，黄粱尚未熟。”

◎出处译文

卢生在邯郸的一家旅馆中遇到了一位叫吕翁的道士。卢生叹息自己穷困，吕翁从行囊中拿出一个枕头，递给卢生说：“枕在这个枕头上，可以使你感到满意。”当时店主人正在蒸黄粱饭，卢生枕着这个枕头进入梦乡……醒来，黄粱饭还没蒸熟。

◎成语示例

理想要切合实际，偏离太远最终只不

过是黄粱一梦。

讳疾忌医

战国时期，名医扁鹊在蔡国行医，悬壶济世。

一次，扁鹊正好碰到国君蔡桓公，就直言不讳地说道："大王，您已经染上疾病，病在皮肤的纹理之间。如果现在不及时进行诊治，病情将会加重！"蔡桓公听了笑着说："不用治，我什么病都没有！"扁鹊见他如此固执己见，就不好再说什么。

扁鹊走后，蔡桓公笑笑说："这些医生，就愿意把没病的人说成有病，把这个当作自己的功劳。"

十天以后，扁鹊又来见桓公，启禀道："大王，您的病已经发展到肌肉里，再不进行医治就会更严重！"桓公不理睬他，而且表现出不高兴的神色，扁鹊只好离去。

再过了十天，扁鹊来见蔡桓公，对他说："大王，现在您的病已经发展到肠胃，如果再不进行治疗就危险了！"桓公仍然对他的话置之不理。

又过了十天，扁鹊来见蔡桓公，只看了几眼，转身就走。

桓公觉得奇怪，忙派人追上他询问。扁鹊经不起来人的一再追问，只得答道："一个人生了病，病在皮肤、肌肉、肠胃的时候，都有医治的办法，可是病如果发展到骨髓就难治了。现在大王的病已经发展到骨髓，我对此束手无策，只好不再请求了。"

五天以后，蔡桓公感到全身疼痛，连忙派人请扁鹊来为自己医治。谁知扁鹊已经逃到秦国。蔡桓公身上越来越疼，不久就死去了。这就是讳疾忌医的下场！

◎成语释义

隐瞒疾病，不愿让医生医治。有时也用来比喻怕别人批评而将自己的缺点和错误掩盖起来。

◎故事出处

《韩非子·喻老》。

◎成语示例

患着浮肿，而讳疾忌医，但愿别人糊涂，误认他为肥胖。（鲁迅《且介亭杂文末编·"立此存照"》）

祸起萧墙

春秋时，鲁国大夫季孙氏掌握着鲁国大权。鲁哀公很担心季孙的权势太大，会对他形成威胁，于是想收回权力。

季孙知道了这个情况，担心鲁哀公利用一个叫颛臾的地方来袭击费邑，对他形成威胁。于是他以颛臾国靠近费邑，会给

子孙造成威胁为借口，要出兵伐颛臾。当然，季氏对鲁国疆域之内的附庸国大动干戈，是不得人心的。

孔子的弟子子路和冉有把这个消息告诉了老师孔子，孔子十分反感。他说，天下有道，礼乐征伐自天子出，天下无道，礼乐征伐自诸侯出。季孙氏当时只是一个卿大夫，是不能擅自征伐的。

孔子说："对于统治者来说，担心的不应该是贫穷，而是分配不均；不是人少，而是不安分守己。分配均匀，便不会觉得贫穷，安分守己，便不会有危险……"讲了一番季孙不应该伐颛臾的原因，孔子最后说："吾恐季孙之忧，不在颛臾，而在萧墙之内也。"一语点破了季氏伐颛臾的真正原因。

◎成语释义

常指内部发生祸乱，也比喻身边的人带来灾祸。

◎故事出处

《论语·季氏》："吾恐季孙之忧，不在颛臾，而在萧墙之内也。"

◎出处译文

我只怕季孙的忧患不在颛臾，而在鲁国的内部。

◎成语示例

不照这么办法，恐祸起萧墙，势且波及全国，总统不如通权达变，暂歇风潮为是。（蔡东藩、许廑父《民国通俗演义》第八十回）

J

机不可失

李渊建立唐王朝的时候，大将李靖立下了很多汗马功劳。李渊觉得在长江中游地区称帝的萧铣威胁着唐王朝，就传下旨意，命李靖为总管，其堂侄李孝慕为副手，统率大军征讨。

这年八月，唐军的大队人马到达夔州。萧铣自以为长江天险不能飞渡，易守难攻，所以不作任何防备，只是命令将领紧守关隘。他觉得，这时正好是秋汛之时，江水上涨，李靖胆量再大，也不敢轻易涉险，强渡三峡地区。

这时，李靖与众将商讨大军的进一步行动。唐军众位将领对是否继续进军意见各异。大多数将领认为，此时水涨，若是执意渡江，实在太冒险了。所以他们希望大军暂时停驻不动，等水位下降后再决定大军的行动。可是李靖却不同意他们的说法，他认为兵贵神速，现在正是渡江的大好时机，绝对不能轻易错过，不然后悔都来不及。

副手李孝慕支持主将的意见，于是大军向萧铣的军队发起猛烈进攻。萧铣得知情况，就派遣大将文士弘进行抵御。李靖考虑到文士弘作战勇猛，一时很难打垮他，建议等敌军士气衰落时再与他们交战。

可是，李孝慕觉得这么做毫无必要，亲自率领军队出战，结果被文士弘打得大败。

由于文士弘对军队缺少约束，所以他的士兵在追击的过程中大肆抢掠，每个人都背着很重的东西。李靖发现这种情况，觉得这个反击的机会真是太难得了，果断地下令出击。结果，敌军惨败。

李靖见大军士气正高，就挥师前进，将萧铣屯驻的江陵围了个水泄不通。

到了这时，萧铣才意识到自己的敌手是一个大智大勇之人。他想了半天，觉得与李靖对抗胜算不大，只好率领文武百官出城投降。

◎成语释义

不可错过难得的机会。机：机会。

◎故事出处

《旧唐书·李靖传》：“兵贵神速，机不可失。”

◎出处译文

用兵之道贵在速度要快，不可错过难得的机会。

◎成语示例

机不可失，这正是革命力量重新振兴之时。（耿可贝《孙中山与宋庆龄》第五场）

● 鸡犬不宁

唐朝中期，时局动乱，宦官把持朝政，藩镇不听朝廷的号令。统治者们为了筹措军费和享受奢侈的生活，对老百姓横征暴敛，拼命搜刮民脂民膏，老百姓苦不堪言，怨声载道。

这一年，柳宗元因为得罪了当权者，被贬到永州担任司马之职。他离开朝堂，到了地方，亲眼看到了老百姓生存的艰难，既痛心又无奈，写下了著名的《捕蛇者说》，对当时的社会进行了无情的揭露。

《捕蛇者说》一文，向人们讲述了一个捕蛇人的故事。

这个捕蛇人姓蒋，一家三代都以捕蛇为业。捕蛇是一个非常危险的职业，他的祖父和父亲都被毒蛇咬死了，可是他仍坚持捕蛇。这个职业既辛苦又危险，但他为什么舍不得放弃呢？

他是这样对别人说的："虽然捕蛇这个职业很危险，但与种田相比要强得多。

"我有很多邻居世代以种田为业，与我祖父同时期的，现在十家中只剩下一家；与我父亲同时期的，十家之中只剩下两三家；与我一起居住了十二年的，十家之中也只剩下四五家了。他们要么被逼逃走，要么搬迁到别处。

"这都是因为官吏常到乡下催交赋税，而那赋税多得惊人。为了这些事，每个种田人都担惊受怕，就是连鸡狗也得不到安宁。而我们这些捕蛇人，每年只要捕几条毒蛇就行了，不用交那么多的税。所以我宁肯被毒蛇咬死，也不愿放弃这个职业！"

◎成语释义

连鸡狗都不得安宁。形容骚扰得十分厉害。宁：安宁。

◎故事出处

唐·柳宗元《捕蛇者说》："悍吏之来吾乡，叫嚣乎东西，隳突乎南北，哗然而骇者，虽鸡狗不得宁焉。"

◎出处译文

凶暴的官吏来到我们这个地方，四处狂喊乱叫，到处骚扰毁坏，气势汹汹，惊骇乡里，就连鸡狗都不得安宁啊。

◎成语示例

你弟兄窝藏强盗，闹了两座军州，自去落草。官府着落地方搜缉，搅得鸡犬不宁！（清·陈忱《水浒后传》第十六回）

鸡犬升天

刘安，沛郡丰（今江苏丰县）人。他是汉高祖之孙，袭父爵为淮南王。他酷爱读书、弹琴、炼丹，思维敏捷，才华满腹。后来，他组织众门客，编写了一部旷世杰作《淮南子》，从此名扬天下。

刘安对炼丹很着迷，到处搜集炼丹之术，每日废寝忘食地炼丹。看着材料进行阴阳化合，产生有益的成分，他心中非常高兴。仙人八公见他对炼丹如此着迷，就把炼制仙丹的正确办法传授给他。

八公尽心尽力地教，刘安全心全意地学。后来，刘安终于炼出了能长生不老的仙丹。他高叫着："我成功了，我成功了！"他一边叫，一边迫不及待地吞下仙丹。没想到刚吞下仙丹，他的身体就变得轻飘飘，从王府中升天而去。

庭院里还有一些剩下的仙丹，他家里的鸡狗以为是食物，就吃了下去。没想到这些鸡狗也都升天而去，成为神仙了。

当然，刘安升天的故事只是一个美妙的神话。其实，历史上的刘安野心勃勃，一心想谋取帝位。事情败露后，只得自杀而死，受他株连而获罪的有好几千人。

◎成语释义

比喻一个人做了高官，和他关系密切的人也都凭借着他的势力跟着得势升腾。

◎故事出处

晋·葛洪《神仙传·刘安》："时人传八公、安临去时，余药器置在中庭，鸡犬舔啄之，尽得升天。"

◎出处译文

当时人们传说八公和刘安升天时，剩下的仙药装在容器里，放在庭院中间，鸡、狗吃后，也都升天了。

◎成语示例

这事一办成，你就一步登天，你们一家人的日子也马上苦尽甜来。古话说得好：一人得道，鸡犬升天。（姚雪垠《李自成》第二卷第二章）

寄人篱下

南北朝时期，有个名叫张融的读书人，性格非常怪僻，举止奇特。此人生得五短身材，面貌丑陋，可是精神很足，走起路来昂首挺胸，好像一切都不放在心上。

大臣萧道成非常赏识张融，觉得他才学出众、品格清隽。后来，两个人越聊越投机，不顾身份差异，成了非常要好的朋友。后来，萧道成推翻南朝宋政权，建立了南齐。他虽然当了皇帝，仍然不忘自己的朋友，经常和张融讨论艺术方面的问题。

有一天，萧道成和张融讨论书法。萧道成对张融说："你的书法已经很有骨力，却明显缺少二王（指晋代书法家王羲之、王献之父子）的法度。"

张融非常不满意这个评价，于是不服气地说："陛下，人们都说我缺少二王的法度，可是也该想一想，二王的字体里也缺乏臣的法度。"

张融主张写文章要有一定的独创性，要能够体现自己的风格。他在一篇文章的序言中写道："**既然身为男子汉大丈夫，写起文章来就应当像孔子删编《诗》、《书》，制定《礼》、《乐》那样，将自己的创造性发挥出来，不要一味模仿他人，像鸟雀那样寄居在人家的篱笆下面。**"

◎成语释义

寄居在人家的篱笆下面。原指写文章一味因袭，不能自成格调。现在用来比喻依附别人、不能自立的处境。寄：依附，依靠；篱：篱笆。

◎故事出处

《南齐书·张融传》："丈夫当删《诗》《书》，制礼乐，何至因循寄人篱下！"

◎成语示例

鲁想到自己从前在山东省里的时候，虽靠姊夫的光当了文案，然而终是寄人篱下。(清·李宝嘉《官场现形记》第八回)

家徒四壁

西汉时期，著名辞赋家司马相如家境贫寒，只能依附他人。临邛(今四川邛崃)县令王吉见他如此穷困，就把他请到临邛，安顿在宾馆里。从此以后，王吉每天都前去拜访，想借此提高相如的身价，引起人们的注意。

临邛有一个大富豪叫卓王孙，他见到县令对司马相如这样好，便猜想这位司马先生定是一位贵人，就设宴邀请他光临。司马相如来到卓府时，所有宾客都感叹司马相如的翩翩风度。

席间，相如为宾主弹琴，以助雅兴。宾客们被相如的风度和琴艺所倾倒，就连卓王孙也高兴得不得了。

卓王孙的女儿卓文君姿容绝世，只是丈夫去世，就在娘家过起了守寡生活。她非常爱好音乐，听说府中来了一位精通琴艺的贵客，就躲在屏风后面偷偷欣赏。她听到相如的琴艺果然不凡，不禁对这位多才多艺的客人产生了爱慕之情。

相如的感觉相当灵敏，也发现有位佳人在听他弹琴，便奏了一曲异常动听的《凤求凰》，想通过音乐打动对方。

《凤求凰》是古代的一首情歌。卓文君听到这首歌，顿时明白了相如的爱慕之情。当天晚上，文君大胆地冲破封建礼教的束缚，离开家庭，与相如私奔。二人恐怕卓王孙带人追赶，就回到相如的成都老家。

回家之后，卓文君发现相如家非常贫穷。她虽然过惯了富贵日子，但并不嫌弃相如，甘心与他结为夫妇。后来，卓文君与司马相如回到临邛，开了一个酒店，小日子过得倒也甜甜蜜蜜。

卓文君虽然成为卖酒之妇，但她看到夫君才智双全，因而坚信他必然能够飞黄腾达。所以尽管日子过得苦，她还是心甘情愿。

后来，司马相如果然凭着自己的才华，在京城长安做了大官，还得到了汉武帝的宠信。他把卓文君接入京来，共享富贵。

◎成语释义

家里只有四面墙壁。形容家境非常贫寒。徒：只，仅；壁：墙壁。

◎故事出处

《汉书·司马相如传上》："文君夜亡奔相如，相如与驰归成都，家徒四壁立。"

◎出处译文

卓文君乘夜逃出家门，私奔相如，相如便同文君急忙赶回成都。进家所见，空无一物，只有四面墙壁立在那里。

◎成语示例

他已穷到家徒四壁，身无分文的地步了。

● 兼听则明

唐朝太宗时期，大臣魏征直言敢谏，天下人都很佩服他。有一天，唐太宗问他："身为一个国家的君主，怎样才能正确地判断是非，而不犯糊涂呢？反过来说，办了错事的原因又是什么呢？"

魏征稍微想了一下，就回答道："您应该听一听各方面的意见，这样一来，得出的结论自然就是正确的了。如果您只想听信某位臣子的一面之词，那就会因为思路片面而把事情办糟。"接着，魏征又举了很多历史上的例子，指出如果一个君主只听片面之词，就会变得非常愚蠢。

他说："秦二世偏信赵高的话，结果招来望夷之祸，梁武帝偏信朱异之言，结果自取台城之辱；隋炀帝偏信虞世基之言，结果造成了彭城阁之变。与之相反，如果广泛听取各方面的意见，就可以避免或防止一些祸害，少办糊涂事。"

唐太宗听了魏征的话，觉得他的话非常在理，于是不住地点头说："你说得太好了！太精彩了！"

◎成语释义

要同时听取各方面的意见，才能明辨是非。兼：同时，多方面。

◎故事出处

《资治通鉴》："上问魏征曰：'人主何为而明，何为而暗？'对曰：'兼听则明，偏信则暗。'"

◎出处译文

皇上问魏征："怎样才会明智清醒，怎样就会愚昧糊涂？"（魏征）回答说："听取多方面的意见才会明智清醒，偏信一方面的话就会愚昧糊涂。"

◎成语示例

黄金价格总是在不停地涨涨跌跌，作为一名投资分析师你只有整体地分析整个黄金市场，兼听则明，这样才能做出更好的投资结论。

见利忘义

秦末，郦商在高阳起兵，归顺刘邦。他将自己的四千兵马交给刘邦统率，自己冲锋陷阵，立下不少功劳。刘邦做了皇帝以后，任命他为右丞相，深得朝廷器重，后来退休在家。

刘邦死后，大权落在吕后手中。吕后野心很大，她封自己的侄儿吕广、吕禄为王，打算让吕氏家族来执掌天下。吕后病死后，吕家的人蠢蠢欲动，眼看一场政变就要发生，汉朝大臣们个个捏着一把汗。

丞相陈平和太尉周勃紧急磋商，讨论对策，最后决定为了平息祸患，必须诛灭吕氏家族。但是，当时的兵权在吕禄的手中，他掌管北军兵权，周勃虽然是名义上最高的将领，但是如果拿不到兵符就无法调遣军队。

周勃和陈平想了半天，就想利用郦商的儿子郦寄与吕禄是好朋友的关系，设法除掉吕禄。周勃首先劫持住郦商，威胁郦寄引出吕禄，乘机夺取兵符。吕禄听从郦寄的邀请，出外狩猎散心，周勃夺了兵符，趁机控制北军，随后便把吕氏家族全部诛灭。

郦商在诛吕事件发生后不久就去世了，郦寄由于立下大功，继承了父亲的爵位。后来史书评论郦寄见到有利可图，就出卖了朋友，是个没有道义的人。

◎成语释义

形容见到有利可图就不顾道义。

◎故事出处

《汉书·樊郦滕灌傅靳周传》：“夫卖友者，谓见利而忘义也。”

◎出处译文

出卖朋友的人，是见到利益就会忘记朋友恩义的。

◎成语示例

某与吕布同乡，知其勇而无谋，见利忘义。（明·罗贯中《三国演义》第三回）

江郎才尽

江郎，就是南北朝时期的文学家江淹。他字文通，是南梁考城人。江淹年轻的时候，家里非常穷，甚至没钱买笔买纸。但他一心想博取功名，所以读书非常用功。通过刻苦学习，他的命运终于得到改变。他做官一直做到位列朝堂的光禄大夫，名气也越来越大，人人都把他当作文坛才子来看待。

可是随着官位的升迁，他的写作水平却大幅度退步。以前他写作的时候，文思如潮，下笔如神，绝妙的佳词佳句层出不穷。可是他为官之后，写出来的诗却普普通通，平淡乏味。

坐享富贵的他，本想写点文章，可是提起笔来思考好久，却依旧写不出一个字来。有时候灵感突然来了，写出一两句诗，但人们细细读来，内容平淡得一无可取。

据传说，一次江淹坐船出游，船停在禅灵寺河边，做了一个梦。梦里有一个自称张景阳的人向他讨还一匹绸缎，江淹不假思索，就将怀中的几尺绸缎还给他。从此以后，他的文章就乏善可陈了。

还有人传说，有一回江淹在凉亭里睡

午觉，梦见一个叫郭璞的人向他索要一支笔，还说那支笔本来是他的，在很多年前借给了江淹。江淹觉得有借有还，方合道理，于是取出一支五色笔还给了他。从此他的文思就好像枯竭了一样，再也写不出惊世骇俗的文章来了。

◎成语释义

江郎的文才没了。常用来比喻创作思维减退。尽：完，没了。

◎故事出处

《南史·江淹传》：“尔后为诗，绝无美句，时人谓之才尽。”

◎出处译文

（江淹）后来写诗，再也写不出好的句子来，当时的人都说他的才华已经耗尽了。

◎成语示例

他不能和菊子散伙。散了伙，他必感到空虚，寂寞，无聊，或者还落个江郎才尽，连诗也写不出了。（老舍《四世同堂》五十五）

骄兵必败

公元前68年，汉宣帝派遣侍郎郑吉等人，带领一些罪犯去渠犁一带开垦耕种，屯田积粮，做好攻打车师国的准备。秋收时节，郑吉统率军队占领了车师国，但匈奴立即派遣骑兵袭击车师国。

汉宣帝得知消息，立刻召集文武百官，商议怎样攻打匈奴。将军赵充国认为，可以乘匈奴势弱的大好时机，派兵攻击其右翼，给它一个沉重的教训，使它不敢再踏入西域半步。

丞相魏相却不赞成他的观点，向宣帝劝谏道：“这些年来，匈奴和我朝非常友好，双方并没有发生战争。如果为了车师而与匈奴作对，道理上是讲不通的。现在，边境老百姓的日子很困难，无衣无粮，我们又有什么理由轻易兴兵打仗呢？

“现在国内连年遭灾，人民吃不饱穿不暖，加上郡县官吏称职的很少，风俗、道德也有很大问题，儿子弑父、妻子杀夫的案件层出不穷。我觉得当前的重要任务是怎样处理好国内的事情，应当首先整顿朝政，任用贤能。

“如果一定要兴无名之师，打老百姓所不欢迎的仗，即使一时侥幸取胜，也会带来无穷的后患。**仗着人多势众而向外邦炫耀武力，就是骄横的军队，军队骄横必定要灭亡。**”

汉宣帝听从了魏相的忠言，没有对匈

J

奴使用武力，只是派遣部分军队开到车师附近，援助郑吉的军队返回渠犁。

◎成语释义

骄傲的军队必定打败仗。

◎故事出处

《汉书·魏相传》：“恃国家之大，矜人民之众，欲见威于敌者，谓之骄兵，兵骄者灭。”

◎成语示例

古人云：“骄兵必败。”这就是少剑波致死的原因。（曲波《林海雪原》二八）

骄奢淫逸

春秋时期，卫国国君卫庄公对他的小儿子州吁非常溺爱、娇惯，对他的一切要求都尽量予以满足。州吁长大以后，非常任性，生活放荡，与别人相处时横行霸道。庄公任凭他胡作非为，从不严加管教。

卫国的老臣、大夫石碏觉得庄公对州吁如此放纵，不但会害了儿子，还会使国家利益受损。

有一天，他实在忍不住了，**劝告卫庄公说：“人们都讲，父母喜欢子女，就应指导他们遵守道德，让他们走正道，而不能允许他们走上歪门邪道。**

“对他们的溺爱超出一定限度，就会使他们养成骄横跋扈、奢侈腐化、荒淫无度、好逸恶劳的恶习，这些不良品质都是从邪恶之中产生出来的。他们养成这些恶劣的习惯，就是由于父母不严格地进行管教，溺爱得太过分了。”

卫庄公把石碏的忠告当成耳旁风，照样娇惯州吁。州吁见父亲不约束自己，就变本加厉起来。卫国人都觉得这个公子越来越不像话，简直是坏透了。

后来，卫庄公生了一场大病，不久病死。太子完继承国君之位，史称卫桓公。州吁贪图权势，于是杀死国君，自己做了卫国君主。

由于州吁在卫国的名声很坏，卫国人都不愿意侍奉这位无法无天的君主。他篡位不到一年，老臣石碏就联合陈国国君，将州吁骗到外地处死。

卫庄公溺爱州吁，不但使儿子走上了覆灭之路，还给国家带来了一场混乱。庄公的教训，是值得每一个为人父母者所深思的。

◎成语释义

原意是骄横、奢侈、荒淫、安逸。常用来形容荒淫无度的糜烂生活。

◎故事出处

《左传·隐公三年》：“石碏谏曰：‘臣闻爱子，教之以义方，弗纳于邪。骄奢淫逸，所自邪也。四者之来，宠禄过也。’”

◎成语示例

大多数在饥饿线上挣扎的人能以眼睁睁白供养着这班骄奢淫逸的人尽情地自在地享乐吗？（朱自清《论且顾眼前》）

狡兔三窟

齐国相国孟尝君府中有很多食客，其中有个叫冯谖的人。有一天，孟尝君派冯谖到自己的封地薛地去收债。这个冯谖到了薛地，看到老百姓生活艰难，就把债契付之一炬。等到他回转相府后，却对孟尝君说自己替他买回了“仁义”。孟尝君开始不知道是什么意思，等到了解了实情后，心里又气又怒，但是已无法挽回，十分无奈。

后来孟尝君因为得罪国君被罢了官。等他回到薛地时，老百姓对他夹道欢迎。孟尝君见自己在薛地这样有人缘，才明白了冯谖的一片苦心，于是连忙向冯谖致谢。

冯谖笑笑说：“我为您买‘仁义’之举不值得一再感谢。从这次老百姓欢迎的盛况来看，您在薛地算是站稳脚跟了。可是狡猾的兔子有三个洞穴，从而使它免于被猎人打死、被猛兽咬死。如今您只有一个洞穴，还不是关起门睡大觉的时候。”冯谖便开始帮孟尝君再去找两个洞穴。

他先是到了魏国，在魏王面前极力称赞孟尝君才华出众。魏王听说孟尝君如此有才，就派遣使臣带着礼物，坐着马车，到薛地请孟尝君担任魏国的相国。

冯谖一见自己的办法奏效，就抢在魏国使臣之前赶到薛地，要求孟尝君拒绝接受魏国的职务。魏国使者这样往返了三次，孟尝君仍然不肯到魏国去就职。齐王没想到孟尝君竟然这样抢手，生怕他为外邦办事，就马上向孟尝君谢罪，重新拜他为相国。这样一来，孟尝君的第二个窟也造成了。

孟尝君重新拜相之后，冯谖又献一计，让孟尝君提出要在薛地建造宗庙供奉先王的祭器。这样一来，薛地就成为齐国王室的重点保护对象，有齐国士兵专门保护。从此，薛地再也不受他国的侵袭。宗庙建成后，冯谖说：“现在三窟已成，您可以高枕无忧了。”

◎成语释义

狡猾的兔子有三个藏身的洞穴。常用来比喻藏身之处很多。

◎故事出处

《战国策·齐策四》：“冯谖曰：‘狡兔有三窟，仅得免其死耳。’”

◎出处译文

冯谖说：“狡猾的兔子有三个洞穴，是为了使它免于受到死亡的威胁。”

◎成语示例

天网恢恢疏而不漏，纵然罪犯狡兔三窟，也终将逃不过法律的制裁。

脚踏实地

北宋名臣司马光，字君实，陕州夏县（今属山西）人，是当时著名的政治家、历史学家。

司马光从小便喜欢学习，看过很多书，特别喜欢读史书。那时他就立下宏伟志向，长大后要成为一个历史学家，向人们传播历史经验。宋英宗的时候，司马光终于有修史的机会，奉天子之命编撰《资治通鉴》。

在刘恕、范祖禹等史学家的帮助下，司马光用了十九年的时光，终于编撰成中国历史上最大的一部编年史——《资治通鉴》。这部书上起战国，下讫五代，将1362年间的大事讲述得清清楚楚，史学价值很强。

全书共三百多万字，内容极其丰富，

称得上浩如烟海。

司马光在编写史书的过程中刻苦钻研，为辨明真伪，常常工作到深夜才上床休息。他怕睡眠时间过长会耽误工作，特意做了个圆木“警枕”。只要他一睡熟，脑袋就会从“警枕”上滑落下来，人也就苏醒过来。这种措施，使他睡觉不得安稳，以便把时间都用在工作上。

据说，《资治通鉴》在洛阳存放的废稿、残稿，将两间屋子堆得满满的。由此，我们可以看出司马光工作的严谨。

人们对司马光的治学态度非常欣赏。有一次，**司马光问哲学家邵雍：“邵公，您觉得我这个人怎么样？”邵雍笑笑说道：“你这个人，真是一个脚踏实地的人。”**

◎成语释义

原意是双脚在地面上踏稳。现常用来比喻办事或做学问老老实实，不浮夸。

◎故事出处

宋·邵雍《邵氏闻见录》：“公尝问康节曰：‘某何如人？’曰：‘君实脚踏实地人也。’”

◎成语示例

他们渐渐丢了那空架子，脚踏实地向前走去。（朱自清《论书生的酸气》）

节外生枝

朱熹是宋代著名的理学家，他一生大部分时间从事讲学和著书，他认为读书要从文章的思想内容、逻辑推理上去读，不要管别的问题。

吕祖谦的弟弟吕子约不同意这种观点，朱熹就提出，读书不要左遮右拦，没必要去多惹一些麻烦，以免节外生枝。

◎成语释义

比喻在原有问题之外又出了新的问题。现多指故意设置障碍，使问题不能顺利解决。

◎故事出处

宋·朱熹《答吕方子约（九月十三日）》：“随语生解，节上生枝，则更读万卷书，亦无用处也。”

◎出处译文

话说得过多，就会产生另外的解释；枝节上长出其他的本不应该长出的枝杈；这样的话，即使是读了万卷书，也没有什么用。

◎成语示例

他万万料不到劝诱杜竹斋做公债不成，却反节外生枝。（茅盾《子夜》十）

竭泽而渔

春秋时期，晋文公统率军队与楚军在城濮交战。当时，楚军力量强大，而晋军的力量较小。晋文公向谋臣狐偃问道：“楚军的兵力超过我们晋军，您看怎样做才能大获全胜呢？”狐偃回答说：“礼物越贵重越能让人高兴，打仗越能欺骗敌人越能起到作用。欺骗敌人的办法可以试一试。”

晋文公把狐偃的意见对另一个谋臣雍季说了，问他对此有何高见。

雍季对狐偃的说法极不赞成，但又想不出比欺诈更高明的办法，也只好表示同意，但是他对晋文公说：“**放掉池里的**

水，然后捉鱼，一定能捉到很多鱼。可是明年这里就没有值得捕捉的鱼了；烧光丛林中的林木，然后再打猎，一定能够打到很多野兽。可是明年这里就没有可打的野兽了。欺诈的计策也是如此，偶尔用一次会获利不少，但以后再用就不灵了。如果把它当作长久之计，肯定是不行的。”

晋文公用了狐偃的欺诈之谋，在城濮之战中打败楚将子玉，终于成为霸主。回国之后，文公给雍季的赏赐要比狐偃多，有人觉得很奇怪，认为国君赏错了。晋文公说：“雍季的见解有永久的价值，狐偃的建议只能使我们一时得利，所以应当重赏雍季。”

◎成语释义

原意是把池塘里的水淘干后，再捉鱼。比喻做事只顾眼前利益，没有长远打算，不计后果。

◎故事出处

《吕氏春秋·义赏》：“竭泽而渔，岂不获得，而明年无鱼。”

◎成语示例

有的企业对利益盲目追求，竭泽而渔，不顾行业的整体发展，这样的企业无法做得长久。

金玉其外，败絮其中

元朝末年，杭州城里有一个小贩，专门贩卖水果。他贮藏的柑子，就算存放一年多，历经冬天的严寒、夏天的酷热，拿出来卖时，其外表仍然与刚从树上摘下来的果实一般无二，金黄油亮，新鲜饱满。只是，一旦把皮剥开，人们就会发现，里面的果肉干缩得像破旧的棉絮，实在难以食用。

当市场不再有柑橘之时，这小贩就把自己贮藏的柑子拿出来卖。虽然价钱比平时要贵十倍，可是人们就想尝个鲜，也就不在乎价格贵了。

一次，刘基路过小贩的摊位，也买了几个带回去品尝。

回家以后，刘基把柑子皮剥开，发现里面实在太糟糕了，不禁生起气来。于是，他拿着柑子去责问小贩，问他为什么骗人钱财。

没想到，这位卖柑子的小贩却哈哈大笑起来，然后若无其事地答道：“我向来靠卖这种柑子来养家糊口，那么多年过去了，从来没有人找我理论，也就是您一个人对我不满意。现在世界上骗子实在太多了，我如果和他们比起来，不过是小巫见大巫而已。

“请问，那些佩戴兵符、坐在虎皮交椅上的武将，虽然表面上威风凛凛，难道他们真对兵法有研究吗？那些头戴高帽、身穿宽大朝服的文官，虽然表面上气宇轩昂，难道他们真知道治国之术吗？

“寇盗横行，他们不能抵御；百姓们生活在水深火热之中，他们不能救助；贪官污吏为所欲为，他们不能处置；法纪败坏，他们不能整顿。

“他们一个个坐在高堂上，骑着高头骏马，吃着山珍海味，喝着琼浆玉液，哪一个不是装得道貌岸然、一本正经的样子？其实，他们又有哪一个不像我所卖的柑子那样，表面上如金如玉，内中却像是

J

破旧的棉絮呢?

“你想解决社会问题，这是好事。但你为什么看不到那些达官显贵，偏偏跟我的蜜柑过不去呢?”

听了小贩的一席话，刘基觉得他说得有理，也就不再责怪他了。

◎成语释义

外表非常漂亮，像金玉，内里却是破烂的棉絮。比喻虚有其表，实质很坏。

◎故事出处

明·刘基《诚意伯集·卖柑者言》：“观其坐高堂，骑大马，醉醇醴而饫肥鲜者，孰不巍巍乎可畏，赫赫乎可象也? 又何往而不金玉其外，败絮其中也哉?”

◎成语示例

别看这种野果实外表好看，其实是金玉其外，败絮其中，长皮不长肉，中看不中吃!

近水楼台

范仲淹是北宋时期赫赫有名的政治家、文学家，曾经主持过“庆历新政”，想对因循守旧的宋王朝进行改革。

有一次，他在浙江杭州做知府的时候，对部下有才能之士进行提拔，给他们充分发挥才干的机会。他手下有位名叫苏麟的官员，因为到外县巡查而不在省城，结果没有得到范仲淹的提拔。苏麟很生气，就写了一首诗，将自己心中的不满表达了出来：

近水楼台先得月，向阳花木易逢春。

诗表面上是说：**“靠近水边的楼台因为没有树木的遮挡，能先看到月亮的投影；而迎着阳光的花木，光照自然好得多，所以发芽就早，最容易形成春天的景象。”**其实却有着隐秘的寓意：“在您身边的人都获得了升官的机会，可我因为不在您身边，却始终未见提携。”

范仲淹何等聪明! 看了他的诗，一下子就琢磨出其中的含意，赶快写了一封推荐信，为他谋到一个合适的职位。

◎成语释义

比喻因近便而得到优先的机会。人们有时也用它讽刺一些人借职务之便为自己或亲近的人占得便宜。

◎故事出处

宋·俞文豹《清夜录》：“近水楼台先得月，向阳花木易逢春。”

◎成语示例

他的表兄调任了，调到他去年教课的那所中学来当校长了。近水楼台，自然容易得月。(叶圣陶《得失》)

噤若寒蝉

东汉末年，有个文人叫杜密，刚正不阿，他任太守等职期间，参加过打击宦官集团斗争，他执法严明，有罪必罚，后被革职回老家。

回家乡以后，杜密仍关注国家大事，经常向当地的太守提出建议，或批评一些不良现象。太守王昱因此心里很不高兴。可是同郡的原在四川任蜀都太守的刘胜辞官回家，与他迥然不同，闭门谢客，对家乡的事情从不过问。

有一次，太守王昱故意当着杜密的面说："刘胜真是清高啊，公卿屡次推举他任职，他都拒绝了，而且从不多管闲事，很多人都赞扬他。"

杜密听出王昱话中有话，是借刘胜来责备他，便直言道："**刘胜身为大夫，被太守当作上宾礼待。但是他对好人不予举荐，对恶人坏事不敢揭露批评，只顾爱惜自己的名誉，就像冷天的知了一样一声不吭，实际上是自私自利的罪人**。而我与他不同，我要提出意见，帮太守赏善惩恶，尽微薄之力。"

王昱听了十分羞愧，从此改变了对杜密的态度。

◎成语释义

形容胆小不敢作声。

◎故事出处

《后汉书·杜密传》："刘胜位为大夫，见礼上宾，而知善不荐，闻恶无言，隐情惜己，自同寒蝉，此罪人也。"

◎成语示例

他的话完了，台下有几个人拼命地高声鼓掌，而更多的人却噤若寒蝉、面面相觑。（杨沫《青春之歌》第二部第三十八章）

● 惊弓之鸟

战国末期，秦国的国势日见强盛，便想吞并其他各国，统一天下。六国决定采取"合纵"之术，联合起来抵抗强秦。这一天，赵国使者魏加来到楚国，与楚国当政者商讨联合事宜。

见面后，魏加就问楚国令尹春申君："贵国的军队有主将吗？"春申君笑笑说："有啊，我准备让临武君担任主将，由他来训练军队，组织大队人马攻打秦国。"

魏加一听，心里凉了半截，因为他知道临武君做主将是很不称职的。虽然他对于楚国的人事安排不满，却没有急切地提出反对意见，而是从容地给春申君讲了一个故事："从前，魏国有个神箭手名叫更赢。有一天，他和魏王一块出去游玩，他见到天空中正有一只大雁飞来，边飞边鸣，就对魏王说：'我只用弓，不用箭，就可以射下这只大鸟。'说完，便拿出弓来试射。魏王根本不相信这种荒唐的事情，开心地笑了起来。然而，随着一声弓弦响，那大雁竟然落在地上。魏王大吃一惊。

"更赢说：'这只大雁肯定被别人用箭伤过。你看它飞得非常慢，而且叫声相当悲凄。它伤口疼痛，又孤身飞行，想必惊魂未定。所以它听到弓弦响，心里很害怕，就拼命往高处飞，可一使劲就弄裂了伤口，结果就掉下来了。'"

魏加刚把故事讲完，就转移话题说："临武君与秦军作战，曾经吃过败仗，心里肯定畏惧秦军。他如同受过伤的大鸟一样，若是用为主将会使楚军再次失败！"

春申君听了他的话，连连点头，觉得他虽然是外邦之人，说的话倒有几分道理。

◎成语释义

原意是被弓箭吓怕了的鸟。常用来比喻受过惊吓或打击的人，碰到一点动静，就会惊恐不安。

◎故事出处

《战国策·楚策四》:“雁从东方来,更羸以虚发而下之。”

◎出处译文

一只孤雁从东面飞来,更羸立即发了一下虚弓,大雁马上掉了下来。

◎成语示例

经过上次惊吓,一有风吹草动,他就如惊弓之鸟,忙不迭地逃跑。

精卫填海

传说,在上古时代,发鸠山上生长着许多柘树(即桑树)。树上经常栖息着一只可爱的小鸟。这只鸟的形状类似于乌鸦,头上的花纹非常好看,嘴巴是白色的,脚爪是红色的。这种鸟的啼叫声像“精卫!精卫!”所以人们就把它称为“精卫”。

精卫鸟本来是炎帝的小女儿,名叫女娃。

女娃特别喜欢游泳。有一次她在东海游泳,结果遇到巨浪,死于非命。女娃死后,其灵魂化成了精卫鸟。它下决心填平东海,以免别人被大海吞没。于是,它一点时间也不愿耽误,每天从西山衔着树枝、石子飞到东海上空,然后将其投入海中。

就这样,过了一天又一天,一月又一月,一年又一年,它总是执着地向东海投掷着东西……

◎成语释义

比喻不畏艰难,奋斗不息。有时也比喻徒劳无益。精卫:古代神话中的鸟名。

◎故事出处

《山海经·北山经》:“有鸟焉,其状如乌,文首、白喙、赤足,名曰精卫……常衔西山之木石,以堙于东海。”

◎成语示例

在学习上,只要有精卫填海的精神,不论有多大的困难,我们都能克服。

井底之蛙

一只青蛙常年住在一口浅井里。一次,井边上来了一只从东海游玩至此的大鳖。

青蛙自豪地对鳖说:“我在这眼井里生活得非常快乐,有时高兴了,就出来在井栏边跳跃一阵,累了就下去在井壁有坎儿的地方休息。想游泳时就往水里一跳,漂浮在水中，水正好从我的两腋没过，将我的两鳃托住。想散步了，就到泥浆中走走，让泥浆将我的脚面埋住。

看一看井里的小虫、螃蟹、蝌蚪与我相比，都只能自叹不如。我独占一坑之水，独享一井之乐，欢迎你常到此来观光游赏。”

听青蛙把这眼井说得如此之妙，海鳖感到盛情难却，便爬向井口，但是它的身体实在庞大，左脚还没能全部伸进去，井栏就将右脚卡住了。

没办法，它只能退了回来，对青蛙说道：

“我还是向你介绍介绍我的家园吧！我是住在东海的。说起东海，方圆几千里，都难以形容它的广阔；上下几千尺，也不够形容它的深度。夏禹的时候，十年九涝，天下多余的水流入大海，海水也没有高涨。商汤的时候，八年七旱，海水也不见减少。

“东海不会因为时间的长短而发生改变，也不会因为雨水的多少而产生增减。住在那样的大海里才是最大的乐趣。”

这只青蛙一直居住在小小水井之中，根本没见过什么大世面，听了海鳖的叙述，鼓着眼睛，半天合不拢嘴。

◎成语释义

用来比喻那些眼界狭小，目光短浅的人。

◎故事出处

《庄子·秋水》：“井蛙不可以语于海者，拘于虚也。”

◎出处译文

井里的青蛙，你和它讲海多大讲不通，因它没见过，所处不同。

◎成语示例

我们要有长远的打算，不能像井底之蛙，只顾眼前利益。

● 居安思危

春秋时期，有一次宋、齐、晋、卫等十二国合兵一处，共同进攻郑国。郑国国君慌了，急忙向十二国中最强盛的晋国求和，请求得到宽恕。晋国在郑国的一再哀求下，与它建立了友好关系。其余十一国见晋国已经表示了态度，不敢得罪强国，纷纷停止进攻，撤兵回去。

郑国见战争结束，就将很多兵车、乐器、乐师和歌女送给晋国国君，表示谢意。晋悼公见郑国如此服从本国，心里格外高兴，便想把郑国送来的一半歌女送给功臣魏绛，说：“这些年你一直尽职尽责地为我出谋划策，使晋国的事情越办越顺利，咱们君臣二人就共同来安享太平岁月吧！”

但是，魏绛却坚决不肯接受晋悼公的分赠，并且劝告晋悼公说：“现在您能将许多国家团结在您周围，这是您的才能，也是满朝文武同心协力的结果，我的功劳并不显赫，怎能无功而受赏呢？不过，我倒是希望您在享受欢乐之时，能够想到以后国家进一步发展的事情。《尚书》上说：‘安居的时候，应该想到未来可能会发生的危险。’这样才能够早做准备，以避免失败和灾祸的发生。”晋悼公高兴地接受了魏绛的意见，从此对他更加敬重。

◎成语释义

处在安定的环境中要想到可能产生的

危难祸害。

◎故事出处

《左传·襄公十一年》："《书》曰：'居安思危。'"

◎出处译文

《尚书》上说："处在安定的环境中要想到可能产生的危难祸害。"

◎成语示例

尽管现在的生活很好，但是我们应该学会居安思危，以防危险的到来。

鞠躬尽瘁

三国时期，蜀国丞相诸葛亮主张联吴伐魏。他平定南中以后，一直积蓄力量，准备北伐曹魏，为蜀国的生存争夺空间。

过了一阵子，诸葛亮觉得时机已经成熟，便决定统率人马，攻打魏国。出师前，他给皇帝刘禅上了一道奏表，名曰《出师表》，劝刘禅虚心纳谏，重用人才，把心思都用在治理国家方面。

可惜的是，第一次北伐失败了，诸葛亮只得退兵，等待时机。过了几年，诸葛亮又决定北伐中原。当时，很多大臣觉得蜀国力量太小，总是这样动用军队，不是国家之福，因此反对北伐。

诸葛亮针对这种情况，又上表给刘禅，对当时的敌我形势进行详细分析，说明蜀汉和魏国势不两立，你不去伐他，他就会派兵来对付你，倒不如主动攻打他，说不定还会找出一条生存之路。后主刘禅看了，表示全力支持诸葛亮伐魏。

这第二道表，史称《后出师表》。在这道表的最后，诸葛亮表示他一心为国，鞠躬尽瘁，死而后已。

◎成语释义

指小心谨慎、尽心尽力地去工作，一直到死为止。鞠躬：小心谨慎的样子；瘁：劳累。

◎故事出处

诸葛亮《后出师表》："臣鞠躬尽瘁，死而后已。"

◎出处译文

微臣只有尽心尽力地去工作，一直到死为止。

◎成语示例

不在其位，不谋其政，身在其位，就应鞠躬尽瘁，尽力而为。

举棋不定

春秋时期，卫国国君卫献公骄横粗暴，引起人们的不满与愤怒。后来，卫国大夫孙文子和宁惠子发动军事政变，推翻了卫献公的统治。卫献公失掉君位，只得带着母亲和弟弟逃到齐国，过着寄人篱下的生活。

孙文子和宁惠子赶走国君后，把持朝政，立了新的国君，就是卫殇公。宁惠子做了犯上作乱的事，在去世前感到良心不安，为了赎罪，他嘱咐儿子宁悼子迎回卫献公。

没过多久，卫献公听到有利于自己的风声，就派人与宁悼子联系，要他帮助自己重新登上君位。他还向宁悼子许诺，复国之后，他只掌管宗庙、祭祀等事务，朝廷的政务全交给宁悼子掌管。但是，朝中很多人反对献公复位。

一位大夫叔仪警告宁悼子道："做事情要前后一致，你们宁家驱逐了卫献公，并没有什么过错。可现在又要找卫献公回来，我想这会很危险。这跟下棋差不多，棋手下棋如果举棋不定就会失败，更何况您面对的是国君废立的大问题。您如果轻率地处理国事，一定会有灭族之祸，到那时后悔也晚了。"

可是宁悼子以"遵守先父遗命"为借口，一心想废新君，立旧君，好独揽朝政大权。后来他灭了孙氏，将卫殇公杀死，迎回了献公。不料，卫献公是个记仇之人，他刚一回国，便除掉了宁悼子，消除了宁氏势力，报了自己当年被宁氏驱逐之仇。

◎成语释义

举起棋子不知下一步该怎么走。常用来比喻遇事犹豫不决，缺乏主见。

◎故事出处

《左传·襄公二十五年》："弈者，举棋不定，不胜其耦，而况置君而弗定乎？"

◎出处译文

下棋的人如果举起棋子不知该如何下，就注定不会得胜，更何况您面对的是国君废立的大问题呢？

◎成语示例

身为领导人，要有雷厉风行的行事作风，遇事最忌讳举棋不定。

● 举足轻重

窦融世代在河西担任要职。王莽取代西汉时，窦融担任波水将军，统率重兵。后来更始帝刘玄灭了王莽，他又归顺更始帝，当了巨鹿太守。更始帝兵败后，他无主可依，就联合酒泉、敦煌等五个郡在河西形成割据势力，自任五郡大将军。

河西民风比较淳朴，窦融施行的政策又比较宽和，所以境内官民相安，粮食充足，附近的流亡百姓纷纷归顺窦融。一时间，河西五郡兵强马壮，天下闻名。

后来，刘秀建立东汉政权，他就是汉光武帝。窦融总觉得自己割据一方终究不是长久之计，很想归顺光武帝，做个青史留名的汉室忠臣。于是他派长史刘钧向光武帝上书并献上马匹。

刘秀得知窦融有归顺的想法，很高兴地接受了请求，当下就封他为凉州牧，赏赐黄金二百斤，并让刘钧带一道诏书给窦融。

在诏书中，刘秀指出河西五郡军民安定，表现出一派欣欣向荣的气象，这些都应当归功于窦融的治理之功。他还表示，自己知道窦融功劳很大，所以对他非常思慕。

刘秀特意指出，在他与窦融之间，还有蜀地的公孙述和天水的隗嚣，他们占据土地，一个想争夺天下，一个则想从战争中渔利。在蜀汉相攻的形势下，窦融归顺何人，对全局起着非常重要的作用，他要举足移动一步，就会影响两边的轻重。

◎成语释义

只要稍微移动一步，就会影响两边的轻重。常用来比喻实力强大，地位重要，足以使局势发生变化。

◎故事出处

《后汉书·窦融传》："今益州有公孙

子阳，天水有隗将军，方蜀汉相攻，权在将军，举足左右，便有轻重。”

◎出处译文

现在蜀地有公孙述，天水有隗嚣，在蜀汉相攻的情形下，将军你归顺何人，对全局起着非常重要的作用，你要举足移动一步，就会影响两边的轻重。

◎成语示例

他的话具有举足轻重的分量，若能得到他的支持，这件事成功有望。

● 卷土重来

秦朝施行暴政，使得老百姓怨声载道，苦不堪言。当时，项羽和其叔叔项梁在吴中（今江苏吴县）一带，组织了一支有八千人马的子弟兵。这支军队战斗力非常强，也得到人民的信赖。很快，项氏叔侄就靠着这八千子弟兵打出了一片江山，所统率的军队也由少到多，发展成为一支强大的队伍。

后来，项梁不幸遇害。项羽和刘邦联合起来，继承项梁的遗志，并肩作战，打得秦朝军队心惊胆战。秦朝江山越来越不稳，终于被这二人所夺。

秦朝灭亡后，项羽扶立楚怀王为义帝，大封诸王。可是，没过多久，项羽为了争权夺利，竟然妄杀义帝，于是天下大乱，群雄纷起，愿意扶保刘邦称帝，为义帝报仇。

当时项羽的力量很强大，但是他刚愎自用，过于骄傲，损失了很多人马。最后，他在垓下与刘邦决战，中了刘邦部将韩信的圈套，被杀得大败。项羽带兵杀出重围，逃到了乌江边。

这时，乌江亭长摇来一叶扁舟，要渡他过江，并且对他说：“江东虽然小，但还有千里之地。大王过了江，还能在那里称王。”

可项羽一口回绝，他说：“现在是老天要绝我的生路，我又怎能渡江逃走？何况我当年率领江东八千子弟渡江攻打秦国，如今八千子弟有的死了，有的不知下落。我若一人回去，纵然江东父老仁厚，立我为王，我又有何面目去见江东父老？”

这时，刘邦的追兵赶到。项羽把爱马乌骓马送给亭长，回过身来与敌军搏斗，杀了许多汉兵，然后在乌江边自刎而死，年仅31岁。

到了唐朝晚期，诗人杜牧来到乌江边，想起当年的旧事，很为项羽惋惜。他认为，项羽如果听从亭长之语，渡江而去，还能卷土重来。到那时，项刘二人的胜负还不一定呢！想到这里，四周景物又引起了杜牧的伤今怀古之情，于是他在乌江亭上题诗，有两句是这样写的："江东子弟多才俊，卷土重来未可知。"

◎成语释义

形容失败后组织力量，重新恢复势力。卷土：形容很多人马奔跑时尘土飞卷。

◎故事出处

唐·杜牧《题乌江亭》诗："江东子弟多才俊，卷土重来未可知。"

◎出处译文

江东子弟中有很多有才能的人，失败后组织力量，再一次猛扑回来也是有可能的。

◎成语示例

他们要挣扎，他们要变天，他们要卷土重来。（曲波《林海雪原》一）

K

开诚布公

三国时期，蜀国丞相诸葛亮全力辅佐皇帝刘禅治国兴邦。他处事公平合理，从来不讲私情。

他非常器重马谡，认为他是不可多得的人才。在南征之时，马谡献上了“攻心为上”的战略思路。诸葛亮采纳了，结果七擒孟获，终于征服南中百姓之心。从此，诸葛亮对马谡更加器重。

后来诸葛亮讨伐中原，马谡却违反军令，在山上扎营，致使街亭失守。诸葛亮虽然对马谡有着很深的感情，还是以军规为重，含泪斩了马谡。

诸葛亮还认为，自己遣将失当，也是导致街亭失守的重要原因。于是，他上表请求皇帝把他由丞相连降三级，降为右将军。他还特地下令，要下属对他的缺点和错误进行批评，也好使他改进工作。这在当时是非常难得的。

后来，历史学家陈寿用“开诚心，布公道”六字评价诸葛亮的为政之道。

◎成语释义

原意是处理事情公正。现比喻待人诚恳，坦白无私。开：表达、显示；诚：诚意；布：公布、宣扬；公：公正无私。

◎故事出处

《三国志·蜀书·诸葛亮传·评》：“诸葛亮之为相国也……开诚心，布公道。”

◎出处译文

诸葛亮做丞相……待人诚恳，坦白无私。

◎成语示例

上头的公事是叫地方官时时接见商人，与商人开诚布公，联络一气。（清·李宝嘉《官场现形记》第五十四回）

开天辟地

上古时代，人们不知道天地是怎样形成的，就结合实践进行猜想。渐渐地，就形成了一个开天辟地的神话。

据说在很久很久以前，天地还没有形成，到处是一片混沌。这片混沌没有上下左右、东南西北之分，样子与一个浑圆的鸡蛋相似。后来，人类的祖先——盘古，终于在这片混沌中诞生了。

过了一万八千年的时间，盘古终于苏醒了。他用利斧将混沌劈开。随着一声巨响，圆东西里轻而清的阳气上升，变成了天；重而浊的阴气下沉，变成了地。从此以后，宇宙间才有了天与地之分。而盘古自己也成了天地间的一个巨人，支撑着天和地，使它们不再混沌不分。

盘古开天辟地后，惊奇地发现，自己的情绪变化居然影响着天地的变化。如果他心里高兴，天气就晴朗；如果他因为难过而哭泣，天空就下雨，落到地上形成江河湖海……盘古死后，他的头部隆起，成为东方的泰山，他的脚朝天，变成西方的华山。他的头发和汗毛，则变成了树木和花草，承受着大地的滋养。

盘古死后，远古帝王——三皇出现了，三皇才能出众，成为人类的统治者。他们是：天皇、地皇和人皇。

◎成语释义

原意指天地的开始。后用来表示有史以来的第一次。

◎故事出处

三国·吴·徐整《三五历纪》："天地混沌如鸡子，盘古生其中，万八千岁，天地开辟，阳清为天，阴浊为地，盘古在其中。"

◎出处译文

天地被开辟以前，混沌一团，像一个鸡蛋，盘古就生在这当中。过了一万八千年，天地分开了，轻而清的阳气上升为天，重而浊的阴气下沉为地。盘古在天地中间。

◎成语示例

感谢那些开天辟地，披荆斩莽的英雄们！只有你们才配承受这最高的幸福，最大的快乐。（刘白羽《从富拉尔基到齐齐哈尔》）

● 克己奉公

祭遵，字弟孙，家住颍阳。他从小热爱学习，很懂道理，虽然出身富贵人家，却能够保持勤俭的作风。后来他投奔了刘秀，被任命为军中的执法官，负责军营的法令。任职期间，他严格执法，从来不讲情面，大家都很佩服他。

有一天，一个受刘秀宠信的侍从犯了法，祭遵查明事情真相后，依法将他处死。刘秀得知后，心里很生气，怪祭遵处罚他亲近的人，要治祭遵的罪。

刘秀身边的大臣知道刘秀的想法不对，就劝谏道："您曾要求过，军中应该有严明的纪律，官员应当秉公执法。如今祭遵按照法律处理军务，他做得太对了，您处罚他又有什么理由呢？只有像他这样言行一致，才能号令三军，使士兵服气呀！"

刘秀觉得很有道理，就改变了主意，封祭遵为征虏将军、颍阳侯。

祭遵这个人非常谦逊，为官清正，处事小心谨慎。刘秀若给他一些赏赐，他总是拿来分给手下人，自己不取分文。他的生活非常俭朴，家里也没有积下什么财产。在安排自己的后事时，他还对手下人一再嘱咐，不许铺张浪费，简简单单是最好的。

正因为祭遵这样克己奉公，所以他死后多年，刘秀还非常怀念他。

◎成语释义

约束自己的私欲，把公事放在首位。常用来比喻一个人对自己要求严格，一心为公。克：克制；奉：奉行。

◎故事出处

《后汉书·祭遵传》："遵为人廉约小心，克己奉公。赏赐辄尽与士卒，家无私财。"

◎出处译文

祭遵这个人非常谦逊，为官清正，处事小心谨慎。能够约束自己的私欲，把公事放在首位。朝廷赏赐给他的东西他经常全部分给士卒，自己家里没有一点儿多余的财产。

◎成语示例

为官者应当克己奉公，两袖清风，全心全意为人民服务。

刻舟求剑

战国时候，有一个楚国人坐船过江。船驶到江心时，他一不小心，“扑通”一声，随身所带的宝剑从船上滑落。他急忙伸手去抓，已经来不及了，只得眼看着心爱的宝剑坠落在江水之中。

船上的人对此感到非常惋惜，但那楚国人似乎胸有成竹，并不慌张失措，而是慢条斯理地掏出小刀，在船舷上落剑之处刻下一个记号，并且自言自语地说：“我的剑就是从这里掉下去的。”

同船之人觉得他的行为十分古怪，但以为他这样做别有深意，也就不发表议论了。

船在江中行驶了很久，终于靠了岸。这个楚人急匆匆地从船上刻着记号的地方跳下水去，费力地捞取宝剑。当然，他捞了半天，什么也没捞着。

他实在太笨了，没有想到此时的船，离落剑的水面已经很远了。凭着失去作用的记号，怎么能使宝剑失而复得呢？

◎成语释义

比喻拘泥固执、不知道根据事物的变化有所变通。

◎故事出处

《吕氏春秋·察今》：“楚人有涉江者，其剑自舟中坠于水，遽契其舟曰：‘是吾剑之所从坠。’舟止，从其所刻者入水求之。”

◎出处译文

楚国有个人坐船过江，随身携带的宝剑从船上掉进水里，于是这个人在船上刻了一个记号，并说：“我的宝剑是从这里掉入水中的。”船靠岸后，这个人从船上刻有记号的地方跳入水中寻找宝剑。

◎成语示例

似你这样寻根究底，便是刻舟求剑，胶柱鼓瑟了！（清·曹雪芹《红楼梦》第一百二十回）

空前绝后

晋朝的顾恺之，有突出的才华，特别善于绘画。他画中的人物，栩栩如生，神态就和真的一样。值得注意的是，他画人物时，眼珠总是等到最后再画。有人问他这是为什么，他笑笑说：“人物传神之处，正在这里。”人们听了他的话，觉得很有道理，纷纷佩服不已。当时，人们称他为三绝：才绝、画绝、痴绝。

南北朝的梁朝，出了个很有名的画家，叫张僧繇。山水画、人物画、佛像画是他的特长。梁武帝信佛，建了许多寺庙佛塔，都请他去作画。

唐代的吴道子书画皆佳，尤善于绘画。他的山水画、佛像画非常有名，天下皆知。据说，他在景玄寺画了一幅地狱变相图，不画鬼怪却显得阴森恐怖，很多坏人看了此画就悔悟自新、弃恶从善。

后人曾经对这三位画家进行了评价，他们说：**“顾恺之的画超越诸多前辈，张僧繇的画，后人望尘莫及，吴道子的画则兼有两人的长处，独一无二。”**

◎成语释义

从前没有，今后也不会再有。常用来形容独一无二，无与伦比。绝：中止、断绝。

◎故事出处

宋·《宣和画谱》：“顾冠于前，张绝于后，而道子乃兼有之。”

◎成语示例

祖孙三代倒做了三朝元老，真可以算得“空前绝后”的了。（清·吴趼人《痛史》第十六回）

空中楼阁

很久以前，有一个大财主，他的房屋建筑得华丽堂皇，这位大财主虽然很有钱，可是非常愚蠢，经常做出傻事，而且又是吝啬的人。

有一天他听人家说，某处有一个富翁，建了一座很华丽的三层楼房，这位财主好奇，也是很不服气，所以就不远千里跑去参观。当他来到那个富翁家的门口时，就看得呆住了。因为这座楼阁不但华丽，而且高高地耸立在空中，因此他十分羡慕，回到家来就日思夜想，自己也想建造这样一座楼阁。

于是他打听建造这座楼房的建筑师，不久就找到他并同他议价，要建造一座楼房，并问他需要多长时间，需要多少经费。

建筑师说，需要一年时间，若干经费。开工后，有一天财主来到工地，东瞅瞅，西瞧瞧，心里十分纳闷儿，便问正在打地基的工匠：“你们这是在干什么？”“造一幢三层楼高的屋子呀，是照您吩咐干的。”

“不对，不对。我要你们造的是那第三层楼的屋子。我只要最上面的那层，下面那两层我不要，快拆掉。你们先造最上面的那层。”工匠们听后哈哈大笑，说：“只要最上面那层，我们不会造，你自己造吧！”工匠们走了，傻财主望着房基发愣。

◎成语释义

比喻虚幻的事物或脱离实际的空想。

◎故事出处

《百喻经》：“见三重楼，高广严丽，心慕之。”

◎出处译文

（财主）见了别人盖的三层楼房，又高又华丽，就非常羡慕。

◎成语示例

梦想必须务实，否则就是空中楼阁，遥不可及。

口蜜腹剑

唐玄宗时，李林甫是当朝宰相，权势惊人。他与天子属于同一个宗族，才能出众，在书法、绘画方面颇有造诣。天子非常喜欢他，让他做了十九年的太平宰相。但是李林甫人品低劣，专门与位高权重的人交往，而且总是采取阴险的手段，打击知识渊博、才能出众的人才。

他时常向天子身边的人献上金钱玉帛，让他们将天子的言行举止透露给他。有一次他听说皇帝对兵部侍郎卢绚非常器重，就担心卢绚夺了他的位置。于是，他找了个机会，将卢绚降为华州刺史。不久，李林甫又借口此人因病不好好工作，对他进行降职处罚。这样一来，卢绚的大好前程就被他葬送了。

还有一次，皇帝对地方官严挺之非常赏识，李林甫知道后，对严挺之说："我已经向皇上递了奏章，让你到京师来就医。"严挺之以为是好事，欣喜不已，对李林甫一再致谢。等到他进京后，李林甫向皇帝报告说："严挺之年老体衰，得了中风之症，正在京城治病，不堪大用。"皇帝听了，觉得很惋惜，就打消了重用严挺之的念头。

李林甫虽然坏事做绝，可是在表面上又和和气气，说出来的话像蜂蜜一样甜。但知道真相的人，都明白他在背地里总是无情地坑害别人，心肠像宝剑一样厉害。所以人们常讲，李林甫口有蜜、腹有剑。

李林甫最后终于遭到了报应，他的下场是悲惨的。因为安禄山意图造反，朝廷矛盾重重，他虽然智谋颇多，却无力挽回危局，最后忧愁而死。

◎成语释义

形容那些恶人嘴甜心狠、阴险狡诈。

◎故事出处

《资治通鉴·唐纪·玄宗天宝元年》："世谓李林甫'口有蜜，腹有剑'。"

◎出处译文

当时的人都说李林甫"嘴上说得好听，其实心中阴险狡诈"。

◎成语示例

他是个口蜜腹剑的人，你千万别轻信他的花言巧语，免得吃亏上当。

● 口若悬河

郭象，字子玄，是晋朝的一位著名学者。他能够细心观察一些看似普通的生活现象，然后仔细揣摩，找出其中的道理，进行深入研究。他还对《老子》《庄子》非常感兴趣，在少年时期，就能把这两本书的要义说得头头是道。人们非常佩服他，都说他的看法非常深刻。

由于郭象很有学问，就有很多人仰慕他的名气，请他出来做官。郭象对做官不感兴趣，不愿从政，每天只是埋头做学问，或者和志趣相同的人一起研究哲理。郭象恪守不做官、只做学问的原则，他认为只有这样做自己才会快乐、满足，活得自由自在、快快活活。

可是，他的名气越来越大，朝廷还是三番五次要他参与朝政，侍奉君王。郭象最后实在推辞不掉，勉为其难地应承，做了一名黄门侍郎。

郭象到了京城，很受同僚的欢迎。他知识渊博，谈起什么事情都能表达得很精彩。他的口才非常出众，又喜欢发表自己的见解，立论新颖，条理清晰，总是大谈哲理。所以，人们听他谈论时，都觉得非常有意思。

有一个太尉名叫王衍，他对郭象的学识和口才都相当赏识，把他当成是一个奇人。他常常赞扬郭象说："听郭象谈话，就好像看到瀑布一样，滔滔不绝地往下流，谈了很久也没有枯竭之时，真是令人不可思议。"

◎成语释义

说起话来像瀑布一样滔滔不绝。形容能言善辩，讲起话来滔滔不绝。若：好像；悬河：瀑布。

◎故事出处

《晋书·郭象传》："听象语，如悬河泻水，注而不竭。"

◎出处译文

听郭象谈话，就好像看到瀑布一样，滔滔不绝地往下流，谈了很久也没有枯竭之时。

◎成语示例

知县见他说的口若悬河，又是本朝确切贼，不由得不信。（清·吴敬梓《儒林外史》第四回）

夸父逐日

夸父追着太阳走，一直追赶到太阳落下的地方，他感到口渴，想要喝水，就到黄河、渭水里喝水，但是黄河、渭水的水不够他喝。于是他往北走想喝大泽湖里面的水，还没赶到大泽湖就半路渴死了。他丢弃的手杖化成了桃林。

这个神话故事，反映了中国古代人民征服自然的理想。

◎成语释义

形容人们征服自然的决心。也比喻自不量力。

◎故事出处

《山海经·海外北经》："夸父与日逐走，入日，渴欲得饮，饮于河渭，河渭不足，北饮大泽。未至，道渴而死。弃其杖，化为邓林。”

◎成语示例

人贵有自知之明，不能盲从，不能夸父追日，要认清局势，量力而行。

脍炙人口

春秋时期，曾皙和曾参虽然是父子，但同拜孔子为师，跟随孔子研究学问。父亲曾皙特别喜欢吃羊枣（一种野生果子，俗名为牛奶柿）。儿子曾参是个孝子，曾皙死后，曾参非常怀念他，竟不忍心吃羊枣了。这件事在当时曾被儒家子弟广为传颂，成为弘扬孝道的一段佳话。

到了战国时期，公孙丑听到了这件事，觉得很奇怪，就向老师孟子请教道：“老师，脍炙和羊枣相比，哪一样更好吃，更珍贵呢？”

孟子知道他对曾参的故事不理解，笑笑说道：“脍炙比羊枣更好吃！世上的人，哪有不爱吃脍炙的道理！”

公孙丑问：“既然脍炙比羊枣更好吃，那么曾皙爱吃羊枣，也一定爱吃脍炙了。那为什么曾参在父亲死后只戒吃羊枣，却不把脍炙也一块戒掉呢？”

孟子回答道：“脍炙这样东西，人们都喜爱吃；羊枣虽然没有脍炙那样可口，但羊枣却是曾皙特别爱吃的东西，所以曾参在他父亲死后只戒吃羊枣，不戒脍炙。这就好比对长辈只忌讳称其名字，不忌讳称其姓一样。很多人都同姓，而名字却是每个人所独有的，不是人们共享的。”

听了孟子的这番回答，公孙丑才把曾参戒吃羊枣的事弄明白。

◎成语释义

美味佳肴人人都喜欢吃。常用来比喻人人赞美的事物或传诵的诗文。脍：细切的肉；炙：烤熟的肉。

◎故事出处

《孟子·尽心下》：“脍炙所同也，羊枣所独也。”

◎出处译文

烤肉是大家共同爱吃的，而吃羊枣是（曾皙）独有的嗜好。

◎成语示例

一部脍炙人口的《国风》与《小雅》，也是“三百篇”的最精彩部分，便是诗歌合作中最美满的成绩。（闻一多《歌与诗》）

旷日持久

战国时期，燕国想蚕食他国土地，于是派遣军队向赵国发动进攻。赵王非常害怕，就和宰相平原君赵胜商议，想割让合卢、高唐、平原等三座城池五十七处地方给齐国，让齐国名将安平君田单统帅赵国人马，与燕军对抗。

赵王认为，田单有战胜燕国人马的经历，只有请他为赵国效力，才能战胜燕国。

赵国大将赵奢对搬请田单一事坚决反对。他对平原君赵胜说：“难道我国众将之中，就没有可以率兵打仗之人了吗？还没展开战斗，我们就先割让给齐国三座城池五十七处地方，这难道不会让士气受损？更何况这也不像话！大王为什么不让我统率军队呢？我对燕国的情况非常了解，让我领兵抵抗，要想取胜还是有些把握的。为什么非要用齐国的田单呢？”

然后，赵奢进一步分析道，就算请田单指挥赵军，胜利也不一定属于赵国。他说：“首先，如果田单头脑糊涂，那他就难以战胜燕军，我们就白请他来了；其次，如果田单确实有本领，他也不一定愿意为赵国卖命，因为赵国一旦得胜，必然对齐国称霸中原产生阻碍。”

最后，赵奢说出了自己的担心：“照我看，非要请田单来带兵，他必定会把赵国军队拖在战场上，荒废许多时间。这样长久地拖下去，我国的人力、财力、物力会受到极大消耗，带来的不良后果难以想象。”

可是，赵王和平原君还是觉得把田单请来比较有取胜的把握。他们没有听取赵奢的意见，还是割让三座城池给齐国，把田单请来了。结果，以后的战况真的像赵奢所预料的那样发展。田单只知为齐国着想，拖了很长时间也不进行决战。赵国损失惨重，却依然没有大获全胜。

◎成语释义

形容荒废时间，拖延很久。亦称“旷日弥久”。

◎故事出处

《战国策·赵策四》：“今得强赵之兵，以杜燕将，旷日持久数岁，令士大夫余子之力，尽于沟垒。”

◎成语示例

这厮们死守不出，便要旷日持久。（清·陈忱《水浒后传》第十八回）

L

滥竽充数

战国时候，齐宣王喜欢听别人吹竽。他四处寻找吹竽高手，并组织了一支有三百名乐师参加的吹竽乐队，常常让这三百人一齐吹竽。他听起来，感到其乐无穷，异常兴奋。

有个南郭先生，整日游手好闲，没有什么本事。他本来对吹竽没什么研究，却也想加入齐宣王所组织的乐队。齐宣王不搞调查研究，没发现他的底细，就让他在吹竽乐队里当了一名乐师。

南郭先生在每次吹奏之时，就在乐队里拿着竽摇头晃脑地装样子，好像很会吹竽。他就这样一天天地混日子，居然骗倒了齐宣王，得到了很高的待遇。

齐宣王死后，其子齐湣王继承了王位。这位齐湣王也很喜欢欣赏吹竽，但是他和父亲不同，不喜欢听人们一齐吹，而喜欢让乐师一个一个地单独给他吹奏。

南郭先生见再也混不下去了，怕轮到自己吹奏时露馅儿，招来杀身之祸，只得连夜收拾行李逃走了。

◎成语释义

比喻没有真才实学、没有本事的人混在行家里面充数，或比喻用次货冒充好货。有时也用以表示自谦。

◎故事出处

《韩非子·内储说上》："齐宣王使人吹竽；必三百人。南郭处士请为王吹竽，宣王说之，廪食以数百人。宣王死，湣王立，好一一听之，处士逃。"

◎出处译文

齐宣王让人吹竽，一定要三百人一起吹。南郭处士请求给齐宣王吹竽，齐宣王很高兴，给他的待遇和那几百人一样。齐宣王死后，他的儿子齐湣王继位。齐湣王也喜欢听吹竽，但他喜欢听独奏。南郭处士本是混在人群中充数，现在不能混了，只好逃走了。

◎成语示例

由于山羊绒产品的优良特性，尽管其价位较高，仍受到消费者的青睐，因为有利可图，市场上滥竽充数的羊绒产品"纷纷登场"。

狼狈为奸

有两种野兽分别叫狼和狈，它们长得非常相似，而且有着相近的习性。它们之间所不同的是：狼的两条前腿长，两条后腿短；而狈正好相反，它的两条前腿短，而两条后腿长。这两种野兽经常合起伙来干坏事，一起偷吃人类饲养的家畜。所以人对狼和狈非常痛恨。

据说有一次，一只狼和一只狈结伴同行，它们路过一家农民的羊圈时，便动起吃羊的坏脑筋。但是，这家农民很勤奋，把羊圈筑得很高，又非常坚固，它们既跳不过去，也撞不开门。狼和狈起初没有主意，但当它们看到对方的腿，想出了个巧妙盗羊的主意。

那就是，先由狈用两条长长的后腿站立着把狼举起来，狼则用它长长的前腿攀住羊圈，然后叼走肥羊。于是，狈便蹲下身来，让狼爬到它的身上，它再用前脚抓住羊圈的竹篱，慢慢地把身子站直。然后狼再将两只后腿站在狈的脖颈上，前腿攀着竹篱一点点地站直，接着把两只长长的前腿伸进竹篱，将一只在竹篱旁酣睡的羊捕获。

在这次行动中，如果狼和狈单独行动，都没有办法吃到羊肉。但是，它们却会利用彼此的长处，互相合作，并且达到了自己的目的。

◎成语释义

原意是狼和狈常合伙伤害牲畜。常用来比喻两个或几个人聚集在一块，相互勾结干坏事。狼狈：两种兽名。

◎故事出处

《博物典汇》："狼前二足长，后二足短；狈前二足短，后二足长；狼无狈不立，狈无狼不行。"

◎出处译文

狼前面两足长，后面两足短；狈前面两足短，后面两足长；没有狈，狼不能立起来，没有狼，狈也不行。

◎成语示例

帝国主义与封建势力永远是互相勾结，狼狈为奸的。（闻一多《谨防汉奸合法化》）

老当益壮

东汉名将马援，从小就胸怀大志，他打算到边疆去发展畜牧业。他长大以后，做了扶风郡的督邮。有一次，他奉了郡太守之命，押送犯人到长安。在押解途中，他见犯人非常可怜，很同情他们，就将犯人放走。自己也只好丢了官，逃到北地郡躲起来。

后来正好天子大赦天下，官府不再追究他的罪责。于是他不再做官，而是一心一意地搞起畜牧业和农业生产。

不到几年工夫，马援成为一个大牧场主和地主，拥有牛羊几千头、粮食几万石。

可是，他并不把富裕生活看得很重。

L

他觉得物质享受并不能使人快乐，就把自己辛苦积攒的财产、牛羊都分给他的兄弟、朋友。他对人们讲："做一个守财奴，太没有意思了。"

他想做有意义的事，做有价值的人。他的朋友问他以后有什么想法，他说："作为一个大丈夫，总要'穷当益坚，老当益壮'才行。"这句话的意思就是说，越穷困，志向越要坚定，越年老，志气越要豪壮。

后来，马援成了东汉有名的将领。他扶保光武帝，立下了盖世奇功，终于青史留名。

◎成语释义

形容年纪虽大，但志气应当更加豪壮。当：应当；益：更加。

◎故事出处

《后汉书·马援传》："丈夫为志，穷当益坚，老当益壮。"

◎出处译文

男子汉大丈夫，应当有志气，穷困的时候，意志要更加坚定；年纪大了，更要有干劲，有精神，像青壮年那样。

◎成语示例

剑波朝着这两位坚守职务的老森铁员工，伸了一下大拇指头，"真英雄，老当益壮。"（曲波《林海雪原》一六）

老马识途

公元前663年，齐桓公为了援助燕国，率领军队攻打山戎。当时，相国管仲和大夫隰朋跟随在桓公的左右，为他出谋划策。齐军来到燕国时，山戎的军队已经掠走大量财物，逃到孤竹国去了。

管仲建议，为了消灭燕国的大患，应该跟踪追击，把孤竹国一举灭掉。齐桓公非常同意，于是率领人马紧追不舍。大军追过去才知道，山戎和孤竹国的君主见齐军势大，吓得逃跑了。齐国大军继续追击，最后把敌人的军队打得四散奔逃。

齐军是在春天出征，得胜而还时已经到了冬天，齐桓公整整打了一年的仗。齐国大军回朝时，在崇山峻岭的一个山谷里迷了路，无论如何都走不出山谷。时间在一点点向前推移，军队的粮食也减少了很多。如果在山谷里耽搁下来，全军就会困死于山中。

管仲见情势危急，终于想出了一个好主意：狗、马都有辨认道路的本领，能够认识回去的路途，可以让老马在前边引路，就可以走出山谷。他把他的想法向齐桓公报告以后，齐桓公也觉得他的想法有道理，同意试试看。

齐桓公立刻让人挑出几匹老马，解开缰绳，让它们在大军的最前面自由行走。结果，这些老马毫不犹豫地向同一个方向行进。这样，齐国大军跟着这几匹老马，终于走出山谷。回国后，齐桓公直夸管仲聪明。

◎成语释义

原意是老马认识走过的道路。常用来比喻熟悉情况、经验丰富的人能够起到引导作用。途：道路。

◎故事出处

《韩非子·说林上》：“管仲、隰朋从于桓公而伐孤竹，春往冬返，迷途失道。管仲曰：‘老马之智可用也。’乃放老马而随之，遂得道。”

◎出处译文

管仲和隰朋跟随齐桓公讨伐孤竹，春天出征，冬天返回，在返回途中迷失了方向。管仲说：“老马的智慧可以利用啊！”于是纵老马于军前，任其所至，军队跟在后面，竟得道而归。

◎成语示例

不一定越老越没有用，老马识途不就是个反例吗？

乐此不疲

刘秀在新朝统治时期起兵造反，想恢复汉室江山，所以得到一些官僚、地主的支持。公元25年，他终于中兴汉室，做了皇帝，史称汉光武帝。后来，他又镇压了赤眉起义军，将各地割据势力消灭，统一全国，让老百姓过起了太平日子。

长期的军旅生活使他厌倦了战争，同时他亲眼目睹了老百姓在战乱中流离失所的痛苦，因此采取休养生息的政策，下功夫改革弊政，废除苛法，精简官吏，安定社会秩序，兴修水利，发展农业生产。这样一来，人民的生活逐步得到改善，汉朝又强盛起来。

由于长期领兵作战，他对军事生活厌倦了。天下一统后，他不谈自己熟悉的军事，却对经史义理方面发生了浓厚兴趣，不仅自己潜心研究，还常常召集公卿郎将等在一起进行讨论。有时候，光武帝一直研究到深夜，还觉得意犹未尽。

太子见皇帝对研究学问这样上心，生怕他用功太过，把身体弄坏了，**太子就好心劝谏道：“陛下有大禹、商汤那样的贤明，却丢失了黄帝、老子的养身之道。希望您以后能颐养精神，过一过悠闲的日子，安度晚年。”刘秀听罢摇摇头说：“我喜欢研究学问，并不感到疲劳。”**

◎成语释义

形容对某一事物发生兴趣，沉迷其中，不知疲倦。

◎故事出处

《后汉书·光武帝下》：“承闲谏曰：‘陛下有禹汤之明，而失黄老养性之福，愿颐爱精神，优游自宁。’帝曰：‘我自乐此，不为疲也。’”

◎成语示例

这位老先生，天生又是无论什么疑难，每问必知，据知而答，无答不即详且尽，并且乐此不疲。（清·文康《儿女英雄传》第三十八回）

乐极生悲

战国时期，淳于髡口才极佳，后来入赘到齐国，很得齐威王的赏识。他曾多次以齐国使节的身份，到各诸侯国进行联络，由于说话得当，从来没有受到过羞辱。

当时，齐威王喜欢听隐语，又喜欢彻夜饮酒，逸乐无度，陶醉于饮酒之中，不理政事，把政事托付给卿大夫。卿大夫虽然能够处理国事，却总是找不到君王来拿主意。各国得知齐威王如此胡闹，觉得有机可乘，纷纷想打齐国的主意，所以齐国的局势越来越危急。

公元前349年，楚国派遣军队进攻齐国。齐威王害怕国破家亡，十分着急，派淳于髡到赵国去搬请救兵。

淳于髡果然不负齐威王重托，到了赵国就请来了十万大军，吓退了楚军。齐威王十分高兴，立刻摆出酒宴请淳于髡喝酒庆贺。

齐威王高兴地问淳于髡：“先生要喝多少酒才会醉？”淳于髡一看这架势，知道威王又要彻夜喝酒，必定要一醉方休。他想了想回答道：“我喝一斗酒也醉，喝一石酒也醉。”威王不解其意，淳于髡解释自己在不同场合、不同情况下酒量会发生变化，并且说道：“所以我得出一个结论，就是**喝多了酒会让人紊乱，欢乐超过限度悲伤就会随之而来，所有的事情都是这样的。**”这一席话说得齐威王心服口服，当即痛快地表示接受淳于髡的劝告，今后不再彻夜饮酒作乐，改掉这些恶习。

◎成语释义

欢乐到了极点就会招来悲伤的事情。亦作“乐极悲生”。

◎故事出处

《史记·滑稽列传》：“故曰酒极则乱，乐极则悲，万事尽然。”

◎成语示例

一听到自己被录取，他兴奋得跳了起来，结果扭伤脚踝，真是乐极生悲。

力不从心

东汉时，班超奉了军令，率领三十六人出使西域，屡屡创建奇功，西域各国对汉朝无不臣服。然而，班超已经在西域过了27年。在这27年中，他兢兢业业，尽忠职守，作出了很大的贡献。他刚到西域时还在壮年，如今年事已高，身体越来越衰弱。

人老了，特别想回家安度晚年。班超怀着强烈的思乡之情给皇帝写了封信，让儿子捎回长安，交给汉和帝，请求把他调回京城，不要让他这个老人再受风霜之苦。可是这封信递上去后，却石沉大海，没有任何音讯传来。

班超的妹妹班昭很希望哥哥能回家安度晚年，就上书皇帝，申明哥哥为朝廷立了大功，朝廷应该让他回来。信中有这样的几句话："班超在和他一起去西域的这些人中，年龄最大，现在已过花甲之年，体弱多病，头发斑白，两手不太灵活，耳朵也听不清楚，眼睛不再像以前明亮，要撑着手仗才能走路。**如果西域发生猝不及防的暴乱事件，班超的气力已经不能顺从心里的意愿了**。这样的话，对上会使国家利益受损，对下会破坏忠臣费尽千辛万苦所取得的成果，真是教人太痛心了呀!"

汉和帝看到班昭的书信，既体会到班超的不易，又觉得让他继续留在西域对朝廷不利，就传下一道旨意，调班超归汉。

班超终于落叶归根，回到中原。但他回到洛阳不到一个月，病情就加重而去世，终年71岁。

◎成语释义

人们虽然想做某件事情，却因为力量不够，愿望无法实现。

◎故事出处

《后汉书·班超传》："如有卒暴，超之气力不能从心。"

◎成语示例

大概是上了年纪，老张爬起楼来常有力不从心的感觉。

厉兵秣马

春秋时期，秦国大夫杞子驻守在郑国，表示秦、郑两国友好，互相信任。有一天，杞子派人给秦穆公送信，说郑国现在对秦国没有什么防备，正是偷袭的好机会。秦穆公一心要夺取土地，就不顾大夫蹇叔的劝阻，派遣孟明等三位将帅带兵征讨郑国。蹇叔的儿子也随部队出征。

临别时，蹇叔紧紧抱住儿子痛哭道："峭这个地方很危险，你们一定会在那里遭到晋军袭击，到了那时，我去收你的尸骨。"秦穆公当时已经对他很厌烦了，听到这不吉利的话，大骂蹇叔该死。

秦军走了很多路才到达距离郑国不远的滑国。郑国商人弦高到各国做生意，正好从滑国经过。他得知秦军将要进攻自己的国家，情急生智，就谎称自己是受郑穆公所差来送牲口犒劳秦军的。孟明以为郑

L

国有了防备，只惊得目瞪口呆。弦高将秦军稳住后，暗中派人去郑穆公那里通报军情，要郑军早作准备。

郑穆公接到密报，马上派人去杞子的驻地细细察看。只见这些秦人已经把行李扎好，兵器磨得雪亮，马喂得饱饱的，准备为本国军队做内应。得知这些秦人起了坏心，郑穆公又气又恨，但又觉得不便把事情做得太绝。

于是，郑穆公派皇武子去告诉杞子："我们感到很抱歉，由于国事太忙，对你们未免有些照顾不周。孟明就要率兵前来，你们正好可以跟他一块走，离开郑国这块小地方了。"杞子等人见事情败露，便分别逃往齐国和宋国去了。

孟明得到消息后，知道人家有了准备，讨伐郑国没有胜算，就传下命令，回转本国。秦军重返崤山，中了晋军的埋伏。秦军大败，秦穆公也成为人们的笑柄。

◎成语释义

磨好刀枪，喂好战马，为打仗做好准备。泛指事前充分做好准备工作。厉：同"砺"，磨；兵：兵器；秣：喂。亦作"秣马厉兵"。

◎故事出处

《左传·僖公三十三年》："郑穆公使视客馆，则束载厉兵秣马矣。"

◎出处译文

郑穆公派人去（杞子）驻地察看，发现他们正把行李扎好，磨好刀枪，喂饱战马，准备战斗。

◎成语示例

孙权克仗先烈，雄踞江东，举贤任能，厉兵秣马，以伺中国之变。（宋·陈亮《酌古论·吕蒙》）

励精图治

公元前74年，汉昭帝刘弗陵驾崩。昭帝一生英明，可惜年纪轻轻就死了，没有留下子嗣。于是重臣霍光立昌邑王为帝，又因昌邑王为人昏暴，霍光就把他废掉，另立刘询为帝，史称汉宣帝。

公元前68年，霍光因病去世。汉宣帝开始掌握大权。他发现霍光的亲人想谋反，为了自保，他果断地采取行动，将霍氏一门逮捕入狱，满门抄斩，诛灭九族。

在平息霍氏谋反一事后，宣帝振奋精神，力求把国家治理好。他直接听取大臣们的意见，对各级官员进行严格审查，还降低盐价，提倡节俭，鼓励发展农业生产。贤臣魏相恪尽职守，宣帝就充分信任他，让他发挥聪明才智，为国家造福。

◎成语释义

振作精神，尽心尽力地治理好国家。励：同"厉"，振作的意思；图：谋求，力图。

◎故事出处

《汉书·魏相丙吉传》："宣帝始亲万机，励精为治，练群臣，核名实，而相总领众职，甚称上意。"

◎出处译文

汉宣帝亲自处理国家大事，尽心尽力治理好国家，亲自听取大臣们的启奏，考察群臣的实际工作情况跟他们的官职是否相符，而丞相总体管理众官员，使皇上非常称心。

◎成语示例

要想在商场上独领风骚，必须励精图治，好好打拼才行。

利令智昏

战国时期，秦国虎视眈眈，想吞并六国，统一天下。

公元前262年，秦国大将白起统率人马，对韩国发动强大攻势。秦军占领野王（今河南省泌阳县）以后，准备夺取上党（今山西省东南部）。野王位于上党通向韩国内地的交通要道。野王既然已归秦国，上党就无法得到韩国兵马的援助。

上党郡守冯亭知道单凭自己的力量难以保住上党，但上党军民不愿降附以苛暴著称的秦国，就决定把上党献给赵国，接受赵国的保护。于是冯亭派遣使者去赵国，提出主动归附的要求。

赵孝成王不知该怎样做才好，就向朝中的文武大臣请教。

平阳君赵豹指出，无缘无故得到人家的好处，是祸患的根源，因此对上党只能舍弃不要。平原君赵胜却被眼前的利益迷昏了头，他认为不用一兵一卒就能得到上党这一片膏腴之地，实属难得。他提出，机不可失，时不再来，赵国能白白得到上党，为什么不接受？

赵孝成王心里也觉得得到上党是千载难逢的好事，于是就采纳了平原君赵胜的意见，并派平原君到上党接收土地，对冯亭则授以华阳君之位。

秦王得知赵国占领上党后，愤怒不已，这不是到口的肥肉又被别人抢去了吗？于是，秦王派大将白起统率人马，大举进犯赵国。战争一打就打了三年，最后赵国吃了败仗，四十万大军在长平被秦军歼灭。紧接着，秦军挥师直逼赵国都城邯郸，后来平原君带毛遂去楚国，说服楚国联赵抗秦，最后楚国出兵，才解除了赵国的邯郸之围。

汉代史学家司马迁曾对这一事件进行了如下评论：平原君的行为比一般世俗子弟要强得多，可他有时也不明白大道理。俗话说：利这个东西，能够使聪明人冲昏头脑，丧失理智。平原君被眼前的小利冲昏了头脑，导致本国四十万大军的覆灭，还差点儿丢了国家的都城。

◎成语释义

因为贪利而失去理智，分不清是非。

◎故事出处

《史记·平原君虞卿列传》：“鄙语曰：‘利令智昏。’”

◎出处译文

俗话说：“利这个东西，能够使聪明人冲昏头脑，丧失理智。”

◎成语示例

淡泊明志，克己奉公，才能避免利令智昏。

连篇累牍

隋朝时期，治书侍御史李谔能言善辩，文章也写得很精彩。他发现六朝以来，人们写起文章来，通常只追求辞藻的华丽，文章的内容却空洞无物，于是他就想上一道奏章给隋文帝，请求天子亲自下诏，改变形式主义的文风。

其实隋文帝也对形式主义的文风感到厌烦。他在处理政务时，看到大臣们的奏章虽然华丽好看，却不重视对实际问题的解决。他想到，当初南北朝时，北朝的文风比南朝的文风好一点儿，所以北朝政治稳固，而南朝帝王国破家亡，可见政治腐败与浮华的文风有很大关系。形式主义的文风，真是误国误民啊！

李谔伏案疾书，很快就写成了《请正文体书》，呈给隋文帝，请求认真审阅。奏章从魏武帝、文帝、明帝说起，说他们只注重修饰文章的雕虫小技，而不深入研究为君之道，使得后世国家衰弱，天下大乱。

奏章中有这样一句话："连篇累牍，不出月露之形；积案盈箱，唯是风云之状。"意思是说一篇篇的文章，一箱箱案卷，说来说去，说的都是吟风弄月的内容，真是累赘冗长，一点儿意思都没有。

隋文帝看了这篇文章，觉得甚合心意，心想形式主义的文风害人不浅，大家在这种文风的影响下，都追逐华而不实的东西，这样对大隋江山只有害处，没有好处。于是，他真的听从李谔的意见，颁布政令，要求各级官吏改变文风。

◎成语释义

文字十分累赘冗长。常用来形容篇幅多，句子冗长，文风不正。累：重叠、堆积；牍：古代用来写字的木片。

◎故事出处

《隋书·李谔传》："连篇累牍，不出月露之形，积案盈箱，唯是风云之状。"

◎出处译文

一篇篇文章，一箱箱案卷，谈来谈去，都离不开吟风弄月，真是又长又累赘。

◎成语示例

学诗有三节：其初不识好恶，连篇累牍，肆笔而成。（宋·严羽《沧浪诗话·诗法》）

梁上君子

东汉时候，有个叫陈寔的人，办事公正，很有声望。有一次，一个小偷溜进了他的家里，偷偷躲在房梁上，想乘机下手，谁知道被陈寔发现了。陈寔表现得很镇定，没有大声喊叫，而是把儿孙们都喊醒，叫到自己的房里。

陈寔严肃地教导儿孙："一个人对自己应当从严要求，不然就会走到错误的路上去。有些人原来并不坏，而是对自己放松了要求，慢慢地变坏。像蹲在梁上的那位君子，不就是这样的吗？”

躲在梁上的小偷听了大吃一惊，知道自己早被陈寔发现，连忙从房梁上跳下来，向陈寔磕头请罪。

陈寔对他说：“你大概是因为生活上贫困，不得已才这样做的吧？”说完，就送给小偷两匹绸缎，并劝他改邪归正。小偷感激不尽。

据说，从这以后那一带就再没有出现过小偷。

◎成语释义

指窃贼。

◎故事出处

《后汉书·陈寔传》：“时岁荒民俭，有盗夜入其室，止于梁上。寔阴见，乃起自整拂，呼命子孙，正色训之曰：‘夫人不可不自勉。不善之人未必本恶，习以性成，遂至于此。梁上君子者是矣！’”

◎出处译文

有一年发生了大灾荒，人们皆挨饿受冻。一天夜里，盗贼进了陈寔的家，隐藏在房梁上。陈寔看到却不动声色，起床整衣，呼唤众子孙进来，正色训道：“做一个人必须常常自我勉励。恶人并非其本性使然，而是受外在环境的习染才变得如此。犹如梁上的这位君子一般！”

◎成语示例

春节将至，外出锁好门窗，谨防梁上君子。

两败俱伤

战国时期，韩、魏两国交战一年有余，但仍分不出胜负。秦惠王觉得这仗总这么打下去终非了局，想出兵干涉这件事，于是召集满朝文武进行讨论。大臣们众说纷纭，有的说应该出兵，有的说应该观望。秦惠王一时难以决定。

楚国的陈轸听说了此事，就给秦惠王讲了卞庄子刺虎的故事：“一次，勇士卞庄子看到两只老虎擄获了一头牛，就想拔剑出手，为百姓消灭虎患。

“有一个旅店的伙计忙阻止他，说道：‘现在这两只老虎正在吃牛肉，吃得香时，一定会争夺食物，一争食就会互相争斗。相斗之后，力量大的那只会受伤，力量小的那只会丧命。到了那时，你只要刺杀那只受伤的老虎就行了。你虽然只需刺杀那只伤虎，却会获得杀死两只老虎的威名。’

“卞庄子觉得他说得很有道理，便在一旁静观事态的发展。两只老虎果然争斗起来，而且一死一伤。卞庄子提剑将那只伤虎杀死，一个举动果然获得刺杀两只老虎的功劳。”

陈轸讲这个故事，其实是以两只老虎来比喻韩、魏两国，建议秦国等韩、魏两国实力衰弱之时，再发兵进攻，那样就会像卞庄子刺虎一样，获利很多。

秦惠王听后非常高兴，就采纳了陈轸的意见，决定按兵不动，待时机成熟后再出兵，争取最大的利益。

◎成语释义

在争斗中，双方都受到损害，没有一方获得好处。俱：都。

◎故事出处

《史记·张仪列传》：“卞庄子欲刺

虎，馆竖子止之，曰：‘两虎方且食牛，食甘必争，争则必斗，斗则大者伤，小者死，若从伤而刺之，一举必有双虎之名。’卞庄子以为然，立须之。有顷，旋两虎果斗，大者伤，小者死。庄子从伤者而刺之，一举果有双虎之功。”

◎成语示例

这两种运动合起来便能够互收效益，分开来定要两败俱伤。（闻一多《文艺与爱国——纪念三月十八》）

两袖清风

于谦是明朝著名的民族英雄。他曾先后在监察御史、巡抚、兵部尚书等岗位上尽心工作，做了很多有益于人民的事情。

他为官廉洁，正直无私。当时，明朝政府无论中央还是地方，都日趋腐败，政界中贪污、贿赂盛行。外省官僚进京朝见皇帝，都要从老百姓那里搜刮一些土特产，诸如绢帕、蘑菇等，进献给皇帝和执掌朝堂的权臣。人民对此非常反感。

有一次，于谦在外地担任巡抚，回京城述职时，他却什么礼物也不准备。别人感到很奇怪，说他一件礼物不带，就算到皇帝那里能平安无事，又怎么得罪得起权臣？他就写了首《入京》诗，作为回答。

此诗的大意是说：绢帕、蘑菇、线香等土特产，本来应当供人民享用，只因贪官污吏搜刮，它们反而给人民带来了很大的灾难，我什么都不带，只带两袖清风进京面见天子，这样才能使老百姓不在背后议论我。

由于明朝的政治斗争太严酷了，所以虽然于谦的功劳很大，还是被皇帝杀死。他虽然死了，人民却非常怀念他，把他当作神明一样敬仰。

◎成语释义

除了两袖清风以外，别无所有。比喻做官清正廉洁。

◎故事出处

明朝都穆的《都公潭纂》卷上：“人传其诗云：‘绢帕蘑菇与线香，本资民用反为殃。清风两袖朝天去，免得闾阎话短长。’”

◎成语示例

他自己做了几十年的官，依然是两袖清风。（清·李宝嘉《文明小史》第十二回）

量力而行

公元前712年，郑国国君郑庄公发动人马，联合齐、鲁两国进攻许国。发兵的理由是许庄公不听命于周天子，其实这只是一个借口而已，关键是发兵的三国都想称霸中原。

郑、齐、鲁的军队团结一致，一路势如破竹，兵临许国的都城之下。双方军队展开激烈的战斗，互有伤亡。最后，三国联军攻破许国的都城，许国的国君许庄公见势不妙，拔腿就逃。

郑、齐、鲁三国获得胜利后，共同商量对许国的处置问题。齐国国君釐公认为，应该把许国交给鲁国来管理，但鲁国的国君隐公坚决不答应。最后，齐釐公说：“攻打许国的主张是郑国提出来的，而且郑国出兵最多，出力也最多。既然鲁君不爱惜土地，宁愿弃许而去，就由郑国来管辖许国吧！”

郑庄公之所以讨伐许国，就是想占领许国。他听到齐国的意见，虽然心花怒放，但还是讲究礼数，先推让一番，最后才提出建议，把许国分成东、西两部分别来管辖。

《左传》在记叙这一历史事件后，进而评论道：“郑庄公的做法与礼法相合。**因为许国不讲礼法才发兵征讨的。许国投降后，他就怀着仁德之心宽恕了许国，并按照各人的德行进行妥善的安置。他依据自己的力量来处理事情，根据时机行动，不连累到后人。这样做，真可谓懂得礼数啊。**”

◎成语释义

形容做事情要考虑自己能力的大小。量：估量，考虑。

◎故事出处

《左传·隐公十一年》：“许无刑而伐之，服而舍之，度德而处之，量力而行之，相时而动，无累后人，可谓知礼矣。”

◎成语示例

各位同学呢，大家量力而行，能捐多少就捐多少。（叶圣陶《英文教授》）

柳暗花明

南宋时期，著名诗人陆游因为仗义执言得罪了权贵，所以被削职为民。他取道隆兴，回到故乡山阴，在故乡闲居三年。

当时，陆游一心想报效祖国，灭尽金军，却只能在家闲坐，心中抑郁难平，非常痛苦。这样几乎过了一年，他的心境终于开朗起来，就到附近各处看看山水，排解愁苦。他从小在农村生活，所以非常喜欢村民，对乡村也总是怀着喜悦之情。

四月的一天，春光明媚，陆游独自一人出外闲游，到离家二十里之外的西山去游玩。到西山需要翻越好几座小山头。陆游不怕辛苦，拄着拐杖顺着小河边的山坡慢慢往上走，翻过了一个又一个山头，绕过了一道又一道河流。

最后，陆游走到一个地方，似乎已经走到了尽头，前面再无路径。正当他打算返回时，忽然拐了一个弯，发现前面的山谷中有一块绿柳成荫、鲜花灿烂的平地，一座小村庄出现在他的视线里。

陆游非常高兴地走入村中。当地的村民天性淳朴，热情地款待他。

陆游对这次出游有着很深的印象，

回到家里就提起笔来，写了一首七言律诗——《游山西村》。

◎成语释义

比喻眼看事态已经没有发展的余地，忽然又绝路逢生，出现转机。暗：翠绿的颜色；明：亮丽的色彩。

◎故事出处

宋·陆游《游山西村》诗："山重水复疑无路，柳暗花明又一村。"

◎出处译文

山重峦叠嶂，水迂回曲折，正怀疑前面没有路，突然发现前面有柳树，还有花，马上知道前面又有一个村子。

◎成语示例

十二月十三日之晨，我心酸肠断，以为从此要尝些人生失望与悲哀的滋味，谁知眼前有这种柳暗花明的美景。（冰心《寄小读者·通讯十一》）

鹿死谁手

东晋时期，我国北方出现五个强盛的少数民族，先后建立了十六个国家，这种情况在历史上被称为"五胡十六国"。十六国的国主各有一番经历，都不是轻松容易地开基创业的。其中经历最为奇特的，当数后赵国主石勒。

石勒字世龙，上党武乡（今山西榆社北）人，羯族。他身体强壮，胆子很大，从小就对骑马射箭感兴趣。他属于少数民族，在二十多岁时就被晋朝官吏掠卖到山东当了奴隶。后来，他与汲桑等人起来造反，聚集了一伙人。汲桑死后，石勒带领手下人投奔了匈奴人刘渊。刘渊认为石勒才能出众，就封他为将军。

石勒重用汉族官僚张宾，请他为自己出谋划策，结果终于形成割据一方的力量。319年，他自立为赵王，他所掌握的政权被后人称为后赵。329年，他消灭前赵，占领了中国北方的大部分地区。石勒建都襄国（今河北邢台），与东晋、成汉三足鼎立，互争天下。

一天，外国使臣来到后赵朝贺，石勒设宴欢迎。在宴会上，石勒想到自己创下这么大的基业，连外国也承认，非常高兴，于是乘着酒兴向大臣徐光问道："我的功劳与历史上哪个君王能够相提并论？"徐光是臣子，就趁机恭维他，说道："陛下又有智又有勇，君王中的汉高祖、人臣中的曹操都比不上您。自古以来的帝王，哪个能和您相提并论呢！"

石勒明知这是夸大之词，就笑笑说道："你的话太夸张了。一个人要紧的是有自知之明。**我如果遇到汉高祖刘邦，一定不会和他作对，而是心甘情愿地做他的部下，为他效力，和韩信、彭越一样建立功勋。我如果遇到汉光武帝刘秀，则会与他争个高低，看看谁的本事强，可就不知道天下被哪个得到了。**"

后赵的臣子听到石勒的这番话，非常高兴，觉得自己的君主既不自傲，又有远大的志向。

◎成语释义

不知政权落入谁的手中。常用来形容不知谁能取得最后胜利。

◎故事出处

《晋书·石勒载记下》："朕若逢高皇，

当北面而事之，与韩、彭竞鞭而争先耳；朕遇光武，当并驱于中原，未知鹿死谁手。”

◎成语示例

他们能力相当，在这场竞赛中鹿死谁手，还无从可知。

戮力同心

桀是夏朝最后一位君主。据说，他是个暴虐无道之人，而且荒淫无道。天下百姓在他的压迫之下，日子越过越穷，真是陷于水深火热之中。

夏朝属下有一个诸侯国，叫作商，位于夏朝领土的东面。商的国君汤非常贤明，他联合各地诸侯，积极训练军队，准备抓住有利时机，推翻夏桀的统治，拯救万民。后来，他发现自己的奴隶伊尹才能出众，为了吞灭夏朝，他将伊尹破格录用，君臣二人同心合力，把商国治理得蒸蒸日上，日趋强盛。

既然国势强盛，与夏朝决战的时机也就成熟了。于是商汤整顿军队，决意一举灭夏。在大军出发之前，商汤在军中发布了一道誓师文告。文告写道：“夏朝君主桀罪恶滔天，老天也决意要消灭他。现在，上天将贤士伊尹赐给我，要我同他齐心合力，治理天下。你们一定要奋勇战斗，帮我灭掉夏朝，让百姓过上舒心的日子。”

夏商两军交锋后，由于商军士气高涨，而夏军毫无斗志，心虚胆怯，所以商军得胜。商汤得了天下，自立为王，将桀流放到南巢。

◎成语释义

众人齐心合力，团结一致。戮力：合力，并力。

◎故事出处

《墨子·尚贤中》：“聿求元圣，与之戮力同心，以治天下。”

◎出处译文

上天将贤士（伊尹）赐给我，要我同他齐心合力，治理天下。

◎成语示例

我们只有戮力同心，才能共渡难关。

论功行赏

公元前202年，汉王刘邦将项羽打败，统一天下。他登基称帝，建立了西汉政权，历史上称他为汉高祖。

汉高祖觉得众将浴血沙场，立下了汗马功劳，应当评定诸位大臣的功绩大小，然后再给予封官和赏赐。

汉高祖权衡了一番，认为萧何的功劳最大，准备封他为酂侯，赏赐他最多的封户。群臣听到汉高祖的意见，都愤愤不平，纷纷说：“平阳侯曹参攻打了无数城池，身受七十多处创伤，他的功劳最大，应该重重封赏。至于萧何，虽然有功，比起曹参来还要略逊一筹。”

这时，关内侯鄂千秋的意见却与汉高祖相同。他对同僚说道：“诸位大臣的看法非常不妥。曹参虽然转战各地、攻城略地，立下无数汗马功劳，但这只是一时的事情。

“皇上与项羽大军打了五年的仗，经常损失军队，也曾几次孤身而逃。而萧何经常派遣军队到前线进行补充。他这么做并非奉了皇上的旨意，而是主动为之。汉楚两军在荥阳对峙时，军粮不足，萧何又用车船将后方的粮食源源不断地送来。

“如果失去一个曹参，汉室的损失并不大，可是如果失去了萧何，皇上怎能坐上今日的龙椅？我们绝不能让一时的功勋凌驾于万世的功勋之上。所以萧何的功绩，应当是天下第一，理应大大封赏，裂土分茅。”

刘邦觉得鄂千秋真是和自己想到一块去了，于是评定萧何为第一功臣。群臣听了鄂千秋的话，也不与天子争执了。

◎成语释义

评定功绩，然后给予封爵和赏赐。论：评定；行：施行。

◎故事出处

《史记·萧相国世家》：“汉五年，既灭项羽，定天下，论功行封。”

◎出处译文

汉王五年，已经杀死了项羽，平定了天下，按照大臣们的功绩进行封赏。

◎成语示例

这春彩，臣等断不敢受。请留待他时论功行赏。（清·洪昇《长生殿·献饭》）

M

马革裹尸

马援是东汉初期的名将，他的威名全国都知道。汉光武帝起兵后，他在鞍前马后效力，立下了无数功劳，成为中兴名臣之一。

有一次，匈奴进犯汉朝边境。马援受命抵抗强敌，他豪迈地说："男儿应当在沙场上为国尽忠，死后用马皮包着尸体运回故乡，才称得上是真正的男子汉。"

马援是这样说的，也是这样做的。

在马援62岁的时候，南方又发生了叛乱。马援向皇帝请缨，要为国杀敌。汉光武帝虽然知道他是一员勇将，但考虑到他年龄太大，怕他拿不动刀枪，杀不退强敌。马援可是一员不服老的名将，他当着皇帝的面披甲上马，表示自己还是可用之才。

皇帝为他的精神所感动，下旨让他挂帅出征。马援不负众望，战胜强敌，平息了叛乱。但是，在班师途中，他不幸染病身亡。人们知道他的死讯，悲痛不已。马援这个人，真是把自己的一生都献给了国家。

人们认为，马援是个了不起的大英雄。"马革裹尸"这句成语不断被后人传诵，激励着一代又一代的人为国献身。

◎成语释义

形容作战非常英勇，不怕牺牲。

◎故事出处

《后汉书·马援传》："男儿要当死于边野，以马革裹尸还葬耳，何能卧床上，在儿女子手中邪？"

◎出处译文

男儿应当在沙场上为国尽忠，死后用马皮包着尸体运回故乡，怎么能够卧在床上，在儿女事情上耽误时光呢？

◎成语示例

身为军人，为了国家人民，即使战死沙场、马革裹尸也在所不惜。

买椟还珠

春秋时代，楚国有一个专卖珠宝的商人。有一次，他带上一批珠宝到郑国去卖，为了吸引顾客购买，他想了一个招揽顾客的办法。

他选了一些上等的木料，做成许多精美的小盒子，并在盒子外面雕刻上精致的玫瑰花纹，四周还镶嵌了许多彩色的羽毛。他想，把珠宝放在这样精美而散发出奇香的小盒子中，郑国人就一定会被吸引而购买珠宝。

于是，这个珠宝商就满怀希望地带上

这些珠宝到了郑国。到达郑国之后，他来到最繁华、热闹的街市上展示他的珠宝。

果然不出所料，马上有许多人围拢来驻足观看并欣赏。而有一个郑国人看见装饰如此精美的盒子后，毫不犹豫地买下一个，打开盒子后把里面的珠宝退还给珠宝商后，拿着盒子十分高兴地走了。

◎成语释义

比喻没有眼光，取舍不当。

◎故事出处

《韩非子·外储说左上》："郑人买其椟而还其珠。"

◎出处译文

郑国人买了装珠宝的盒子却把珠宝还给了对方。

◎成语示例

一些附庸风雅、虚有其表的收藏家，也会干买椟还珠的蠢事。

芒刺在背

霍光是西汉有名的大臣，汉武帝很器重他，封为大将军。汉武帝临终，令他辅佐幼主昭帝刘弗陵，朝廷里的大事都由霍光决定。

霍光虽然对皇室效忠，但是他对反对自己的人不能相容。他利用手中权力排斥异己，将左将军上官桀、御史大夫桑弘羊以造反罪名杀掉，迫使反对自己的燕王等皇亲国戚自杀，朝廷里的大臣没有一个不怕他。

昭帝死后，由昌邑王刘贺即位，这个皇帝从不干正事，霍光很生气，不久又将刘贺废黜，迎立刘询为汉宣帝。宣帝深知霍氏势大，自己的生死存废都取决于霍光，因此对霍光非常害怕。

有一次，宣帝去祭祀，**在宣帝乘车往高庙向祖宗牌位朝拜的路上，霍光与他同坐一辆车，宣帝非常紧张，不能自持，背上好像有小刺在扎，难以忍受。**后由车骑将军张安世代替霍光，他才行完大礼。

不久霍光病死，霍氏家族的人企图废掉宣帝，立霍光的儿子霍禹为帝，结果阴谋败露，被满门抄斩。

◎成语释义

形容某人心中极度惶恐与不安。

◎故事出处

《汉书·霍光传》："宣帝始立，谒见高庙，大将军光从骖乘，上内严惮之，若有芒刺在背。"

◎成语示例

现在被献忠这样一看，感到踢蹐不安，犹如芒刺在背。（姚雪垠《李自成》第二

卷第二十七章）

盲人摸象

在很久以前，有一个叫“镜面”的国王，命令大臣领一头大象，叫盲人去摸。

盲人有的摸到了象鼻，就说大象和车轱辘一样；有的摸到了象牙，就说大象和杵一样；有的摸到了象耳，就说大象和簸箕一样；有的摸到了象头，就说大象和鼎一样；有的摸到了象背，就说大象形同土丘；有的摸到了象腹，就说大象和墙壁一样；有的摸到了象腿，就说大象和柱子一样；有的摸到了象尾，就说大象和绳子一样。

还有其他人说象和某某一样。他们争着阐述自己的观点而互不相让。国王见此情景大笑，说道：“盲人坚持自己的认识而互不相让，都认为自己的说法正确，其实大象本是个整体，大家说的都是它的局部特征。”

在佛法中，这个故事用来比喻修外道者往往如群盲摸象那样，执着于事物的局部，从而产生各种极端的偏执观点，要知道事物都是具有整体特征的，所以不可执着于事物的任何局部而误认为是整体。

◎成语释义

比喻以一点代替全面，看问题片面。

◎故事出处

《五灯会元》：“有时意到句不到，如盲摸象，各说异端。”

◎出处译文

有时候了解到了意义却无法用语言表达出来，像瞎子摸象一样，各执一端。

◎成语示例

像你这样东一点、西一点地读书，好比盲人摸象，难以融会贯通。

毛遂自荐

公元前251年，秦国的军队包围了赵国的都城邯郸。赵王派相国平原君出使楚国，要求楚考烈王与赵国联合起来抗击秦国。

平原君打算从食客中挑出20个有智有勇的人，随同他前往楚国。挑出19人后，还有一个再也找不到合适的了。**有个名叫毛遂的食客，向平原君自我推荐道：“听说您要带20人前往楚国，现在尚缺一人，请您让我来凑满数吧。”**

平原君不熟悉毛遂，问他道：“先生到我门下有几年了？”“已有三年了。”“一个有本事的人在世上，好比一把锥子装进口袋，马上可以看到锥尖戳破口袋钻出来。你来这里三年，我从未听到别人对你的称赞。可见你一无所长，所以你不适合去，还是留下吧！”

“今天，我就请您把我当作锥子放进口袋。如果早放进口袋，那么不仅是锥尖钻出口袋，恐怕整个锥子都会像禾穗那样挺出来呢。”毛遂回答说。

于是，平原君同意他随同前往。途中，同行的人在与毛遂交谈的过程中，逐步发觉他是个了不起的人物，都很钦佩他。

平原君一行到了楚国。不料，楚王不愿联合抗秦，平原君也说服不了他。毛遂代表其他19人上台去说服楚王。楚王听说毛遂是平原君门下的食客，怒气冲冲地要他下台去。毛遂按着剑走近楚王，大声说道：“大王之所以敢当众叱责我，是因为楚国人多势众。但如今大王与我处于十步之内，楚国纵然强大，大王也倚仗不着，因为您的性命掌握在我毛遂的手里！”楚王被毛遂勇敢的举动吓呆了。接着，毛遂又向楚王分析说明共同抗秦对赵、楚双方的好处，道理是如此清楚、明白，没有理由反对。

毛遂的一席话，终于说服了楚王。楚王决定和平原君歃血为盟，联合抗秦。

◎成语释义

比喻自告奋勇，自愿承担某项任务。

◎故事出处

《史记·平原君虞卿列传》：“门下有毛遂者，前，自赞于平原君曰：‘遂闻君将合从于楚，约与食客门下二十人偕，不外索。今少一人，愿君即以遂备员而行矣。’”

◎成语示例

我作毛遂自荐，居然被校长核准了。这样才勉强捱过难关。（邹韬奋《经历·深挚的友谊》）

美如冠玉

陈平是历史上著名的谋士，他帮助刘邦打天下立了大功。陈胜起义的时候，陈平投奔了魏王咎，后来跟随项羽入关，担任都尉。由于项羽是个有勇无谋的人，陈平觉得他成不了大事，便离开了项羽转而投奔刘邦。

刘邦见陈平仪表出众，又有才华，拜他为护军中尉。当时绛侯周勃和灌婴等人是跟随刘邦很久的有功之人，看见陈平一来就身居高位，心里非常不服气。**他们对刘邦说陈平的坏话：“陈平虽然仪表堂堂，是个美男子，但是他就像缀在帽子上的宝石一样，外表好看，内里未必有真才实学。”**

刘邦最大的优点就是从不以貌取人，很会鉴别和使用人才。他没有听周勃他们的话，继续重用陈平。后来陈平用离间计破坏项羽和范增的关系，建议刘邦用爵位笼络韩信，都被刘邦采纳。刘邦建立汉朝以后，封陈平为曲逆侯。陈平在汉惠帝、吕后和汉文帝三朝担任丞相之职，享尽荣华富贵。

◎成语释义

形容男子长相漂亮。

◎故事出处

《史记·陈丞相世家》：“绛侯、灌婴等咸谗陈平曰：‘平虽美丈夫，如冠玉耳，其中未必有也。’”

◎成语示例

曾有一个道士，有长生不老之术，自说已经百余岁了，看去却“美如冠玉”，像二十左右一样。（鲁迅《准风月谈·青年与老子》）

门庭若市

战国时期，齐威王手下有一个大夫名叫邹忌。此人长得非常漂亮，称得上是一位百里挑一的美男子。可是他听人讲，齐国有一位徐公很英俊，所以很想知道自己和徐公到底谁更美。于是他先后问了妻子、爱妾和一位来访的客人，结果三人都说邹忌比徐公漂亮。邹忌听了半信半疑，有心去徐公府上拜访，好弄清楚别人是否在骗他，但一直没抽出时间。

过了几天，徐公因事到邹府来拜访，邹忌发现徐公面容英俊，仪表出众，自己根本无法与他相比。于是他想到："妻子因为偏爱我，爱妾因为害怕我，客人因为有求于我，才都违心地说我比徐公漂亮。其实我如何比得上徐公啊！"

第二天早朝时，他把自己受骗的经历告诉了齐威王，并劝谏说："现在齐国地大物博，大王接触了很多很多人。在这些人中间，爱大王、怕大王、有求于大王的人绝不是少数几人。您一定受了更多的蒙蔽。如果大王能够开诚布公地征求意见，认识到自身的缺点，一定对整个国家有益。"

齐王听了，觉得邹忌说得很对，就传下一道旨说："无论是谁，能当面指出我过失的，给上赏；上奏章劝谏我的，给中赏；在朝廷或街市中议论我的过失，并传到我耳中的，给下赏！"

命令一下，齐国人都争着给大王提意见，朝廷门口每天像市场一样热闹。

◎成语释义

门口和庭院里热闹得像集市一样。形容来的人非常多，非常热闹。庭：庭院；市：集市。

◎故事出处

《战国策·齐策一》："（齐王）乃下令：'群臣吏民，能面刺寡人之过者，受上赏；上书谏寡人者，受中赏；能谤讥于市朝，闻寡人之耳者，受下赏。'令初下，群臣进谏，门庭若市。"

◎成语示例

就任时，门庭若市；卸任时，门可罗雀；人情冷暖如此！

● 民不聊生

战国末期，各诸侯国连年征战，都想多占土地，增加实力。秦国将韩、魏两国军队打得大败，斩杀二十四万人。被杀士兵的家属痛不欲生。从此以后，秦军经常带领军队进攻韩、魏，到处烧杀掠夺，百姓遭殃。

后来，秦国攻打魏都大梁没有成功，就把矛头指向楚国。秦将白起率领大军攻入楚国，将楚顷襄王赶跑，楚地百姓受尽了战争之苦。一年之后，白起大军再次进攻魏都大梁，仍然失败。在这种情况下，秦昭王提出与韩、魏两国修好，三国起兵，共同讨伐楚国。

楚王听到这种情况，非常着急，立刻派使臣黄歇到秦国求和。

黄歇到了秦国后，就写了篇文章，向秦昭王说明："现在秦国的心腹之患是韩、魏两国，而不是楚国。因为这两国的百姓被您所杀者不计其数，活着的也都无以为生，流离失所。韩、魏两国同秦国仇深似海，一定会找机会进行报复。您如果联合韩、魏攻打我们楚国，等于给他们提供发展机会，让他们强大起来。加上大王的军队肯定要借韩、魏两国之道，一旦他们的军队对秦军倒戈一击，秦军必受灭顶之灾。所以不如我们两国联合起来，共同攻打韩、魏。这样一来，秦国才能长治久安。”

秦昭王觉得黄歇的话有理，便把白起召回，暂时停止对楚用兵，并与楚国结成了联盟。

◎成语释义

人民无以为生，没法生活下去。常用来形容人民生活非常困苦。聊：依赖；聊生：赖以维持生活。

◎故事出处

《史记·春申君列传》：“民不聊生，族类离散，流亡为仆妾者，盈满海内矣。”

◎出处译文

人民没法生活下去，亲族流离失所，流亡后成为别人的奴仆和小妾，天底下到处都是啊。

◎成语示例

在那些年月，军阀混战，土匪横行，民不聊生。（冯德英《迎春花》第八章）

● 名落孙山

宋朝时候，有一个读书人名叫孙山，他和乡里一位老人的儿子结伴而行，要去省城参加科举考试，也好谋个功名富贵。

两人考完后，都不知道自己考没考中，耐心地等待发榜。过了几天，榜文张贴出来。孙山非常焦急，挤在人群中看来看去，却总是看不到自己的名字。

他心中懊恼到了极点，想不到这几年下的苦功算白搭了。正当他心灰意冷之时，突然在末行看到自己的名字，原来是考取之人的最后一名。但是不管怎么说，他被录取，成为了举人。

可是与他一起来应试的同乡却没有考取。他回去对那人说明了情况，对方立刻低下头来，表现出一副难过的样子，并提出在省城待几天。孙山看他这副样子，觉得让他在省城散散心也好，于是一个人回到了家中。全乡人知道他考中了，都到他家来祝贺。

同乡的老人听说孙山回来，却不见儿子返家，就向孙山打听他儿子考没考中。孙山是个诙谐才子，既不好意思直说，又不便隐瞒，幽默地吟了两句诗：“解名尽处是孙山，贤郎更在孙山外。”

这里的“解名”就是我国科举制度所规定的举人第一名。意思是，我孙山是举人中的最后一名，你儿子的大名还排在我的后面呢。言外之意，自然是说他儿子没有考中。

老人向来知道儿子的水平远远不如孙山。听孙山一说，觉得孙山都考到最后一名，自己的儿子榜上无名当然不足为奇，便平心静气地离开孙家。

◎成语释义

名次排在孙山之后，表示投考或选拔时没有被录取。孙山：人名。

◎故事出处

宋·范公偁《过庭录》："乡人问其子得失，山曰：'解名尽处是孙山，贤郎更在孙山外。'"

◎成语示例

若不幸名落孙山，那时更自难堪。（清·黄小配《大马扁》第一回）

名正言顺

公元前501年，51岁的孔子接受了鲁定公的任命，做了中都宰。孔子做了一年，有很大的成绩。到他56岁的时候，国君见他的能力这样强，感到朝廷中很需要这样的人才，就封他为大司寇，代理相国之职。孔子非常高兴，仅用了几个月的工夫，就把鲁国治理得蒸蒸日上，鲁国风貌得到了很大改观。

齐景公见到鲁国变得强大起来，终日担忧。于是，他挑选了很多能歌善舞的美女，加上一百二十匹骏马，一起送给鲁定公，想让他从此不理朝政，沉溺于淫乱之中。鲁定公果然是个好色之徒，得到这些美女就如同得了金银宝贝一样，荒疏了政务。

孔子对鲁定公的这种做法非常不满。鲁国就要在郊外祭祀，他认为，鲁定公要是能在祭祀活动中遵循礼法，把祭祀后的烤肉分给大夫们，就说明他还是有兴邦定国的大志，自己就留下来继续辅佐他。结果，到了那一天，鲁定公并没有这样做。于是，孔子离开了鲁国，往卫国而去。

孔子的学生子路问孔子："如果卫国国君请先生治理国家，您会先做什么。"孔子认真地说："我若在卫国掌了大权，首先应当'正名'。"子路觉得老师过于迂腐，参与政务没必要"正名"。

孔子听了子路的话，就教训子路说：**"名分不正，说话就不顺当；说话不顺当，事情就办不成功；事情办不成功，就很难兴起礼乐教化；兴不起礼乐教化，刑罚就不能够得当；刑罚不得当，老百姓不知如何做才对，就连手脚也不知放到何处了。**这样一来，岂不危险！"

◎成语释义

做事时只有名分正当、理由充足，才能讲通道理，而且理直气壮。

◎故事出处

《论语·子路》："名不正则言不顺，言不顺则事不成，事不成则礼乐不兴，礼乐不兴则刑罚不中，刑罚不中则民无所措手足。"

◎成语示例

待小生得官回来，谐两姓之好，却不名正言顺。（元·郑德辉《倩女离魂》第二折）

明察秋毫

一天，齐宣王向孟子询问，请教春秋时齐桓公和晋文公建立霸业之道。孟子从侧面回答，要想使国家长治久安，必须以德治国。齐宣王愣住了，不知道怎样凭着道德统一天下。孟子说应当先使百姓生活安定，并指出齐宣王一定能实现这个目标。齐宣王听不懂孟子的意思。

孟子说："您看到屠夫杀牛时，因为看到牛浑身发抖，宁愿杀一只羊来代替。此种善心就是统一天下的资本。尽管百姓未必明白您的仁爱之心，会说您是个吝啬之人，但您又何必把百姓的糊涂话放在心上呢？"

孟子接着说："**如果有人对大王说'我力举三千斤，却没有力气将一根羽毛拿起；我能看清秋天鸟兽新长出来的绒毛，却对眼前的一车柴草看不清楚'，您对这种说法相信吗？**"齐宣王笑了，说自己当然不信。

孟子又说："那么，您为什么不把善心推而广之，不但使它对禽兽有益，而且使它对百姓也有益呢？其实，拿不起一根羽毛，是因一分力气都不肯使；看不见一车柴草，是因为根本没用眼睛去看；百姓生活不能安定，是因为您不愿意向他们施以恩惠。所以，您不以德治国，是您不愿意如此，而不是没有这种能力。而要想统一天下，需要的是行王道，需要的是施仁政啊！"

◎成语释义

原意是指目光敏锐，连秋天鸟兽身上新长出的细毛都看得非常清楚，意思是说只注意小处，看不到大处。现在一般表示人很精明，对很小的事情也能洞察。秋毫：秋天鸟兽身上新长出来的细毛，比喻极细微的东西。

◎故事出处

《孟子·梁惠王上》："有复于王者曰：'吾力足以举百钧，而不足以举一羽；明足以察秋毫之末，而不见舆薪'，则王许之乎？"

◎成语示例

包公办案明察秋毫，宵小歹徒无所遁形。

明修栈道，暗度陈仓

项羽和刘邦本是楚怀王手下的大将，志在推翻秦朝，救民于水火。后来，项羽在巨鹿打败了秦军的主力，刘邦则攻占了秦朝的都城咸阳，秦朝终于在农民起义的烈火中寿终正寝。秦朝被推翻后，项羽凭借强大的军事实力，自立为西楚霸王，建都彭城，却封刘邦为汉王，建都南郑，让他到穷困的汉中和巴蜀去称王。

刘邦知道自己的实力还不强大，只好忍气吞声，将军队从关中撤出，往汉中而去。项羽怕刘邦与他争夺天下，就让秦朝的三员降将在关中为王，严防刘邦向关中进军。

在去往汉中的路上，刘邦的谋士张良给他出了一个主意："项羽现在对您还不放心，您可以把走过来的几百里栈道全部烧毁，表示无东归之意。这样项羽就会以为您打算在汉中为王，不再出来与他为敌，就不会防备您了。"为了骗过项羽，刘邦采纳张良之计，将栈道烧毁。熊熊大火燃烧了起来，栈道被烧得一片狼藉。

刘邦到了汉中，整顿军队，拜韩信为大将，想统率人马入关，与项羽争夺天下。韩信为了迷惑敌人，派出几百名士兵去修复栈道，假装要从栈道进军。

镇守关中的雍王章邯知道了这个消息，不由笑了起来，他说道："当初把栈道烧毁，结果给自己的进攻制造了障碍。现在只派几百人去修，要想修好又得等到何年何月!"其实，自以为聪明的章邯中了韩信的计。

韩信在派人修栈道的同时，暗中率领汉军主力从小路迅速向陈仓（今陕西省宝鸡县东部）进发，趁当地守将不防备，一举将陈仓攻克。章邯听说陈仓失守，这才着急起来，亲自率领军队前去抵抗，但已经太晚了。

由于韩信占据了有利的地形，章邯打了几仗，都大败亏输。他不敢去见项羽，只好拔剑自刎。接着，刘邦的军队胜利攻入咸阳，占领了关中全境。

◎成语释义

原意指明里修栈道，暗中却出兵攻打陈仓。现在常用来比喻表面上做一套，暗地里又做另一套。

◎故事出处

《史记·高祖本纪》。

◎成语示例

莫非他心里有这段姻缘，自己不好开口，却"明修栈道，暗度陈仓"，先说定了我的事。（清·文康《儿女英雄传》第九回）

明哲保身

西周国王周宣王在位期间，朝廷有两位大臣，一位叫尹吉甫，一位叫仲山甫，他们辅佐周宣王，立下汗马功劳。

尹吉甫曾领兵打退过西北少数民族的进攻，还曾奉命在成周（今河南洛阳东）一带征收南淮夷等族的贡赋。

仲山甫被封在樊地，所以也称樊仲山、樊穆仲。他很有见识，敢于直谏，受到大家的敬重。

当时，鲁国诸侯鲁武公有两个儿子，长子名括，幼子名戏。周宣王不与众臣商议，就立戏为鲁国太子。这种废长立幼的做法违背当时的规矩，很容易酿成内部的动乱。仲山甫极力谏阻，周宣王不听，坚持立戏为太子。后来戏继位为懿公，鲁国人果然不服，不久就将他杀死。

周宣王为了防御西北各部族的进攻，命令仲山甫到齐地去筑城。这时，尹吉甫写了一首诗送给仲山甫，诗中赞美仲山甫的品德和才能，当然也对周宣王任贤使能，使周朝得以中兴作了一番歌颂。

这首诗其中第四章有两句写道："既明且哲，以保其身"。是说仲山甫贤明多智，明达事理，不参与可能危及自身的事。这首诗是赞美仲山甫优秀的品德和才能的。

◎成语释义

原指明智的人善于保全自己。现在多指因害怕连累而回避斗争的处世态度。

◎故事出处

《诗经·大雅·烝民》："既明且哲，以保其身。"

◎出处译文

深明事理，很有智慧，善于保全自己。

◎成语示例

高节更只能造就一些明哲保身的自了汉，甚至于一些虚无主义者。（朱自清《论气节》）

明珠暗投

邹阳是西汉景帝时期有名的谋士，学问很大，见识很高。他原来为吴王刘濞效力。刘濞有政治野心，想起兵造反，夺取帝位。邹阳知道这样必然失败，还要落个千秋骂名，就劝吴王不要做这样的打算。刘濞不听，邹阳觉得再保吴王也没有个好结果，就到梁孝王那里做了一名门客。

可是梁孝王也心术不正，虽与汉景帝是亲兄弟，还是很希望自己有一天能登上皇位，因而和羊胜、公孙诡等人图谋造反。邹阳觉得梁孝王与吴王相比，还是一个听得进意见的人，就苦苦劝谏梁孝王不要行此下策。羊胜、公孙诡怕邹阳把谋反的计划泄露出去，就唆使梁孝王将他抓起来，投入监狱，准备杀人灭口。

邹阳知道自己落得如此光景，是受了羊胜等小人的谗害，就在监狱中给梁孝王写了一封信，让狱卒递交上去。

邹阳在信中这样写道：**“我听说明月之珠、夜光之璧是世间最宝贵的稀罕东西，如果暗中投放到路上，人们不但不把它们当成珍宝捧起来，反而按着剑、斜着眼睛看它，而不敢去拿。这到底是什么缘故呢？就因为它们来到人们面前的原因是人们所不了解的。**

“用树根子、弯木头做的车子，质量不会很好，可是有时候却能被贵人看中。这其中的道理又是什么呢？这是因为有人将车子雕刻上花纹，把它装饰得漂漂亮亮，这才引起贵人的注意。

“所以说，将最好的珍宝献出，如果没有人进行介绍，不但没有恩德，反而会结下怨恨；如果有人为之引见，就算是枯木朽株，人们也当作功劳而念念不忘。

“由此来看，天下的普通百姓、贫寒之士，就算是有尧、舜那样的本领，伊尹和管仲那样的智慧，龙逢、比干那样的忠心，若想为当今的君主效力，就一定要有人为之推荐，否则一定不能实现自己的抱负！”

梁孝王仔细地看完了这封信，觉得邹阳对自己忠心耿耿，而且才能出众，就立刻把他放出来，并更加厚待他。

◎成语释义

原意是，在路上投放珍珠宝玉，行人见了却不敢上前去拿。现在人们用它指珍珠投到了黑暗的地方，珍贵的物品落到不识货的人手里；也比喻有才能的人得不到重用，无法发挥才能；还比喻好人落到坏人手中。

◎故事出处

《史记·鲁仲连邹阳列传》：“臣闻明月之珠，夜光之璧，以暗投人于道路，人无不按剑相眄者，何则？无因而至前也。”

◎成语示例

一个人再有才干，若是无人赏识，或入错了行，也是明珠暗投，无法尽情发挥。

磨杵成针

唐代成就最高的诗人就是李白。据说李白小的时候，每天贪玩，仗着自己聪明，不肯用心读书。有一天，他书读了一半就到野外游玩。在一条小溪边上，他看到一位满头白发的老婆婆，手中拿着一根大铁棒，在石头上不停地磨着。李白很纳闷，就好奇地问道："老婆婆，您这是在干什么呀？"

老婆婆看了看李白，一边磨动大铁棒，一边语藏深意地答道："我要把它磨成一根绣花针。"听了老婆婆的话，李白很吃惊，就又问道："这根铁棒太粗了，您要花多长时间才能把它磨成绣花针呢？"

老婆婆非常严肃地对李白说："这一点也不值得大惊小怪，只要功夫深，铁杵就能磨成绣花针啊！"

李白是个聪慧之人，细细一想，觉得这话蕴藏着很深刻的道理，于是向老婆婆深深行了个礼，回家继续读书去了。李白能够成为满腹学识之人，其中一个重要原因，就是他幼时读书功夫极深。

◎成语释义

只要有恒心，有毅力，持续不断地坚持下去，再难的事也能做成功。亦称"铁杵成针"。

◎故事出处

宋·祝穆《方舆胜览·眉州·磨针溪》："在象耳山下，世传李白读书山中，未成弃去，过是溪，逢老媪方磨铁杵，问之，曰：'欲作针。'太白感其意，卒业。"

◎出处译文

在象耳山下，相传李白在山中读书，还没有读完，就放弃离去了。过了小溪，看见一位老婆婆正在磨铁杵，李白感到奇怪，就问她磨铁杵做什么用，老婆婆说："我想要做针。"李白被老婆婆的意志力所感动，就回到山中完成了学业。

◎成语示例

没有磨杵成针的毅力，学问上就不可能有很深的造诣。

目不见睫

春秋时期，楚国的楚庄王准备派兵进攻越国，也好让众诸侯畏惧楚国。庄子知道了这个消息，就去阻止楚庄王。他一见庄王，就开门见山地说："大王，我听说您要对越国展开攻势，这到底是真是假？"

楚庄王回答道："这当然是真的！我正准备派兵讨伐那不知趣的越国。这样一来，我国的疆土就扩大了很多，我们的力量也会跟着增强。你看我的想法怎么样？"

庄子没有马上进行回答，他仔细想了

一下，然后问道："大王，您决定攻打越国，成功的把握到底有没有啊？"

"当然有啊，"楚庄王充满信心地说，"现在越国的朝政非常混乱，平民百姓也不知道检点，军队不强大，根本不经打。我趁着这个有利时机展开攻势，一定会旗开得胜，马到成功！"

庄子听后不以为然，笑着劝谏："大王，您把问题想错了！我虽然非常愚笨，但是我知道，**人的智慧同人的眼睛有相同之处。眼睛能看清百步以外的东西，对自己的睫毛却永远看不清楚。**

"请您仔细地考虑考虑：楚国的军队与秦国、晋国交战时，曾遭到惨败，失掉了几百里的土地，这难道还不足以证明楚国兵马很软弱吗？像庄跻这样的强盗，在国内横行无忌，而官吏们却没有什么办法对付他，这难道不足以证明国家管理得不好吗？

"所以我说楚国的软弱与越国相比就在伯仲之间，而您却自以为本国比越国强大得多，要去征伐越国，这样的智慧如同眼睛看不见眼睫毛一样。"

听了庄子的一番言正理顺之语，楚庄王才清醒过来，一个劲儿地点头称："你说得真对，事实真是这样啊!"于是，楚庄王马上取消了讨伐越国的计划。

◎成语释义

本义是说自己的眼睛看不见自己的睫毛。常用来比喻缺乏自知之明。

◎故事出处

《韩非子·喻老》："智如目也，能见百步之外而不能自见其睫。"

◎成语示例

能够认识自己，才能有充实圆满的人生，然而却有很多人目不见睫，无法认清自己的真正实力。

N

● 南柯一梦

隋末唐初的时候，有个叫淳于棼的人，家住在广陵。他家的院中有一棵根深叶茂的大槐树，是一个乘凉的好地方。有一次他进入睡梦中，梦见他到了大槐安国，正赶上京城会试，他报名入场，三场结束，诗文写得十分顺手。发榜时，他高中第一名。

紧接着殿试，皇帝看淳于棼生得一表人才，举止大方，亲笔点为头名状元，并把公主许配给他，状元公成了驸马郎，一时成了京城的美谈。婚后，夫妻感情十分美满。

淳于棼被皇帝派往南柯郡任太守，一待就是20年。他在太守任内经常巡行各县，使属下各县的县令不敢胡作非为，很受当地百姓的称赞。皇帝欣赏淳于棼的政绩，赏给他不少金银珠宝，以示奖励。

有一年，敌兵入侵，大槐安国的将军率军迎敌，几次都被敌兵打得溃不成军。战报传到京城，皇帝震惊，急忙召集文武群臣商议对策。大臣们听说前线军事屡屡失利，敌兵逼近京城，凶猛异常，一个个吓得面如土色，你看着我，我看着你，都束手无策。

皇帝看了大臣的样子，非常生气地说："你们平日养尊处优，享尽荣华，朝中一旦有事，你们都成了没嘴的葫芦，胆小怯阵，一句话都不说，要你们何用？"宰相立刻向皇帝推荐淳于棼。皇帝立即下令，让淳于棼统率全国精锐与敌军决战。

淳于棼接到圣旨，不敢耽搁，立即统兵出征。可怜他对兵法一无所知，与敌兵刚一接触，立刻一败涂地，手下兵马被杀得丢盔弃甲，东逃西散，淳于棼差点被俘。皇帝震怒，把淳于棼撤掉职务，遣送回家。

淳于棼气得大叫一声，从梦中惊醒，但见月上枝头，繁星闪烁，自己置身于槐树下面。他仔细察看四周，才知道自己做官的大槐安国，是槐树下面的蚂蚁洞；自己镇守的南柯郡，不过是槐树最南边的一根树枝而已。

◎成语释义

比喻人世间的繁华景象好像一场梦。现在常用来比喻幻象或一场空欢喜，或者做梦。

◎故事出处

唐·李公佐《南柯太守传》。

◎成语示例

世事难料，谁能知道目前拥有的一切，不会只是南柯一梦？

南辕北辙

战国时期，魏王想出兵讨伐赵国，攻取赵国的都城邯郸。当时，大夫季梁正奉命出京办事，听说这个消息后马上从半路返回，风尘仆仆赶来求见魏王，劝阻伐赵。

魏王见他一路赶来，不知道他有什么要紧事要对自己说，就问道：“你为什么走到半路就回来了？到底为了什么要紧的事？”

季梁说：“这一次我从外地赶回来，在太行山下见到一个人，他坐在一辆马车上，朝北而去，但他却跟我说：‘我打算到楚国去。’我对他说：‘楚国在南方，您为什么反而朝北走呢？难道您不知道楚国的位置吗？’他回答说：‘没关系，楚国虽然在南方，但我的马好，跑得快！’

“我提醒他：‘您的马虽然很好，可是这条路并不通向楚国啊！’他又说：‘不怕，我带的路费很多。’我说：‘您的路费多又有什么用呢，这条路根本到不了楚国啊！’他还坚持说：‘我的车夫赶车技术很高明。’

“他的条件再好，但把目标搞错了，离楚国只能越来越远啊！”

魏王听了不禁笑了起来，说道：“想不到天下竟有如此糊涂的人！真是好笑呀！”

季梁接着说：“现在，您的理想是成就霸业，成为诸侯的首领，因此您对于自己的每一项行动都要进行全盘考虑。可是您却仗着国家强大、军队精锐，想沉重打击赵国，来扩大地盘，抬高威望。这样一来，您攻打别国的次数越多，离您的理想就会越远。这与那个人要去楚国而朝北走，是一样的啊！”

◎成语释义

应该往南去的车走在北去的路上。比喻背道而驰，行动和目的相反。

◎故事出处

《战国策·魏策四》：“今者臣来，见人于大行，方北面而持其驾，告臣曰：‘吾欲之楚。’……此数者愈善，而离楚愈远耳。”

◎出处译文

我这次从外地赶来，看见一个人在太行山下坐在一辆马车上往北而去，却告诉我说：“我要到楚国去。”……他的这些条件再好，但把目标搞错了，也只能是越走离楚国越远。

◎成语示例

你想这六条要求，与中央开出的六条款约，简直是南辕北辙，相差甚远，有什么和议可言。（蔡东藩、许廑父《民国通俗演义》第六十八回）

囊萤映雪

晋朝时候，有个读书人名叫车胤，字武子，家住南平。车胤从小就非常热爱学习，可是家里非常贫穷，没有钱购买灯油，所以一到晚上就无法读书。车胤心里非常着急。

一个夏天的夜晚，车胤突然注意到尾部发出光芒的萤火虫。他见萤火虫在空中飞来飞去，传播光亮，心想要是把这些光亮聚拢起来，作为读书之用，该有多好啊。他受到启发，想了一阵，终于想出一个绝妙的主意。

他回家做了一个纱囊，然后到处去找萤火虫，捉了数十只，将它们置于纱囊中，放在屋里。这样，屋里的纱囊就能放出光亮，起到小灯笼所能起到的作用。到了晚上，车胤借着纱囊中透出来的光亮，一心一意地苦读诗文。

车胤后来成为一个饱学之士，官至吏部尚书。有谁知道，他之所以有那么高的学问，还多亏当初萤火虫给他出力呢！

这个故事，被人们称作“囊萤”。

晋朝时候，长安城以北还有个读书人叫孙康，家里也是十分贫穷。他白天必须到田里干活，只有晚上才有空闲读书。他也没钱买灯油作照明之用。为了能坚持学习，他经常在雪夜之中，坐在门口，借助积雪反射出来的光亮来读书学习。

因为他学习非常用功，终于成为一名学者。

这个故事，被人们称为“映雪”。

◎成语释义

形容学习非常刻苦。

◎故事出处

《晋书·车胤传》：“家贫，不常得油。夏月则练囊盛数十萤火以照书，以夜继日焉。”

明·廖用贤《尚友录》：“孙康，晋京兆人，性敏好学，家贫无油，于冬月尝映雪读书。”

◎出处译文

车胤家境贫寒，不能经常得到灯油。夏天的夜晚，车胤就用白绢做成透光的袋子，装几十个萤火虫照着书本，夜以继日地学习。

孙康，晋朝京兆人，勤奋好学，家中贫困而无灯油，就在冬季下雪天借助雪反射的光亮来读书。

◎成语示例

正因为得来不易，读起书来，才又有悬梁刺股、囊萤映雪等刻苦的事迹或传说。（孙犁《芸斋琐谈》）

宁为玉碎，不为瓦全

南北朝时，东魏的丞相是高洋，他大权在握，却还不知足，对帝位垂涎三尺。550年，他终于撕下忠心为主的假面具，逼迫孝静帝退位，自己当了皇帝，建立了北齐王朝。高洋的心肠毒如蛇蝎，怕东魏残余势力东山再起，他在551年，把孝静帝和他的三个儿子杀死。此事传扬天下，天下人都觉得高洋做事太狠了。

高洋虽然坏事做绝，但他心里还是很害怕。560年的一天，天空出现了日食，他觉得这个现象恐怕是不祥之兆，东魏势力如果抬头，自己就会被他们千刀万剐。

于是，他就问自己的亲信：“西汉末年王莽夺取了汉室天下，可是后来光武帝刘秀居然又有本事将汉室江山夺回，刘家的人依旧称孤道寡，其中的原因是什么？”

这名亲信对历史不熟悉，没法说明这些前朝旧事，就随意应付他，说是因为王莽没有把刘氏宗室的人全杀干净，结果刘氏宗亲才有机会反扑。高洋以为这番话是有道理的，于是把东魏的宗室近亲杀了个干干净净，连小孩都难逃一死。

高洋这么一来，使东魏的远房宗族感到非常恐惧，担心高洋的屠刀有一天会指向他们。于是他们聚在一起商量对策，讨论怎样才能免于一死。

宗族中有一个叫元景安的人，当时正担任县令。他出主意说，以后咱们改姓高，不姓元，不就逃过这场灾难了吗？他的堂兄元景皓听到后觉得不好，说用改姓的方法苟活，谁也不能够接受。他认为**大丈夫宁愿作为玉器被打碎，也不能作为陶器被保全下来**。他宁愿高贵地死去，也不愿屈辱地活在世上。

元景安见堂兄不允，就跑到高洋那里，把元景皓的话全抖搂出来。高洋大怒，将元景皓开刀问斩。

高洋虽然以高压的方法对待元氏宗族，却没有给自己带来什么利益。三个月后，高洋病死。只过了短短十八年，北齐王朝就灭亡了。

◎成语释义

原意是宁愿作为玉器被打碎，也不愿作为陶器而被保全下来。常用来比喻宁愿为正义事业而死，也不愿苟且偷生。全：保全。

◎故事出处

《北齐书·元景安传》：“大丈夫宁可玉碎，不能瓦全。”

◎成语示例

咱们宁为玉碎，不为瓦全。能突围就突围，万一出不去，他们拼到底吧。（姚雪垠《李自成》第一卷第十二章）

O

呕心沥血

我国唐朝时，诗人辈出，精彩的诗作层出不穷。李贺就是当时的一位杰出诗人，他从小才华出众，开始写诗、写文章的时候年仅7岁。但是，朝廷并不赏识他。他空有满腹才华，在政治上却得不到发展，精神抑郁苦闷，只得在诗歌创作中倾注全部的精力和心血，聊以自慰。

他总是以严肃、认真的态度对待诗歌创作。他曾说："长歌破衣襟，短歌断白发。"意思是说，他为了创作一首长诗，把衣襟都给磨破了；为了写一首短诗，白发也会弄断许多。

李贺每次外出游览，都要让书童背着个袋子。他在路上想到什么好诗句，为了避免遗忘，就立刻记下来，放到袋子里，带回家去再进行整理。

等到夜幕降临，他回到家中时，他的母亲都要检查他的袋子。当看到袋子里装了那么多的诗稿时，母亲总是会难过地说："我的儿子这样勤奋，真是要把心呕出来才算了结啊！"

由于怀才不遇，李贺就在诗歌创作中费心劳神。由于吟诗吟得心力交瘁，所以他的寿命很短，活到26岁就死了。

他留下来的诗作非常多，共有二百四十余首，全是他心血的结晶。同时代的诗人韩愈，曾写了两句诗称赞他："刳肝以为纸，沥血以书辞。"意思是说，**挖出心肝当纸，滴出血来写文章**。

◎成语释义

比喻人们做事情或写文章，穷思苦索，费尽心思。

◎故事出处

唐·韩愈《昌黎先生集·归彭城》："刳肝以为纸，沥血以书辞。"

◎成语示例

感激呕心沥血教育我、培养我的老师。

P

盘根错节

东汉时期，太尉李修手下有个官员，名叫虞诩，他饱读诗书，才能出众。

当时，东汉王朝内部腐败不堪，豪强地主欺压百姓。羌人不愿意受豪强的欺负，起来反抗，很快威胁到并州、凉州一带。大将军邓骘主张将凉州放弃，集中兵力守住并州。不少人见局势危急，又觉得大将军的建议是舍一指而保全身之策，确实有理，就随声附和。只有虞诩觉得这样做不好，他认为如果放弃凉州，对于战争的全局不利。

邓骘听到了虞诩的意见，认为虞诩是故意和自己作对，怀恨在心，就想找个机会对虞诩进行打击报复。没过多久，朝歌发生了老百姓同地主武装对抗的事件，许多官吏被气愤至极的百姓所杀。朝廷见百姓竟然擅杀朝廷命官，就多次派兵镇压，但收效甚微。邓骘觉得利用这个机会可以借刀杀人，就下令调虞诩去当朝歌的县令。

虞诩的亲朋好友都觉得虞诩此去朝歌，真可谓九死一生，无不为他担心害怕。虞诩却笑了笑，信心十足地说：“**一个有抱负、有志气的人，绝不会避开困难的事而专门去找容易的事来做，这就是我的职责。就像我们在砍树时，如果不遇到根互相盘绕、枝节交错的树，就显不出斧头的锋利一样。**我去出任朝歌县令，又有什么可怕的呢？”

他到朝歌后，很快表现出他出色的政治才能，平息了民变，缓和了阶级矛盾。天子得知虞诩竟然解决了众人解决不了的难题，非常高兴，就决定对虞诩加以重用。很快，虞诩就被提升为武都太守。

◎成语释义

原意是树木的根互相盘绕，枝节交错，不易理清。常用来比喻事情纷繁复杂，纠缠不清。还可以比喻某种势力根深蒂固，极难消除。盘：弯曲；错：交错。

◎故事出处

《后汉书·虞诩传》：“志不求易，事不避难，臣之职也。不遇盘根错节，何以别利器乎？”

◎成语示例

这几年来，王经理结党营私，权力脉络盘根错节，调查起来既耗时，又耗力。

旁若无人

战国时期，卫国出了一名剑客叫荆轲。他的武艺非常高强，每天都和朋友们在一起讨论剑法，聊到热闹的时候就高兴得不得了。每天黎明，他都要出去练剑，直练到满身大汗才罢休，从不懈怠。他不但喜欢练剑，而且读了很多书，绝不是个鲁莽之辈。

后来，荆轲游历天下，来到燕国。燕国有一位名叫高渐离的勇士，终日以卖狗肉为生，过着隐姓埋名的生活。荆、高二人相识后，相处得非常愉快，大有相见恨晚之感。高渐离很懂音乐，善于击“筑”（一种古乐器）。每天，他们二人都要到集市上去喝酒，不喝得酩酊大醉，决不回家。有时候，两人喝够了酒还觉得缺点什么，就在闹市放声歌唱，直到觉得累了才罢休。

有一天，他们两人又聚在一起，到闹市中喝酒。当两个人觉得喝够了酒，就趁着酒兴来到闹市中央。高渐离击筑，荆轲随着音乐的节奏高声唱了起来。两个人越玩越高兴，筑声、歌声也越来越嘹亮。他们的演奏和歌唱吸引了许多看热闹的人。这些人把他们两个人围得严严实实，水泄不通。人们对他们指指点点，笑话他们，觉得他们俩跟疯子差不多。

可是高渐离和荆轲是两个高尚的人，他们对众人的看法毫不在乎，继续击筑、歌唱。荆轲唱到动情之处，想起了悲伤的事情，就和高渐离一起痛哭，任凭眼泪流淌，旁若无人，好像在这个世界上只有他们俩。他们二人总是这样坦然地面对人生。

◎成语释义

好像旁边没有人。形容说话或做事非常坦然，或者高傲、自大。若：好像。

◎故事出处

《史记·刺客列传》：“高渐离击筑，荆轲和而歌于市中，相乐也，已而相泣，旁若无人者。”

◎出处译文

高渐离击筑，荆轲随着音乐的节奏高声唱了起来。两个人都很高兴，唱到动情之处，就一起痛哭，好像旁边没有人一样。

◎成语示例

陈太尉初下船时，昂昂然，旁若无人，坐在中间。（明·施耐庵《水浒传》第七十五回）

抛砖引玉

据说，唐朝有一位得道高僧从稔禅师，对徒弟们参禅的要求非常严格。他要求每个徒弟都必须将注意力高度集中，静心打坐，不受外界的任何干扰，身心都要达到入定的境界。

有一次，徒弟们正在晚参，从稔禅师故意试探一下徒弟们的定力，说：“今天晚上答话，有闻法解悟者就站出来。”大多数

P

徒弟知道师父的用意，都聚精会神地盘腿打坐，对老师的话理也不理。只有一个小和尚沉不住气，竟以解问者自居，单独走出礼拜，用毫无禅意的话来回答禅师。

虽然如此，从稔禅师也没有动怒，只是平静地看了看他，说了一句："刚才抛砖引玉，却引来一块连砖头都比不上的土坯！"

◎成语释义

抛出砖去，引来宝玉。常用来比喻用自己粗浅的、不成熟的意见或文字，将别人的高见或佳作引出来。抛：扔、投。

◎故事出处

宋·释道原《景德传灯录·卷十·赵州东院从稔禅师》："大众晚参，师云：'今夜答话去也，有解问者出来。'时有一僧便出，礼拜。稔曰：'比来抛砖引玉，却引得个墼子。'"

◎成语示例

我所做到的是畅所欲言而已，能起些抛砖引玉的作用，于愿足矣。（费孝通《访美掠影》）

鹏程万里

战国时期，哲学家庄子在《逍遥游》中讲了这么一个故事。

据说，在很久很久以前，北海有一条鱼，身体极其庞大，宽达几千里之多，名字叫"鲲"。后来，鲲摇身一变，变成了一只大鸟，其背脊好似巍峨的泰山。这大鸟被人们称为"鹏"。

当大鹏伸开两个翅膀，在天上飞翔时，两个大翅膀就像挂在天上的两朵云彩。它有远大的志向，常常借着大海波动时掀起的大风，向着广阔的南海飞去。当大鹏来到南海时，它的两个翅膀在水面上击打，激起了三千里的大浪。它借着旋风的力量，能飞到高达九万里的天空，而且是凭借着六月的大风飞到那里去的……

庄子讲完故事后，又论述了自己想要表达的道理。他指出，大鹏的翅膀之所以有那么巨大的力量，是因为海水的积蓄非常深厚。

而大鹏能够飞上高达九万里的天空，是因为它的下面有可以利用的风。它借着风的力量，在没有任何阻拦的天空中展翅飞翔，越飞越远，一直飞到浩瀚无边的南海。

◎成语释义

原意是说大鹏鸟能够飞行万里那么远。常用来比喻前程远大。鹏：传说中的一种大鸟；程：里程。

◎故事出处

《庄子·逍遥游》："鹏之徙于南冥也，水击三千里，抟扶摇而上者九万里，去以六月息者也。"

◎出处译文

当鹏迁往南海的时候，振翅拍水，水浪远达三千里。它乘着旋风盘旋飞上九万里的高空，凭借六月的大风离开北海。

◎成语示例

他在校时表现十分杰出，日后必定鹏程万里，前途不可限量。

疲于奔命

春秋时期，楚庄王手下的大臣巫臣与

子重、子反等臣子矛盾很深，面和心不和。后来巫臣觉得晋国国君很贤明，就离开楚国，到晋国当了一名大夫。

后来，楚庄王不幸逝世，楚共王即位。子重和子反为了报仇就把巫臣的族人全部杀死，平分了巫臣的财产、妻妾。巫臣在晋国得知了这件事，托人捎了一封信给子重、子反说："你们这两个坏蛋，竟然在楚王面前说我的坏话，使那么多无辜的人惨遭一死，实在太令人痛恨。我一定想个办法，叫你们整日忙碌奔波，疲劳而死。"

为了实现自己许下的诺言，巫臣带着很多人到了吴国，帮助吴国训练士兵，修造战车、弓箭。经过他的精心训练，吴国军队一天一天强大起来。他又用尽心机，使吴国人民对楚国产生反感，唆使吴王派遣军队对楚国的边境进行不断侵袭。这样一来，楚国边关的告急文书就如雪片一样，不断地送到楚国王宫。

由于吴楚边患是子重、子反引起的，所以，楚王每次接到告急文书，总是派子重、子反率领军队前往救援。他们刚平定一场战事归来，还没有进行充分休息，又奉命出兵平定另一处战事。

一年之中，两人率领军队往返奔波，竟然到边关走了七次之多，被折腾得筋疲力尽，还不能令楚王满意。

巫臣用尽心机，终于实现了复仇的愿望，愤怒的心情渐渐好转起来。

◎成语释义

常用来形容忙于奔走而疲惫不堪。也形容事务非常繁杂，应付不过来。疲：疲惫、劳累；奔命：奉命奔走。

◎故事出处

《左传·成公七年》："余必使尔罢于奔命以死。"

◎出处译文

我一定要叫你们受命奔走，疲竭而死。

◎成语示例

公司主管常常不考虑现况就下指示，然后又朝令夕改，弄得大家疲于奔命，怨声载道！

匹夫之勇

春秋时期，越王勾践被吴王夫差打败，只得到吴王宫中做了三年奴隶，受尽了耻辱。吴王夫差认为勾践的斗志消磨殆尽，已完全被教化为一个奴仆，就放他回国。回国后，勾践卧薪尝胆，励精图治，每天都想着如何报仇雪恨。

十年过去了，越国国富民强，军队也很强大，越国将士们好几次向勾践请命出战："君王，您对越人真是太好了。越国的老百姓无不把您当作生身父母一样敬爱。现在，儿子要替父母报仇，臣子要替君主报仇。请您下达作战命令吧，我们愿意攻打吴国，与暴虐的吴王决战，把他的国家灭亡。"

勾践见将士们的作战要求非常恳切，就召集所有的军队，说道："我听说，古时候的贤明君主从来不嫌自己手下的士兵少，而是担心自己手下的士兵不能够自立自强。这是因为，士兵们不能自立自强，就会在战场上吃亏。

"我不希望你们打仗时不用智谋，只是单凭个人的勇敢。如果你们这样做，肯定会败在敌人手里。我希望你们在作战时能运用智谋，团结起来，同进同退。前进的时候要想到君王的奖赏，后退的时候要想到君王的惩罚。

“这样一来，你们就会将敌人打败，得到我的赏赐。如果有人前进时不听从军令，退后时不知道羞耻，我就会很生气，对这样的人进行惩罚。”

越国的将士们都觉得君王说的话对极了。到了进攻吴国的时候，越人都以君王的话作为自勉和勉励他人的格言。全体将士振奋精神，终于把吴国军队打得大败，将吴国灭掉。勾践大喜，觉得自己的精力没有白费。

◎成语释义

原意是个人的小勇。现在多用来形容不用智谋，只凭个人的勇气逞强蛮干。匹夫：无学识、无智谋的人。

◎故事出处

《国语·越语上》：“吾不欲匹夫之勇也，欲其旅进旅退也。”

◎出处译文

我不希望你们打仗时不用智谋，只是单凭个人的小勇。我希望你们在作战时能团结起来，同进同退。

◎成语示例

你说尽一孤忠，上有寡母，下有娇妻，倚托何人？不可使匹夫之勇，懊悔无及。（清·陈忱《水浒后传》第三十三回）

● 平易近人

西周初期，周公辅佐王室，立下了盖世功勋。周公的名字叫旦，他是周文王之子、周武王之弟，因为采邑在周，才能又很出众，因此人们尊称他为“周公”。

周公辅佐周武王进行伐纣战争，灭掉了商朝。周武王死后，继位的周成王年纪太小，周公以叔辅侄摄政，费尽辛苦。他率领军队东征，班师后大封诸国，推行井田制，制定礼乐，注重礼贤下士，吸纳人才。

周公因为功大，被封在曲阜为鲁公。但他没有去鲁国，而是继续留在都城帮助成王。他派遣长子伯禽去曲阜教化鲁国之民。

伯禽去了鲁国，直到三年之后才返回京城，向周公禀报那里的政治状况。周公见伯禽的行动如此之慢，自然难以满意，就问他说：“到现在已经有三年之久，你才告诉我鲁地的形势。你办事如此迟缓，到底是为什么呀？”

伯禽回答说：“我要将那里的习俗改变，还要革新礼法，足足用了三年时间才完成，因此来晚了！”

这时齐侯姜尚也向周公汇报工作。他受封于齐地，只用了短短五个月的时间就来报告那里的政治局势。周公惊讶不已，就问他道：“你为什么这么快就能进京报告情况呀？难道你已将齐地整顿好了吗？”

姜尚从容不迫地答道：“是这样。齐国的一切都已井井有条，我将君臣之礼简化，从俗而为。”

周公思考了一会儿，不禁长叹了一口气：**“哎呀，鲁国的后世恐怕要甘居人下，侍奉齐国了。为政如果不简要平易，百姓就不顺服。为政简易的人，百姓必然会亲近他，百姓亲近他、归顺他！**他的国家才能越来越强盛啊！”

◎成语释义

原意是指政令简约易行。现多表示态度和蔼，使人易于亲近。

◎故事出处

《史记·鲁周公世家》：“呜呼！鲁后世其北面事齐矣！夫政不简不易，民不有近。平易近民，民必归之。”

◎成语示例

凡昌黎（韩愈）与东野（孟郊）联句，必字字争胜，不肯稍让；与他人联句，则平易近人。（清·赵翼《瓯北诗话》卷三）

萍水相逢

王勃字子安，是唐初著名的文学家。他少年时便很有才学，6岁时就能写文章，而且写得又快又好；14岁时，已能即席赋诗。王勃与杨炯、卢照邻、骆宾王以文辞齐名，合称“初唐四杰”。

王勃15岁应举及第，曾经担任参军（将军府的重要幕僚），后因罪免官。676年，王勃去交趾（在今越南境内）探望做县令的父亲。

途经洪都（今江西南昌）时，都督阎伯屿因重修的滕王阁落成，定于九月九日重阳节在那里宴请文人雅士和宾客朋友。阎伯屿的女婿吴子章很有文学才华，阎伯屿叫他事先写好一篇序文，以便到时当众炫耀。王勃是当时有名文士，也在被请之列。

宴会上，阎伯屿故作姿态，请来宾为滕王阁作序。大家事先都无准备，所以都托词不作。请到王勃时，他却并不推辞，当场挥毫疾书，一气呵成，写就了著名的《滕王阁序》，各宾客看了一致称好。

阎伯屿读后也深为钦佩，认为这篇序文比自己女婿写的要高明得多，也就不再让吴子章出场著文了。

《滕王阁序》构思精绝，文笔通顺畅达，而又纵横交错。序文在铺叙盛会胜景的同时，也流露出王勃壮志难酬的感慨：“关山难越，谁悲失路之人？萍水相逢，尽是他乡之客。”这几句的意思是：关山重重，难以攀越，有谁同情不得志的人？萍水偶尔相逢，大家都是异乡之客。

他通过这几句话，表达了生不逢时、慨叹自己命运不佳的心情。

不久，王勃离开洪都，前往交趾。不幸的是，他在渡海时遇难，死时才27岁。

◎成语释义

比喻不认识的人偶然相遇。

◎故事出处

唐·王勃《秋日登洪府滕王阁饯别序》：“萍水相逢，尽是他乡之客。”

◎成语示例

我和他只是萍水相逢，并非旧识。

破釜沉舟

秦朝末年，秦二世是个昏庸残暴之人，把国家弄得一团糟。但秦朝的力量还是强大的。秦二世派大将章邯统率军队打败了陈胜、吴广的起义军，然后又向北渡过黄河，攻打反抗强秦的赵国。

赵国军队打不过秦军，被围困在巨鹿，就派人到楚国请求派兵来救。楚怀王觉得楚、赵两国都是抗秦的力量，一损俱损，就派宋义做上将军，项羽为副将，统率军队救赵。

宋义统率军队来到安阳（今山东省曹县），就安营扎寨，不再前进，一连四十六天按兵不动。原来宋义只想保存实力，不愿意和秦军决战。这样，楚军无法前进，宋义又整天在大营宴请宾客，大吃大喝。楚国士兵们则忍饥挨饿，受尽风霜之苦。

项羽见宋义违背怀王旨意，忍无可忍，于是冲入中军大帐，将宋义杀死，自封为上将军。

项羽夺了兵权，马上派黥布和蒲将军率领两万人马去赵国援助，但是没有取得重大胜利。于是项羽就亲自率领军队，直奔巨鹿而去。

楚军刚刚渡过漳河，项羽就命人将全部渡船凿沉，将所有做饭的大锅砸烂，只发给每个战士三天的干粮。他就是用这种方法，向士兵们表示与秦军决一死战的决心。

项羽还对部下严厉地说："我们这次与秦军交战，只能一心前进，不要想到后退。要和敌人血战到底，不取得胜利誓不罢休！"士兵们看到锅砸了，船沉了，如果后退就更加危险，所以都抱着死战到底的决心和秦军战斗。

结果，楚兵以一当十，杀声震天，异常英勇。这一仗，不但解了巨鹿之围，而且把秦军打得再也振作不起来。过了两年，秦朝就灭亡了。

◎成语释义

砸破铁锅，凿破船只。比喻一心前进，决不后退，形容决不更改、决不动摇的坚定意志。

◎故事出处

《史记·项羽本纪》："项羽乃悉引兵渡河，皆沉船，破釜甑，烧庐舍，持三日粮，以示士卒必死，无一还心。"

◎出处译文

项羽让所有士兵都渡河而过，把船都凿沉，把做饭用的器具都摔碎，士兵们只带三天的粮食，以此向大家表示，一定要决死战斗，毫无退还之心。

◎成语示例

只要我们有破釜沉舟的决心，就能克服学习上的各种困难。

破镜重圆

南北朝时期，陈国有一个侍从官，名叫徐德言。因为他才华出众，当朝皇帝陈后主就将自己的妹妹乐昌公主嫁给他，他就成为陈国的驸马。由于陈国朝政腐败，隋文帝趁机派遣军队攻打陈国。徐德言预见到陈国必然灭亡。自己的身份又是隋朝消灭的重点对象，预料到夫妻必然分离。

徐德言就将一面铜镜一劈两半，两人各拿一半，作为日后重逢之信物。两人还约定，在每年的正月十五日，到街市上卖镜，来寻找对方。

后来，陈国果然被隋朝灭亡，天下归于一统。乐昌公主被隋朝官员杨素占有，而徐德言则整日东躲西藏，光景过得很不好。到了正月十五这一天，徐德言来到京城，就在市场上转来转去，忽然看到一个仆人在卖破镜子。他非常高兴，就从怀中掏出那半块铜镜，与卖主那半块破镜相对，结果刚好对在了一块。

想到自己的妻子被人抢去，难免受到凌辱，他心乱如麻。

他提笔写了一首诗，交给卖镜之人。诗中写道：

镜与人俱去，镜归人不归；

无复嫦娥影，空留明月辉。

卖镜的仆人将徐德言的诗带回府中，交给乐昌公主。公主看后伤心得吃不下饭、睡不好觉。杨素了解情况后，便将徐德言唤进府来，和他一起喝酒。在酒宴上，乐昌公主作诗一首，诗中写道：

今日何迁次，新官对旧官；

笑啼俱不敢，方验做人难。

杨素非常同情他们俩，就让他俩在府中重新团圆。他们夫妻对杨素千恩万谢，过了几天，就一起迁居江南，过起了幸福生活。

◎成语释义

原意是指夫妻离散后重新团聚。现在也指夫妻离婚后，重归于好。

◎故事出处

唐·孟棨《本事诗·情感》：“徐德言之妻，封乐昌公主。时陈政方乱，德言知不相保，及破一镜，各执其半。乃陈亡，德言出半镜以合之。”

◎出处译文

徐德言的妻子是陈后主的妹妹乐昌公主。当时陈国朝政腐败，即将被隋吞并，徐德言知二人不能相保，于是打破一面铜镜，和妻子各拿一半。陈国灭亡后，徐德言取出自己的半块铜镜与之相合。

◎成语示例

这对夫妻历经千辛万苦终于破镜重圆，希望他们长长久久。

Q

其貌不扬

春秋时期，郑国出了一位非常贤明之人，名叫然明。他长得非常丑，有的人以貌取人，对他非常轻视。一天，晋国大夫叔向来到郑国，然明想与叔向见一面，可自己长得实在难看，怎么办呢？他想了半天才想出一个主意，那就是随着侍从混进房内，在堂下远远观望。

叔向饮酒之时，忽然听到远处有人说话，令人心旷神怡，他心想："是谁的话讲得这样好呢？肯定是然明。我早就听说然明是郑国的贤人。"于是，他停杯不饮，急匆匆地走向前去，将然明的手紧紧拉住，亲热地说："我听说从前贾国有一位贾大夫，长相非常丑陋，却娶了一位如花似玉的夫人。夫人嫌他丑，结婚三年都不和他说话，甚至从来不笑一声，贾大夫因此非常苦闷。

"有一回他带着夫人一块去打猎。贾大夫的箭法很准，他一开弓，就从空中射落一只野鸡。他的漂亮夫人看到他的箭法如此精湛，就张开嘴笑了，并且非常亲热地和贾大夫交谈起来。

"贾大夫非常兴奋，可是他心中也产生了一些感触。他感叹地说：'看起来，一个人要是一点才能都没有，是绝对不行的呀！我如果今天不射中野鸡，夫人是不会对我又说又笑的。'"

叔向说到这里，瞧了瞧然明的眼睛，说道："您的相貌的确不漂亮，您不和我说话我简直发现不了您。看样子一个人也得有点口才呀！"

然明与叔向相见恨晚，从此以后，就像老朋友一样相处。

◎成语释义

形容人的外貌不漂亮、不端正，有时也用来形容器物不美观、不好看。

◎故事出处

《左传·昭公二十八年》："今子少不扬，子若无言，吾几失子矣。"

◎出处译文

你的相貌不漂亮，如果不说话，我简直发现不了你。

◎成语示例

别看他其貌不扬，学习特别好。

骑虎难下

晋成帝咸和三年，也就是328年，历阳守将苏峻和寿春守将祖约以诛杀中书令庾信为借口，率领军队攻入京城建康。

庾信见势不妙，就逃到江州。在这社稷危殆的紧急关口，江州刺史温峤挺身而出，与庾信共同推举征西大将军、荆州刺史陶侃为首领，发动对叛军的讨伐。可是，叛军兵多将广，又挟持了皇帝，很难在短时间内将他们击败。陶侃不但没有击退他们，还一连打了几个败仗，连粮草的供应都成了难题。

这时，陶侃对叛军非常害怕，就责备温峤说："咱们起兵时，您说您那里兵多将广，粮草充足，我只要出来当个盟主，就肯定能打败叛军。可是现在将在何方，粮又在哪里？如果粮食再不能供应到前线，我只能带领军队回去了，等以后粮草真的充足了，再与叛军决一雌雄吧！"

温峤觉得陶侃的话全是一派胡言乱语，就说道："您的看法是错的。战胜叛军的关键在于团结一致。当年刘秀、曹操都能以少胜多，取得成功，是因为他们统率的都是正义的军队。苏峻、祖约这些叛军头目有勇无谋，欺世盗名，我们肯定能把他们打得大败。现在皇上被他们控制起来，国家正处在生死存亡之际，我们又怎能半途而废呢？现在您好比骑在猛兽背上，不将猛兽打死怎么能下来？如果您现在撤军，一定会影响全军的士气，这对你我都没有好处。"

陶侃觉得温峤说的话颇有几分道理，就听从了他的话，继续与叛军作战。通过他们的努力，终于打败了叛军。

◎成语释义

骑上虎身，很难下来。常用来比喻做事中途遇到困难，又迫于形势，不能中止退下。

◎故事出处

《晋书·温峤传》："今之事势，义无旋踵，骑猛兽安可中下哉！"

◎出处译文

现在事态发展的情况，已经没有回旋的余地了，这就好比骑在猛兽背上，不将猛兽打死怎么能下来？

◎成语示例

本月三日抛出的一百万公债，都成了骑虎难下之势，我们只有硬着头皮干到哪里是哪里了！（茅盾《子夜》十）

● 旗鼓相当

公元25年，刘秀中兴汉室，占了一块很大的地盘，自立为帝，史称汉光武帝。建国之初，天下尚未归顺。那时候，曾在王莽手下担任过蜀郡太守的公孙述（字子阳）占领了益州，在成都自立为帝。而占据天水、武都、金城等地的隗嚣，则自称西川大将军，也当起土皇帝来。隗嚣和公孙述屡屡不和，有时还发生战争。

刘秀为了消灭公孙述，就一再笼络隗嚣。隗嚣也觉得自己势力不强，想找个靠山作为倚靠，就向刘秀俯首称臣，表示愿意听从刘秀的领导。刘秀见隗嚣可以利用，就正式封他为西川大将军。隗嚣受封后曾经为刘秀出力，击退了赤眉军的进攻。

后来，公孙述的部队袭击刘秀所属的陕西中部一带，并向长安进逼。隗嚣则配合刘秀打退了他们的猖狂进犯。从此，刘秀就更加信任隗嚣了。

刘秀看到公孙述的野心这样大，预料到他很可能会进一步扩张，就给隗嚣写了一封信，希望他能够派出军队，阻击公孙述的进攻。他在信中写道："我现在与东方的敌军交战，大部分军队也都集中在东部。这样一来，西边的兵力就很薄弱了。**如果公孙述率兵攻入汉中，图谋长安之地，希望能够借助将军的军旗和战鼓抵挡之，与他们好好地打一仗**。如果真能这样，那可真是上天厚待我了。"

刘秀的计划，是想借助隗嚣的力量与公孙述长期对峙，等自己平定各处烽火再腾出手来收拾公孙述。隗嚣见刘秀这样信任他，心里非常感激，更坚定了扶保刘秀的决心。

◎成语释义

形容作战双方势均力敌，不相上下。旗鼓：古代作战以摇旗击鼓指挥进退。

◎故事出处

《后汉书·隗嚣传》："如令子阳到汉中、三辅，愿因将军兵马，旗鼓相当。"

◎成语示例

单说何孝先自办此事以来，居然别开生路，与申大善士一帮旗鼓相当，彼此各不相干。(清·李宝嘉《官场现形记》第三十五回)

● 杞人忧天

杞国有一个人特别胆小，而且有点神经质，他常会思考一些奇奇怪怪的问题。有一天晚饭后，他拿把大扇子在门口乘凉，却自言自语起来："如果有那么一天，天突然塌下来，那该怎么办？我们岂不是无路可逃，而将活活地被压死，这不就太冤枉了吗？"

从此以后，他天天都在思考这个问题，越来越害怕，越来越不知道该如何是好。结果时间一长，他害怕得睡不着觉，吃不下饭，一天天地消瘦下去。

朋友们看到他整天恍恍惚惚、神不守舍，都觉得这样下去可不得了，就问他这是为什么。当得知他是因为担心天塌下来才变成这副光景的时候，众人又好笑，又可怜他。

大家就劝慰他道："老兄呀，你为什么要为这种事而自寻烦恼呢？这种事情，自古以来就未曾发生过！就算哪一日，天真的塌下来了，你能把这件事解决吗？你现在要想的是怎样生活，不要为这种无聊的事枉自烦恼了。"

可是这个人很执着，无论别人的话怎样有道理，他也要思考天塌下来的事情。

日子过得飞快，天总也没有塌下来，日月星辰还是好好地挂在天上，可是杞人整日所思所想的，还是天塌下来的问题。

为了这个问题，他整天受到困扰，整天愁眉苦脸。据说，他直到去世前，仍在为天塌的问题而担心哩！

◎成语释义

杞国有人担心天塌下来。比喻没有根据的不必要的忧虑。忧：担忧。

◎故事出处

《列子·天瑞》："杞国有人，忧天地崩坠，身亡所寄，废寝食者。"

◎出处译文

杞国有一个人，担心天塌地陷，没有地方存身，便食不下咽、寝不安席。

◎成语示例

我们做事要认真分析可能出现的困难，既不要杞人忧天，又不要粗心大意。

千金买骨

"千金买骨"又称"千金市骨"，它来源于一个动听的故事。

战国时期，燕昭王向谋士郭隗请教怎样才能把贤人网罗到自己麾下，参与国家政务。郭隗很聪明，他对此不作直接回答，而是向燕王讲了一个故事。

以前有个国王，非常喜欢千里良驹，于是在各处张贴布告，说愿意出一千两黄金买一匹好马。布告贴出三年，一匹千里马也没见到。国王从此心情很坏，愁闷不已。这时，国王的一个侍臣提出，愿意带上一千两黄金去寻找千里马。国王对他非常相信，就将一千两黄金交到他手中。

这侍臣忠心办事，四处奔走，三个月后才知道在某地有一匹千里马待价而沽，可是等他赶到，那匹千里马已经死了。那侍臣做出一件惊人之举，他拿出五百两黄金，买下了那匹马的尸骨，带回本国。国王看到一堆无用的马骨头，气愤不已，大声责备他："我要的是一匹活的千里马，你却买回一堆死马骨头，岂不是白白浪费寡人的黄金？你的罪过还小吗？"

侍臣一不着急，二不害怕，从容答道："您一心想得到千里马，可是经过三年之久却没有得到一匹，这是因为世人不相信您重金购马的诚意，把您布告中的话当成欺人之言。如今我花了五百两黄金，给您买了一堆千里马的骨头，天下人得知后就会知道您真心喜爱宝马，很快就会有人将活的千里马送到您的面前。"

结果，不到一年，国王就得到了好几匹千里马。

◎成语释义

比喻重视人才，渴望得到人才。

◎故事出处

《战国策·燕策一》。

◎成语示例

只需千金买骨，不怕没有人才。

千钧一发

西汉著名文学家枚乘，才华出众，是写辞赋的能手。他听说吴王刘濞很喜欢文学之士，就投到他那里效劳，结果一直做到郎中令。后来，刘濞想起兵造反，夺取天下。枚乘就劝阻他道："一根头发丝悬着上千钧的重物，上面在看不到头的高处悬挂着，下面却是深渊，看也看不到

Q

底。这种处境危险极了！就算是最愚蠢的人也知道它的危险。如果上边断了，下边肯定没有东西接住，这重物一定要摔得粉身碎骨！

“现在您觉得本国兵强马壮，想起兵造反，推倒当朝天子，这就如同在头发丝上坠上千钧重物一样，太危险了！”

刘濞一心想当皇帝，把枚乘的劝告当成耳边风，还是偷偷地招兵买马，积草屯粮，准备造反。枚乘看到刘濞这个人不肯听逆耳的忠言，越来越觉得扶保他没有什么好处。为了不牵连自身，他离开了吴国，逃往梁国去了。

不久，吴王刘濞终于纠集了六个诸侯国的军队，攻打朝廷的领地。由于当时的人民只想过太平日子，对中央政府还是满意的，所以他们的谋反行为不得民心，最终被汉将周亚夫所平定。吴王被俘，落得个身首异处的下场。

而枚乘呢，由于他尽快离开了吴国，所以没有受到牵连。梁国的国君梁孝王知道枚乘的才华，将他招至门下做了一名食客，并且厚待他。

◎成语释义

比喻极其危险。钧：古代的重量单位，一钧合三十斤。

◎故事出处

《汉书·枚乘传》：“夫以一缕之任，系千钧之重，上悬无极之高，下垂不测之渊，虽甚愚之人，犹知哀其将绝也。”

◎出处译文

用一根头发系起千钧的重物，上面悬挂在没有尽头的高处，下面临着不可测度的深渊，就算是非常愚笨的人也知道担心头发将断绝。

◎成语示例

正在千钧一发的时刻，一位解放军战士奋不顾身跳进冰冷的河水中，救起了落水儿童。

前功尽弃

战国末期，秦国日益强盛。秦昭王见楚王无道，国力衰微，有机可乘，立即命大将白起攻打楚国。不久，楚国京城陷落，接着又在山西上党地区的长平大败赵军。秦军军威大振。

长平之战后，白起又率得胜之师，移兵魏国，将魏国京城大梁铁桶般地围了起来。魏国朝野一片惊慌，不知如何是好。魏王召见苏厉向他请教。

苏厉说：“秦国早就有灭掉六国的打

算，事情很难办。不过，我愿意去见周天子，也许周天子能阻止秦国继续用兵。”魏王听了苏厉的话，心中升起一线希望。

苏厉马不停蹄地赶到周天子住的洛邑，对周赧王说：“白起善于用兵，秦昭王派白起攻占了楚国，又连败赵国、韩国，目前又将魏国京城大梁围住。如果大王您再不制止，只怕周朝的天下有倾覆的危险。”

周赧王觉得苏厉说得很对，就派人对白起说：“如今将军已经立下了大功，应当马上托病退兵，急流勇退，不然一旦战败，就前功尽弃了。”

白起根本不把周朝使者的话当回事，仍然对魏国发动猛烈的进攻，结果大获全胜。

可是，白起虽然为秦国立下汗马功劳，秦昭王后来却听信谗言，不仅罢了白起的官，还逼迫他自杀。白起果然是前功尽弃。

◎成语释义

形容以前的努力全部白费。功：功劳；尽：完全；弃：丢失。

◎故事出处

《史记·周本纪》：“今又将兵出塞，过两周，倍韩，攻梁，一举不得，前功尽弃。”

◎出处译文

（白起）连败赵国、韩国，目前又将魏国京城大梁围住，一旦战败，以前的努力就全部白费了。

◎成语示例

皇上叫你去带兵，或是打土匪，或是打洋人，打赢了还好，打输了，岂非前功尽弃，自寻苦恼。（清·李宝嘉《官场现形记》第四十九回）

前倨后恭

战国时期，有一个人名叫苏秦，他是一位著名的策略家，非常聪明。

苏秦曾经到秦国去游说，向秦王陈说天下大势，显示自己的才华。可是秦王有眼无珠，觉得他没什么才能，只会夸夸其谈。

回到家中，他的父母、兄嫂，甚至是妻子都觉得苏秦这辈子不会有出息，没有一个人瞧得起他。特别是他的嫂嫂，经常白眼相向，对他冷言冷语，骂他游手好闲、不务正业，并说若是他这种人都能出人头地，这个世界就太怪了。

苏秦非常生气，于是发愤苦读，把全部精力都投入学习当中。后来，他研究出一套“合纵”之术，就是联合六国，合起来对付秦国。他先去游说燕王，很快得到赏识，拜为当朝相国。后来，他又奉命到赵国游说，又被赵王欣赏，挂了相国之印。再往后，他又去其他四国洽谈联合事宜。其他四国早被强秦欺负苦了，见到苏秦的主张可行，就都封他为相国。

这样一来，苏秦就挂了六国相印，成为权倾天下之人。有一次，他去楚国议论国事，经过家乡洛阳。他父母知道后，就将庭院打扫干净，摆下酒席，并率领全家人，到三十里之外迎接他。他的妻子、兄弟只顾低着头，看都不敢看他。**他的嫂子则伏在地上，规规矩矩地拜了四拜，向苏秦承认自己当年的错误。**

苏秦笑了笑，对嫂子说：“嫂嫂，为什么你以前对我那么傲慢，现在却对我这么恭

Q

顺呢？”他嫂嫂又惭愧又害怕，对他说：“我之所以这样，是因你现在地位显贵啊！”

苏秦听了，不由叹息一声，说：“同样是我这个人，富贵时亲戚们敬畏我，贫贱时就轻视我。人世间不以贫贱富贵对待别人的，又有几人！”

◎成语释义

原先傲慢，后来恭顺。形容对人的前后态度截然不同。倨：傲慢；恭：恭敬。

◎故事出处

《战国策·秦策一》：“嫂蛇行匍伏，四拜自跪而谢。苏秦曰：‘嫂何前倨而后卑也。’”

◎成语示例

菲亚听说，心里疑惑不解他前倨后恭的缘故，估量着他又来发作，只是不语。（清·岭南羽衣女士《东欧女豪杰》第三回）

前事不忘，后事之师

春秋末期，晋国的朝政被智伯所把持。智伯横行无忌，向韩氏、赵氏、魏氏索取土地。韩、魏害怕智伯，只得献出土地，可是赵襄子却不肯照他的要求去做。智伯见赵襄子不听话，就联合韩、魏攻打赵氏。

赵襄子手下有一位大夫张孟谈，善出奇计。他知道韩、魏两家表面上顺从智伯，其实心里不服，就劝赵襄子暗中联合韩、魏，袭击智伯。赵襄子依计而行，结果活捉了智伯。

张孟谈为赵襄子立下盖世奇功，可是胜利之后，他却提出要辞职回家。赵襄子没想到世间还有建立功勋而不享福的，暗暗称怪，问他这是为什么。

张孟谈回答道：“**我听别人说，从前君臣一起夺取天下，心往一处想，劲往一处使，最后取得成功，这种事常有，而且很美好。可是成功之后，要想让君臣的权力平等，给臣子一个好的归宿却断然没有。以前的事是这样，后人绝对应该引以为鉴。**”

赵襄子起初还想挽留他，但见他把话说到这种程度，也就让他走了。

◎成语释义

记住以前的经验教训，将它作为今后做事的借鉴。师：师表、榜样，引申为借鉴。

◎故事出处

《战国策·赵策一》：“臣观事成，闻往古，天下之美同；君主之权均而能美，未之有也。前事之不忘，后事之师。”

◎成语示例

前事不忘，后事之师，我们要记取这次失败的教训，争取下次实验成功。

前无古人

陈子昂是唐代著名文学家。他才学很高，心怀理想，24岁就通过了进士考试。进入仕途之后，他多次上书，谈论国家大事，说得头头是道。武则天大喜，任命他为麟台正字。不久，他又担任右拾遗，承担重任。陈子昂虽是文人，却对军队的事务非常喜爱，曾经参过军，为唐王朝的开疆拓土、保护边关立下了功勋。

696年，武则天传下旨意，命令建安王武修宜统率大军，讨伐对中原不敬的契丹。陈子昂主动请求参加军队，担任了随军参谋之职。

这个武修宜虽然位居王爵，其实什么才能都没有，他指挥军队作战，吃了好几次败仗。陈子昂觉得这样下去不行，几次向他献上奇计，甚至请求亲自率领一支一万人的部队，充当前锋，为他开路。可是武修宜听了不但不高兴，还把他降为军曹，对他进行严厉打击。

陈子昂本想在边关大干一场，施展自己的才华。可是武修宜有眼无珠，根本不把他当回事。他越想心中越不平，不觉抑郁起来。

当时，军队驻在燕地，他登上离军营不远的幽州台，情不自禁地联想起战国时燕昭王重用乐毅的历史往事。

那时，燕昭王为了打败强齐，对乐毅非常重视，任用他为大将，将军队交给他统领、训练。朝中很多大臣不服，纷纷上书说乐毅有野心，燕昭王为了让乐毅安心工作，竟然将上书的大臣全部杀死。燕昭王对待乐毅，是何等的恩深泽厚啊。

陈子昂怀古伤今，不由得悲愤地吟了一首《登幽州台歌》，将自己内心的抑郁之情抒发出来。其中有两句是“前不见古人，后不见来者”。

◎成语释义

自古以来从未有人做到过，空前未有。后来引申为从未发生过的人和事。

◎故事出处

唐·陈子昂《登幽州台歌》：“前不见古人，后不见来者。念天地之悠悠，独怆然而涕下。”

◎出处译文

放眼望去哪有古贤人的踪影，回头看看也不见一个效法古贤的今人。想到天悠悠而高远、地悠悠而广袤的天地之间，唯独我一人登台感怀，更觉得凄怆心酸，禁不住泪流满面沾湿了衣襟！

◎成语示例

科学家希望通过这一前无古人的实验来结束这场争论。

黔驴技穷

以前，贵州一带没有驴子，有个好事之人将一头毛驴用船运来，放在山脚下，还没来得及带它到合适的地方，山里的老虎就发现了这头驴。它看到毛驴非常高大，不知道它到底有多大的本领，心里害怕极了，只好躲在树林里仔细观察。

过了很长时间，老虎见毛驴很老实，没有发威，就大着胆子走出树林，小心翼翼地靠近它，老虎虽然胆子放大了，却不知道它是什么东西。

有一天，驴子突然大叫一声，老虎吓坏了，以为驴子虽然性情和善，发起威来却厉害得很，就赶紧逃跑了。过了几天，老虎觉得驴子虽然叫声很大，但接近它却没有性命之忧，就靠近毛驴，甚至碰撞它的身体，故意对它进行冒犯。毛驴气坏了，用蹄子向老虎猛踢一下。

这一踢，老虎不但不生气，反而高兴起来，心里想：我一直以为你很强大，敢情你的本事只有这么微不足道的一点啊！想到这里，老虎大吼一声，一口咬死毛驴，美美地大吃一顿，然后心满意足地找地方睡觉去了。

◎成语释义

比喻有限的一点本领已经用完了。黔：地名，今贵州一带；技：技能，本领；穷：尽、完了。

◎故事出处

唐·柳宗元《柳河东集·黔之驴》："驴不胜怒，蹄之。虎因喜，计之曰：'技止此耳！'"

◎出处译文

驴非常恼怒，用蹄踢老虎。老虎见了非常欣喜，心里想："它的技能也就只有这样了。"

◎成语示例

他们不过是黔驴技穷，想求个活命罢了。（陈立德《前驱》三十八）

● 强弩之末

西汉时，梁孝王手下有一名中大夫，名叫韩安国。他在平定"吴楚七国之乱"时立下了很大的功劳。可是这个韩安国因为触犯了刑律，被罢了官。于是他在家专心读书，过起了优哉游哉的隐居生活。

汉武帝当了皇帝后，韩安国觉得新主登基，必然要重用一批新人，自己的机会来了。于是，他贿赂朝中得宠的太尉田蚡，被任命为北地都尉一职。由于他才能出众，没过多久就当了大司农。后来韩安国又帮助皇帝平定战乱，武帝见他不但善于治国，对军事也有一定见解，就升他为御史大夫，准备时常向他咨询。

这时汉朝和匈奴矛盾很深，有时打仗，有时讲和。有一天，匈奴突然派遣使者前来，要求两国重归于好。汉武帝有心答应，又怕制定好的作战方案从此报废，所以难以决断。于是，他召集满朝文武就此事进行商讨。大臣王恢认为匈奴的话反复无常，令人难以相信，所以主张对匈奴继续用兵。

韩安国却主张议和，他说："匈奴现在兵力充足，而且作战时神出鬼没，令人难以防备。我们千里迢迢对匈奴进行远征，稍有不慎就会失利。这就像射出的箭飞到最后，连最薄的绸缎也射不穿；狂风吹到最后，竟然吹不动很轻的羽毛。现在对匈奴用兵，并不是聪明的选择。依我看来，大举进攻匈奴的时机还未成熟，就现在而言，还是与匈奴议和方为上策。”

众位大臣中，有的认为韩安国的理由很充分，有的觉得只要不打仗就是好事，于是表示赞同他的意见。汉武帝权衡利弊，终于同意了韩安国的说法。

◎成语释义

用弩发射出的强有力的箭到了快掉下来的时候。比喻强大的力量已经到了衰竭的程度，不能再起作用，不值得害怕。弩：古代用机械发箭的弓；末：指箭射出后的最后一段射程。

◎故事出处

《史记·韩长孺列传》：“强弩之极，矢不能穿鲁缟；冲风之末，力不能漂鸿毛。非初不劲，末力衰也。”

◎出处译文

射出的箭飞到最后，连最薄的绸缎也射不穿；狂风吹到最后，竟然吹不动很轻的羽毛。并不是最初时不迅急，而实在是到最后没有力气了。

◎成语示例

至于军阀，那是强弩之末了。（欧阳山《三家巷》二四）

锲而不舍

春秋战国时期，学术领域相当活跃，名家辈出。当时有一位哲学家、教育学家荀子，其博大的学问、深刻的见解，令后人敬佩不已。他写有许多散文，《劝学》称得上是其中的代表之作。

荀子在《劝学》篇中，提出不懈地学习可以增长人的才干、改变人的气质。他特别指出，学习要持之以恒，不能半途而废。

荀子说：“只要你不断地堆积泥土，就能最终堆成高山，风雨就会从山里产生出来；只要你不断地积聚少量的水，就一定会形成深渊，那里就会有蛟龙来潜藏；只要你做好事做多了，就一定会养成一种美德，如此，要完全具备圣贤的思想品质也不难办到。

“这里重要的是，决不能看轻点滴的积累。人若是不一步一步地走，哪能走到千里之外？不汇积小河里的水，大江大海又怎么能形成呢？一匹千里马如果只跳一下，连十步的距离都不可能超过；而最劣等的马却可以连续走完十天的路程。后者的成功就在于从不停止前进啊！

“一个人如果懒懒散散，刻几下木头就停下来，他连朽木也刻不断；而如果他发愤图强，刻而不停的话，一定能把金石

雕刻成器！总之，人要成功，就得不断地、专一地奋斗下去！”

荀子的这些话成为至理名言，一直流传至今。

◎成语释义

常用来比喻坚持不懈。锲：用刀子刻；舍：放弃。

◎故事出处

《荀子·劝学》：“锲而舍之，朽木不折；锲而不舍，金石可镂。”

◎成语示例

小山似的涌浪像千万头暴怒的狮子，从北边的天际前赴后继、锲而不舍地扑向堤岸。（选自《烟台的海》）

亲痛仇快

东汉初期，汉光武帝根据众臣之功进行封赏，唯独遗漏了渔阳太守彭宠。当年，彭宠曾派出大队骑兵，帮助光武帝打败王郎，平定河北，立下了卓越的功勋。因此，彭宠觉得光武帝做事不公，心里愤愤不平，怒气不息。

当时渔阳归幽州牧朱浮管辖。朱浮曾向渔阳征收钱粮，但彭宠自以为颇具实力，可以为所欲为，就拒绝了朱浮的要求，并说了很多难听的话。朱浮为这件事很生气。因此，两人之间的矛盾越来越大。

没过多久，朱浮就给光武帝写了一封密信，说彭宠对朝廷不满，已经起了反心。光武帝不知真假，就召彭宠进京述职。彭宠吓坏了，怕光武帝会严厉地惩治自己。彭宠的妻子劝他不要去京都，自己割据土地，做一方之主。彭宠耳根很软，竟然听从了妻子的意见，不但拒绝入京朝见，而且出兵两万多人进攻朱浮。

朱浮写信给彭宠说：“现在国家刚刚安定，开国诸臣都在为国努力工作，而你却自暴自弃，反叛朝廷。你要知道，事情做得再出格，也不要让亲人感到痛心，而让敌人感到高兴。”彭宠看完信后，把信放在一旁，对朱浮的劝告置之不理，依旧对朱浮用兵，很快就占领了蓟城。

过了一些时候，彭宠自称燕王，成为割据一方之主。可是，好景不长，由于彭宠不得人心，打不过朝廷的军队。汉朝大军终于占领渔阳，彭宠也落了个家破人亡的结果。

◎成语释义

使亲朋好友痛心、反对，使仇人感到高兴。亲：亲人朋友；仇：敌人。

◎故事出处

《后汉书·朱浮传》：“凡举事无为亲厚者所痛，而为见仇者所快。”

◎出处译文

做事不要让自己亲近的人感到痛心，敌对者感到高兴。

◎成语示例

还没开打，我们就先乱了阵脚，岂不是亲痛仇快，称了敌人的意。

秦晋之好

春秋时期，晋国和秦国是相邻的大国，两国不止一次有过联姻，成为当时的佳话。晋献公把自己的女儿穆姬嫁给了秦穆公，献公死后，公子夷吾即位。夷吾即位的时候在国外，他请秦穆公派兵护送，并答应即位后给秦国五座城池作回报。

哪知夷吾（晋惠公）即位后，并没有信守诺言。没几年，晋国发生饥荒，秦穆公送去大批粮食，帮助晋国渡过难关。第二年冬天，秦国遇到了同样的饥荒，晋惠公却一点儿粮食也不支援。秦穆公这回真的很生气，亲自率军讨伐晋国，活捉了晋惠公。

穆姬得到消息后，身穿丧服，带着几个儿女登上一座堆满干柴的楼台，并派人对秦穆公说："上天降下灾祸。您现在把晋君俘虏了，他什么时候来我就什么时候死！"秦穆公一听着了慌，马上放了晋惠公，把他安置在灵台，待以上宾之礼，两国国君还缔结了盟约。

以后，秦、晋两国一直保持着友好的关系。晋惠公把太子子圉派到秦国去当人质，秦穆公将宗女怀嬴嫁给子圉。子圉后来即位，史称晋怀公，他昏庸无道，弄得上上下下怨声载道。穆公决定帮助流亡的晋公子重耳回国夺取政权。后来重耳在秦国军队的帮助下，回到都城曲沃，派人杀死怀公，夺取政权。重耳史称晋文公，是春秋一代霸主。

◎成语释义

泛指两家联姻，亦作"秦晋之缘。"

◎故事出处

明·罗贯中《三国演义》第十六回："主公仰慕将军，欲求令爱为儿妇，永结秦晋之好。"

◎出处译文

我的主公很仰慕将军您，想让您的女儿嫁给他儿子，两家结为秦国和晋国那样的儿女亲家。

◎成语示例

七夕这天，许多恋人结为秦晋之好。

● 倾国倾城

西汉时期，中山（今河北省定州市）人李延年很有音乐才华，被召入宫中做了一名乐师。李延年既善于唱歌，又能创作歌曲，官运亨通，一直做到协律都尉，很受汉武帝的宠爱。他每次创作的新歌，一经传唱，都能使听众大为感动。

一次，李延年为汉武帝表演，他一面唱歌，一面跳舞，武帝听得入神。他唱道："北方有佳人，绝世而独立，一顾倾人城，再顾倾人国。宁不知倾城与倾国，佳人难再得!"歌曲的大意是：北方有一位绝代佳人，全城、全国的人目睹了她的美貌后，都为之倾倒，赞赏不已。这种美貌的佳人再也难以看到。

汉武帝听了笑了笑，说道："你歌中的绝代佳人，难道真在世上存在吗？"

汉武帝的姐姐平阳公主说道："李延年的妹妹就是一位绝世美人，皇帝想见见吗？"

汉武帝立即让人把李延年的妹妹带到宫中，看看她到底是不是具有绝世的美貌。等到汉武帝见到李延年之妹后，才知道她果然是世上难觅的美女，就把她留在身边，称她为李夫人。一日之间，李延年就成为皇亲国戚。

李夫人本来是个歌伎，她进宫之后，非常知足，很珍惜皇帝对她的宠爱。武帝见她既有色，又有德，对她更加怜爱。二人你怜我爱，如胶似漆。可惜李夫人进宫没过多久，便身染重病而死。

◎成语释义

形容女子的容貌特别美丽，超出常人。

◎故事出处

《汉书·外戚传下·孝武李夫人》："北方有佳人，绝世而独立，一顾倾人城，再顾倾人国。"

◎成语示例

在我看来，母亲就如同下凡的仙女一般，虽无倾国倾城的容颜，却有一颗善良爱人的心。

● 请君入瓮

武则天平定徐敬业叛乱之后，决心除掉那些反对她的唐朝宗室和大臣。她下了一道命令，不论大小官吏还是普通百姓，只要发现有人谋反，都可以直接向她告密。四面八方告密的人越来越多。

武则天派官吏审问案件，不管有没有证据，先用刑罚逼犯人供出同谋。犯人受不住刑，就胡乱招了一些假口供，这样，审问一个人就会牵连到几十、几百个人。株连越广，案情就越大。

办案的官吏中，最残酷的是周兴和来俊臣。他们每人手下都养了几百个流氓，专门干告密的事。只要他们认为谁有谋反嫌疑，就派人同时在几个地方告密，捏造许多证据。周兴、来俊臣想出各种各样惨无人道的刑罚，名目繁多。他们抓到人，先把各种刑具在"犯人"面前一放，"犯人"一看，就被迫招认了。

有一天，武则天接到告密信，说周兴意图谋反。她一听，立刻下密旨给来俊臣，叫他负责审理这个案件。太监把武则天的密旨送到来俊臣家，来俊臣正跟周兴在一起，边喝酒，边议论案件。来俊臣看完武则天密旨，不动声色，把密旨往袖子里一放，仍旧回过头来跟周兴谈话。

来俊臣说："最近抓了一批犯人，大多不肯老实招供，您看该怎么办？"周兴笑着说："这还不容易！我最近就想出一个新办法，拿一个大瓮放在炭火上。谁不肯招认，就把他放在大瓮里烤。还怕他不招？"

来俊臣听了，连连称赞说："好办法，好办法。"他一面说，一面就叫公差去搬一只大瓮和一盆炭火到大厅里来，用火烤那只大瓮。周兴正在奇怪，来俊臣站起来说：

"接太后密旨,有人告发周兄谋反。你如果不老实招供,只好请你进这个瓮了。"

周兴一听,吓得魂飞天外。来俊臣的手段,他是最清楚的。他连忙跪在地上,像捣蒜一样磕响头求饶,表示愿意招认。

结果,周兴被革职流放到岭南(在今广东、广西一带)。周兴干的坏事多,冤家也多,到了半路上,就被人暗杀了。来俊臣后来也被太平公主所杀。

◎成语释义

用某人整治别人的方法来整治他自己。

◎故事出处

《资治通鉴·唐纪·则天皇后天授二年》:"兴曰:'此甚易尔!取大瓮,以炭四周炙之,令囚入中,何事不承!'俊臣乃索大瓮,火围如兴法,因起谓兴曰:'有内状推兄,请兄入此瓮。'兴惶恐叩头服罪。"

◎出处译文

周兴说:"拿个大瓮,周围用炭火烤,把犯人装进去,什么事他不会承认呢?"来俊臣叫人搬来一个大瓮,四面加火,对周兴说:"奉令审问老兄,请老兄入瓮!"周兴吓得连忙磕头认罪。

◎成语示例

我可以立刻回答:当然是要的,然而尚早。这就是"请君入瓮"法。(鲁迅《坟·论费厄泼赖》)

● 罄竹难书

隋炀帝杨广是历史上有名的昏主暴君,骄奢淫逸的皇帝,为天下耻笑与唾骂。他弑父杀兄,夺嫡篡位,乱伦好色,奢侈腐化,建都修苑,开河造舟,穷兵黩武,横征暴敛,弄得殷实的隋朝国库空虚,官仓告罄,民不聊生,怨声载道,义军四起。

隋炀帝为了发动攻打高句丽的战争,大批征兵、调粮、造战船。在隋朝官吏监督之下,造船工们日夜立在水中工作,腰部以下都生了蛆,死了很多人。

被政府征调的兵役,由全国各地向幽州集中,源源不断;搬运粮食、兵器、盔甲和攻城机械的民夫在千里征途上,日夜不绝。许多人有去无回,尸体"臭秽盈路",十分凄惨。

在农村,"耕稼失时,田畴多荒"。山东、河北一带,历来是隋统治者搜刮财富的中心,又是进攻高句丽战争中征调最多、受害最深的地方,再加上这年夏天发大水,山东地区灾情特别严重,"百姓困穷,财力俱竭"。

处在饥寒交迫困境的贫苦农民，再也不能忍受下去了。农民起义的烽火便首先在这里燃起。山东邹平县铁匠王薄首先举旗造反，各地农民纷纷响应。

其中有一支叫瓦岗军的起义部队和几十万隋军展开了激战。洛阳战役历时三个月，经过60余次战斗，打得王世充全军溃败，所剩不过数千。瓦岗军围困东都，控制了河南大部分地区。这时，瓦岗军首领之一李密发布了讨伐隋炀帝的檄文，揭露他罪大恶极，“罄南山之竹，书罪未穷；决东海之波，流恶难尽”。

在瓦岗军节节胜利的同时，河北起义军、江淮农民军也不断地给隋王朝以严重打击。在各地农民军的包围之下，隋朝统治者占据的少数城邑如同大海中的几座孤岛。

驻守江都的隋炀帝极度惊慌。他对着镜子说：“我这颗好脑袋，不知道该谁来砍它。”他坐卧不安，梦中经常惊叫有贼。隋炀帝杨广最终被部下缢杀，隋朝灭亡。

◎成语释义

形容罪行多得写不完。

◎故事出处

《旧唐书·李密传》：“罄南山之竹，书罪未穷；决东海之波，流恶难尽。”

◎出处译文

用尽南山的竹子做竹简，也写不完他的罪行；放开东海的水，也洗不尽他的罪恶。

◎成语示例

那些汉奸在抗战中的所作所为，真是罄竹难书。

● 穷兵黩武

三国时期，东吴都督陆逊有一子，名叫陆抗，深通战略，腹有良谋，是一位不可多得的将领。由于他才能出众，20岁时就担任建武校尉之职，统辖五千人马。孙皓成为东吴国君后，封陆抗为镇军大将军，让他严防晋军的进攻。

当时东吴政权非常腐败，孙皓残暴骄奢，好色无度，滥用酷刑，杀了很多无辜的百姓。陆抗多次上书，劝告孙皓爱护百姓，加紧训练军队，把精力用在治国、治军方面。但孙皓对他的建议置之不理，依旧吃喝玩乐，不管国家大事。

272年，陆抗领了旨意，统率人马讨伐叛将步阐，在边境和晋军对峙。陆抗知道吴国的力量不行，就与晋军互通使者，不主动出击。孙皓听说后，非常生气，派人责问陆抗为什么吃着国家的俸禄却不打仗。

陆抗给孙皓上了一道奏疏，劝告他说：“现在朝廷在发展农业生产、整顿政治方面没有积极行动，**反而想让诸位将领在沙场上立战功，杀敌将。这样一来，我国就会用尽全部兵力，整天打仗，致使耗费的资财数以万计，士兵极其疲劳。敌人的力量没有受到损失，而我们自己倒像是得了一场重病。”**

陆抗还指出，目前晋国势力很强，吴国势力弱小。要想战胜大国，就必须停止用兵，增强国家实力，等到天下有变再主动出击。

孙皓看罢陆抗的奏疏，并不赞成，而且觉得陆抗这个人不聪明，难以统兵。后来，由于东吴的统治过于严酷，终于被晋国所灭。人民恨透了东吴政权，所以尽管东吴国破，也不同情孙皓。

◎成语释义

用尽兵力，任意发动战争。穷：极、尽；黩：轻率、妄动；黩武：滥用武力。

◎故事出处

《三国志·吴书·陆抗传》："而听诸将徇名，穷兵黩武，动费万计，士卒雕瘁，寇不为衰，而我已大病矣。"

◎成语示例

古代君王若是穷兵黩武，造成天下生灵涂炭，必导致民众抗暴而被推翻。

● 趋炎附势

北宋真宗时，李垂学问极高，正直无私，先后担任过著书郎、馆阁校理等职，深孚众望。当时官场中流行阿谀奉承、溜须拍马的庸俗作风，李垂对此非常反感。

当时，大臣丁谓就是用阿谀奉承的卑劣手法获取真宗欢心，才成为当朝宰相的。他当上宰相后，把持朝政，对不听自己话的人严厉打击。很多想升官发财的人，见丁谓很得皇帝的宠信，都去巴结他，希望得到好处。可是李垂对于奉承一道从来不感兴趣，坚决不去丞相府拜谒。

李垂认为，丁谓身为当朝宰相，不秉公执法，反而欺凌同僚，实在有负天子所托、百姓所望，这样的人臭气熏天，躲都来不及，干吗还去参拜呢！

世上没有不透风的墙，有很多小人知道了李垂的想法，就去向丁谓报告，以这种方式来巴结丁谓。丁谓知道李垂的想法后，非常恼火，就找了个借口把李垂贬到外地去做官。

宋仁宗即位后，丁谓失去了靠山，得罪他的人又都被调回京城，李垂也被天子召回，有了被重用的机会。一些朋友劝李垂去拜谒新宰相，不要再清高了。他却冷静地回答道："三十年前的我，如果肯抛弃清高，去拜见丁谓，可能早就被他当成心腹，成为翰林学士。**现在我老了，见到大臣们不秉公办事，还常常不给他们留面子，当面进行指责。现在的我，可谓疏狂到了极点，又怎么能依附有权势的人，看别人的眼色做事，来使他们向天子引荐我呢？"**

很快，有人将他的话报告了新宰相。新宰相感到李垂是个刺儿头，放在朝中很麻烦，就再次将他贬出京城，让他到外地去当个小小州官。李垂虽然受了那么多的委屈，但对自己的所作所为仍然不后悔。

◎成语释义

常用来形容奉承、依附有权有势的人。趋：投靠；炎：热，比喻权势；附：依附。

◎故事出处

《宋史·李垂传》："今已老大，见大臣不公，常欲面折之。焉能趋炎附热，看人眉睫，以冀推挽乎？"

◎成语示例

所有朋谊及那些趋炎附势的，男男女女，都拥挤望周府来。（清·黄小配《廿载繁华梦》第十五回）

曲高和寡

战国时期，楚襄王手下有一位大臣，名叫宋玉，平时善于舞文弄墨，潜心写作。有一天，楚襄王问他最近的行为是不是过于荒唐，导致很多大臣对他议论纷纷，甚至连宫中的人都知道了。

宋玉一点也不感到意外，非常平静地回答："不错，现在议论我的人非常多。请大王先以宽容之心对待我，我就给您讲个故事。

最近，有位乐师到郢都一展歌喉，显示他的才华。开始时，他唱的是普遍流行的《下里》和《巴人》这两首歌，城中的百姓见他唱得颇为动听，就有几千人跟他一起唱。

接着他又唱较为文雅的《阳河》和《薤露》，能跟着他一起唱的人大为减少，只有几百人。后来他唱格调更为高雅的《阳春》和《白雪》时，跟随他唱的只有几十个人了。最后，他在演唱高雅深奥的商音、羽音，又杂以徵音时，只有几个人跟着他唱。

这就好比凤凰能够在九霄云外展翅翱翔，在篱笆间跳跃的小鸟无论怎样扑腾，又怎能与之相比？鲲鱼能日游万里，若将浅水塘中的小鱼与它相提并论，岂不是天大的笑话？

鸟中有凤凰，鱼中有鲲鱼，在人当中也有与其类似的，卓尔不群、高人一等的人物，他们的思想大大高于普通人。至于说到我，我的言行的确很独特，普通人只知道追欢逐乐，对我的言行又怎么能理解呢？"

楚王听后，觉得宋玉的人品极其高洁，才不为世人所容。从此以后，他更加重用宋玉了。

◎成语释义

曲调越高雅，越难理解，能跟着唱的人就越少。常用来比喻作品、言论等高雅深奥，能了解的人很少。也指人的品德高洁，一般人很难理解。高：高雅；寡：少。

◎故事出处

宋玉《对楚王问》："客有歌于郢中者……是其曲弥高，其和弥寡。"

◎出处译文

有在郢中歌唱的人……他唱的曲子越高雅，附和他的人越少。

◎成语示例

我在省城，只听人称赞靓云，从没有人说起逸云，可知道曲高和寡呢！（清·刘鹗《老残游记·续篇》第五回）

取而代之

秦始皇统一中国后，为了显示其皇帝的威风，巩固他的统治，经常到全国各地巡游。有一次，秦始皇巡游到会稽和浙江一带，人们闻风都赶去观看天子的风采。项羽那个时候还是个年轻不出名的武夫，他和叔父项梁也一同去观看。

他们在拥挤的人群中看见秦始皇穿着盛装，前后军士开道，非常威风，人们不断发出羡慕的赞叹声。项羽看到这个情景，情不自禁地说道："这个皇帝可以由我去代替他做。"

站在一旁的项梁听见他的话吓得不得了，赶紧用手捂住项羽的嘴巴，小声责备他道："你不要乱说，这样说话会被诛九族的。"但是从那以后，项梁觉得项羽是一个不简单的人物，更加器重他了。

◎成语释义

指夺取别人的地位而由自己替代。

◎故事出处

《史记·项羽本纪》："秦始皇游会稽，渡浙江，梁与籍俱观，籍曰：'彼可取而代也。'"

◎出处译文

秦始皇巡游会稽、浙江。项梁和项羽都赶去观看，项羽说："这个皇帝可以由我去代替他做。"

◎成语示例

首先，"白话文运动"的开展，彻底动摇了文言文的统治地位，最后以白话文取而代之，结束了过去那种言、文不一的局面。

犬牙交错

汉高祖建立西汉政权后，为了使刘姓的统治长治久安，就将很多刘姓子弟分封为诸侯王。到了汉景帝统治时期，刘姓诸侯王的势力渐渐雄厚。很多诸侯王占据一方，自行其是。其中有七个诸侯王兵合一处，以"清君侧"为借口，想推翻景帝的统治，夺取天下。幸亏汉景帝信任大将周亚夫，才将这次叛乱平定。

但是，汉景帝经过这场教训后，并没有意识到刘姓诸侯不可信任，又将自己的十三个儿子分封为王，让他们占据土地，保卫朝廷。到了汉武帝的时候，这些诸侯王的力量又强大起来，成为朝廷的心腹之患。汉武帝怕他们起兵造反，决定削减他们的势力，并且想进一步采取行动。

诸侯王听到这个消息，急忙对汉武帝说："皇上，我们与您是至亲骨肉。当初，先帝分给我们大片土地，这些土地就像狗的牙齿那样交错着，相互连接。先帝这么做，就是为了让我们可以互相支持，保卫刘氏江山，保持本朝统治的稳固。您若将封地收回，岂不是违背了先帝的一片苦心？"

这些王爷中，以中山靖王刘胜闹得最不像话。他在汉武帝面前哭哭啼啼，说他绝没有造反之意，皇帝这样怀疑至亲，肯定是受了小人的挑唆。

汉武帝听了，只得当面安慰他们。后来，汉武帝心生一计，让诸侯王将封地分赐给自己的子弟。这样，大的诸侯国就被分割成很多小国。诸侯的权力分散了，就没有实力造反了。

◎成语释义

像狗的牙齿那样参差不齐。形容交界线很曲折，很不整齐。也指局面错综复杂。错：交叉。

◎故事出处

《汉书·景十三王传·中山靖王传》：“诸侯王自以骨肉至亲，先帝所以广封连城，犬牙相错者，为盘石宗也。”

◎出处译文

诸侯王是皇帝的至亲骨肉，所以先帝才分给他们大片土地，这些土地就像狗的牙齿那样交错着，相互连接。这就是国家坚如盘石的要旨呀。

◎成语示例

晨雾中，远处的山峰林立，犬牙交错，绵绵不绝，让人觉得很美。

● 群策群力

西汉时期，有一位名叫扬雄的文学家，他的文章、辞赋受到世人的称赞。

他曾经模仿《论语》的形式，创作了《法言》一书。此书的《重黎》一文讲述了汉王刘邦与西楚霸王项羽龙争虎斗的情形。

在楚汉战争中，本来西楚霸王项羽的实力比较强，但最终他却被汉王刘邦围困在垓下，等待援兵。项羽见援兵迟迟未到，就带领战将拼死杀出重围。等到他逃到乌江时，身边只有二十八名骑兵了，而成千上万的汉军却从后追杀过来。

望着黄沙漫卷的沙场，项羽不得不认输，他长叹一声说：“这是老天爷要消灭我，不是我作战失误的缘故！”然后，他拔剑自尽，命丧乌江。

关于项羽临终前的看法，扬雄是不同意的。他认为，不能把战争失败的原因只归结于天命。在《法言·重黎》中，他说：

“汉王总是虚心接受众人的意见，而这些正确意见的实践，又使众人的力量得到增强。可是项羽却与汉王正好相反，他总是觉得凭着自己的勇力就能征服天下，根本不会吸取别人的意见。这样一来，使得他只依靠自己的勇猛鲁莽做事。

“善于吸取别人意见，就会取得胜利，而听不进别人的话，只靠自己的勇敢就会失败。项、刘之争的结局不能仅仅归结于天命，项羽临终前的感叹真是大错特错。”

◎成语释义

大家共同想办法，一块出力。策：谋划。

◎故事出处

汉·扬雄《法言·重黎》：“汉屈群策，群策屈群力。”

◎出处译文

汉王总是能够尽量发挥、利用众人的智谋、才干和力量，这样又使众人的力量得到增强。

◎成语示例

在与五(1)班的辩论赛中，我们班同学群策群力，终于获得了胜利。

R

任人唯贤

春秋时期，齐襄公有两个弟弟，一位是公子纠，另一位是公子小白，他们都很贤明。襄公荒淫无道，公元前686年，公子纠跟着他的师傅管仲逃到鲁国避难，而公子小白则跟着他的师傅鲍叔牙逃到莒国。

不久，齐国发生大乱，襄公被杀，另立了新君。第二年，大臣们又杀了新君，大臣们派使者到鲁国请公子纠回国即位，管仲怕公子小白抢先回国即位，所以带领军队去公子小白回齐国的必经之路堵截。

等了几日，管仲果然看到公子小白正行色匆匆地赶往齐国。为了保证公子纠登上国君之位，管仲心一横，偷偷地向小白射了一箭，公子小白中箭后，应声倒地。管仲以为小白已死，心中暗自高兴，就带领军队回去了。

谁知管仲的一箭并未射中小白，小白不知道暗害自己的人带了多少军队，就咬破舌尖，假装口吐鲜血而死。等到管仲等人离去后，公子小白与鲍叔牙不分昼夜赶往齐国京城。在公子纠到京之前，公子小白抢先一步即位，历史称他为齐桓公。

公子纠见本国已有新君，只得返回鲁国，依附鲁庄公。这样一来，齐、鲁之间发生了战争。鲁国的力量不如齐国，所以被打得大败。公子纠万般无奈，只得自尽。鲁庄公就将管仲押送到齐国，来讨好齐桓公。

管仲在路上受尽苦楚，不但吃不饱饭，而且连水也喝不够。一天，他来到绮乌这个地方，就向当地的官员苦苦哀求，希望得到一些吃的。那个官员心肠很好，不但盛出饭来，还怕管仲吃起来不方便，竟然跪在地上端着饭给管仲吃。管仲见他如此行事，就想到他可能有求于自己。

果然，这个人的私心终于暴露了出来。他暗地里对管仲说："您是位大贤，齐国国君又是个爱才之人。您此番到齐国去，也许能逃过一死，得到国君的重用，安享荣华富贵。到了那时，您将会怎样报答我？"

管仲说："如果真的因为我的贤能得到施展才华的机会，我会任用贤人，使用能人，对有功劳的人进行评赏。我为什么要谢你呢？"管仲被押到齐国都城后，鲍叔牙亲自前去迎接。后来齐桓公不仅没有对管仲报一箭之仇，反而任命他为相国，而鲍叔牙自愿当他的副手。原来，鲍叔牙知道管仲的才能大于自己，所以说服齐桓公这样做。

◎成语释义

表示用人只凭德才。贤：指德才兼备的人。

◎故事出处

《韩非子·外储说左下》："如子之言，我且贤之用，能之使，劳之论。我何以报子？”

◎出处译文

如果真像你说的那样，是我因为我的贤能被重用，有才能得以发挥，自己的成就被大家赏识，我为什么要谢你呢？

◎成语示例

选拔干部应当是任人唯贤。

日薄西山

晋朝初期，论孝子，第一名就是李密。

李密是四川人，曾在蜀国担任过尚书郎的官职。晋朝灭蜀后，晋武帝司马炎听说李密颇有才能，几次召他去京城做官，他都以祖母需要人照顾为理由，婉言谢绝。后来武帝又给他下了一道征召的诏书，郡县官吏也逼他赴任，他无可奈何，只好写了一道表，将自己的苦衷向朝廷直接倾诉。

李密写道：“我的命运不强，刚降生六个月，父亲就仙逝了。在我4岁刚满的时候，强悍的舅舅为了母亲能有一个好的归宿，逼迫她改嫁。我的祖母看到我无人照管，就亲自抚养我。

“现在祖母已经老迈，体弱多病，卧床不起，只有我侍奉在她身边，为她送汤喂药。她老人家如同太阳迫近西山，喘气都很微弱，生命已经垂危，早晨难于预料晚上。我没有祖母不能活到今天，祖母没有我也无法度过晚年光景。拍着自己的良心，我实在不忍心置祖母于不顾，只顾做官求富贵啊……”

晋武帝读罢这道奏表，心中十分沉重，不但同意了李密的请求，还赐给他两个奴婢照顾老人，又让郡县拿出一笔钱，帮助老人度过残生。

◎成语释义

比喻人已经衰老或事物衰败腐朽，临近死亡。

◎故事出处

晋·李密《陈情表》：“但以刘日薄西山，气息奄奄，人命危浅，朝不虑夕。”

◎出处译文

但是只因为祖母刘氏已是西山落日的样子，气息微弱，生命垂危，朝不保夕。

◎成语示例

有些企业真是到了日薄西山的景况，如不改革，很难维持下去。

如火如荼

春秋后期，吴国的国势越来越强盛。

吴王夫差一心想效仿齐桓公、晋文公称霸中原，横扫天下。到了公元前482年，他真的率领军队来到卫国的黄池（今河南封丘西南），邀请天下诸侯前来会盟，想成为天下的盟主。

夫差很想显示他的武力，使天下人都惧怕他。于是，在一夜之间，夫差把所统率的三万士兵分为左、中、右三路，每路百行，每行百人，各组成一个方阵。他以熊虎为旗号，用手举起钺斧，指挥中军前进。

中军的将士全部披上白色铠甲，穿着白色战袍，打着白色旗帜，插着白色箭翎，从远处观看，就好像一片盛开的白花；左军一万将士则全部披上红色铠甲，穿着红色战袍，打着红色旗帜，插着红色箭翎，远远望去好像一片燃烧起来的烈火；右军则全用黑色，好像一片乌云飘来。

第二天，三路大军来到会盟的地点，将阵势摆开。来会盟的各路诸侯一开始还把吴国当成未开化的蛮荒之地，一见吴军竟然摆出如此盛大的阵势，显出如此整肃的军容，吓得心惊胆战。他们觉得自己的国势日渐衰弱，实在比不上方兴未艾的吴国，只得尊吴王夫差为天下盟主。

但是，吴王夫差只顾北上争霸，造成本国兵力不足。结果，越王勾践趁机袭击吴国，最后竟然占领了吴国全境。众诸侯见越国竟然比吴国还厉害，纷纷尊越王勾践为天下盟主。

◎成语释义

像火一样红，像茅草的白花一样白，形容军容盛大。现在常用来比喻气势旺盛。荼：古代指茅草的白花。

◎故事出处

《国语·吴语》：“万人以为方阵，皆白裳、白旗、素甲、白羽之矰，望之如荼……左军亦如之，皆赤裳、赤旗、丹甲、朱羽之矰，望之如火。”

◎成语示例

过了两年“五四运动”发生了。报纸上如火如荼的记载唤醒了他的被忘却了的青春。（巴金《家》六）

如释重负

公元前542年，鲁襄公染病身亡，鲁昭公继承了国君之位。但是，昭公手中没有实权，只是个任人摆弄的傀儡，而季孙宿、叔孙豹和孟孙三卿则手握重权。

时间长了，昭公终于觉察到，三卿在不断壮大势力，对自己已经构成了严重的威胁。于是，他想与三卿的反对者私下联合，共同打击三卿，夺取权力。季孙宿死后，季孙意如继续执政。大夫公若、郈孙、藏孙与季孙意如不和，打算将季孙氏除掉，昭公得知后非常高兴。

这年秋季，三卿之一的叔孙豹要离开都城办事，就让众家臣管理府上的事情。昭公觉得铲除季孙氏的时机已经成熟，就传下一道旨意，让郈孙、藏孙带领军队将季孙氏的府第围起来，并处死了季孙意如。

叔孙豹的家臣看到季孙意如横死，不禁起了兔死狐悲之念。他们为叔孙氏长远利益考虑，决定发动人马援救季孙氏。昭公的军队外强中干，见叔孙氏大军杀过来，竟然四散而逃。孟孙氏也觉得三卿一损俱损，也派兵援救季孙氏。郈孙吃了败仗，向外逃奔，正与孟孙氏的军队狭路相逢，被人家抓住杀掉。

昭公见三卿联合起来，自己的性命难保，只好和藏孙逃到齐国去。因为昭公历来不体恤百姓，老百姓早就对他失望。现在他逃往外邦，百姓对他的出奔并不表示同情，反而觉得自己身上的负担有所减轻。

◎成语释义

好像放下了重担。常用来比喻人在解除负担后的愉快心情。释：放下；负：负担、担子。

◎故事出处

《穀梁传·昭公二十九年》："昭公出奔，民如释重负。"

◎出处译文

昭公逃亡后，老百姓感觉就像是放下了重担一样。

◎成语示例

姐姐如释重负似的松了一口气。（曲波《林海雪原》一）

● 如鱼得水

东汉末年，群雄争夺天下。刘备为了复兴汉室，安定天下百姓，到处寻找善于出谋划策的人才。后来，他经人举荐，认识了在隆中隐居的诸葛亮，便拜诸葛亮为军师。

诸葛亮觉得刘备年纪大了，还对年纪尚轻的自己客客气气，实在有礼贤下士的风度，就全心全意地为他办事，刘备也很信任诸葛亮。这样一来，刘备手下的大将关羽、张飞感到很不高兴。

刘备觉得诸葛亮是一个能为自己出主意的大贤，自己是鱼，诸葛亮就是帮助自己攻克难关的水。这位诸葛先生，是胆略、才识都很出众的人物。自己要夺取天下，绝对不能没有这位资历尚浅的年轻人。

他对关羽、张飞说："我得到了诸葛亮，和鱼儿得到了水是一样的，希望你们不要再多说不利于他的话了。"关羽、张飞虽然对诸葛亮还是不服气，但见到刘备对诸葛亮的看法这样好，也就不敢说什么了。

此后，诸葛亮出使东吴，劝说孙权与刘备联合。赤壁一战，孙刘联军打败了不可一世的曹操，形成了三足鼎立的格局。

◎成语释义

像鱼儿得到了水一样。比喻遇到符合自己心意的人或环境。

◎故事出处

《三国志·蜀书·诸葛亮传》："于是与亮情好日密。关羽、张飞等不悦。先主解之曰：'孤之有孔明，犹鱼之有水也，愿诸君勿复言。'羽、飞乃止。"

◎出处译文

刘备与诸葛亮的情谊一天天深厚，关羽、张飞等人不高兴了。刘备劝解他们说："我有了孔明，就像鱼得到水一样，希望你们不要再说什么了。"关羽、张飞才不再说什么了。

◎成语示例

若使他回来了，我们就应该如鱼得水，欢喜得了不得，哪里还有工夫在这里纳闷呢！（清·岭南羽衣女士《东欧女豪杰》第三回）

● 孺子可教

张良是秦朝末年人。因为行刺秦始

皇没有成功，他逃到下邳隐藏起来。有一天，张良在一座桥上遇到一位老人，老人穿得破破烂烂的。那老人看见张良，把鞋子扔到桥下，对张良说："小伙子，下去把鞋子给我捡上来。"

张良下桥把鞋子捡了上来，老人说："给我穿上。"张良恭敬地跪在地上给老人穿上鞋。老人笑着走了。走出老远，又回来对张良说："你这个小伙子很不错，值得我指教。五天后的早上到桥上来见我。"

五天后一大早，张良就来到桥上，但老人已经先到了。他责备张良来晚了，叫他五天后再来。第二次，公鸡一打鸣张良就赶到桥上，但老人又先到了。这一次，老人大发脾气，叫他五天后再来。这次，张良半夜就来了，等了一会儿，老人才到。

老人非常高兴，说："你这个年轻人值得教导啊。"他送给张良一本书，并告诉说，读了这部书大有用处。张良回家一看，原来是部兵法，叫《太公兵法》。他日夜苦读，后来成为刘邦的重要谋士，为刘邦建立汉朝立下了汗马功劳。

◎成语释义

形容年轻人有出息，可以造就。

◎故事出处

《史记·留侯世家》："父去里所，复还，曰：'孺子可教矣。'"

◎出处译文

老人走了约一里地又回来了，对张良说："你这个年轻人值得教导啊。"

◎成语示例

张晓聪明伶俐，又肯吃苦勤奋，真是孺子可教啊！

入木三分

东晋时期，王羲之以书法扬名于天下。他将前辈书法家的长处继承下来，再加以变革，开创了一种全新的风格。人们非常崇敬他，都管他叫"书圣"。

表现王羲之书艺成就的佳话有很多，古书上就记载了这样一个故事：由于王羲之书法出众，且地位很高，所以晋朝官方曾让他书写祭祀天地神明、祈求国泰民安、五谷丰登的"祝版"。

到了晋成帝时，人们要将"祝版"上的题词去掉，换上新的内容。可是木工刻削了半天，也没有把王羲之的字迹去掉。人们发现，因为王羲之写字时用笔刚劲有力，字迹已经透入木板三分，想要除去，得花费好一番工夫呢。

◎成语释义

形容书法笔力刚劲、有力。现在人们用它比喻文章或见解深刻、透彻。

◎故事出处

唐·张怀瓘《书断·王羲之》："晋帝祭北郊，王羲之书祝版，工人削之，笔入木三分。"

◎出处译文

当时的皇帝要到北郊去祭祀，让王羲之把祝辞写在一块木板上。派工人雕刻，雕刻工人在雕刻时非常惊奇，王羲之写的字，笔力竟然渗入木头三分多。

◎成语示例

我们读这首诗，尤其有一种入木三分、痛快淋漓的感受。（秦牧《手莫伸》）

S

塞翁失马

古时候，西北边塞住着一位老翁，与儿子相依为命。一天，他家里的一匹马跑到塞外去了。他儿子平常就很喜欢这匹马，花了很大精力去找，却总是找不到。邻居们觉得这老翁的运气不好，都劝他要想开一点。可是，老翁好像对自己的损失一点都不在乎，说道："我虽然丢了一匹马，但怎么知道这不是一件好事呢？"

大家听了，觉得老翁虽然想得极开，但所说的话却难以理解，就各自回家去了。

没过多久，那匹丢失的马居然回来了，还带来了另一匹高头大马。邻居们听说了，觉得老翁捡了个便宜，都来庆贺，并说上次老翁的话颇有几分道理。没想到，老翁却表现得很不高兴，说："怎么知道这不是一件坏事呢？"

大家听了以后，感到很奇怪，觉得老翁就会说些奇奇怪怪的话。

没想到，老翁的话又应验了。因为儿子对那匹高头大马非常喜爱，经常骑着它到处闲逛，老翁也约束不住。一次，儿子从马上摔下，摔折了脚骨，成了跛子。邻居都劝老翁不要过于伤心，不料老翁却又一次喜上眉梢："虽然小儿此番把腿摔折，但这未必是一件坏事啊！"

果然，刚刚过了一年，塞外的强敌突然侵入边境。边境的青壮年都被官府招去当兵。而老翁的儿子因为脚跛，没有被官府看中，因而没有被编入军队。结果，官军与敌人交战，打得非常激烈，边境的青年大多战死沙场，而老翁的儿子却得以保全性命，还能够照顾年迈的父亲。

◎成语释义

比喻暂时遭到损失后，但从长远看，可能会因此得到更大的好处。也指世事多变，坏事可能变成好事。塞：边疆险要之地；翁：老头儿。

◎故事出处

《淮南子·人间训》：“近塞上之人有善术者，马无故亡而入胡。人皆吊之。其父曰：‘此何遽不为福乎？’”

◎出处译文

靠近边境一带居住的人中，有位擅长占术的人。一次，他们家的马无缘无故跑到了胡人的住地。邻居们都来慰问他，那个老人说：“这怎么就不是一件好事呢？”

◎成语示例

处士有志未遂，甚为可惜，然“塞翁失马，焉知非福”。（清·李汝珍《镜花缘》第七回）

三顾茅庐

东汉末年，刘备在中原吃了败仗，只得逃往荆州，依附刘表。为了能够复兴汉室，夺取天下，刘备到处招纳人才。他手下的谋士徐庶，见他一心爱才，就向他举荐一人，此人就是诸葛亮。

诸葛亮隐居在隆中，整天住在茅草屋里，虽然过的是与世无争的日子，却十分关心国家大事。他学问很深，喜欢研究兵法。刘备为了了解诸葛亮的才能，便专程到隆中拜访。他前后一共去了三次，前两次都没见着诸葛亮，第三次才见到这位贤人。

诸葛亮不是一个空谈之人，他为刘备分析天下形势，共同商讨如何才能占据土地，夺取天下。他主张联合东方的孙权，安抚少数民族，夺取荆州、益州，等到曹操集团出现变故，就从荆州、益州两路出兵，平定中原。

刘备非常赞同诸葛亮的军事计划，愿拜诸葛亮为军师，请他出山，帮助自己夺取天下。诸葛亮被刘备“三顾茅庐”的一片诚心所感动，便离开隆中，到新野为刘备出谋划策。

此后，诸葛亮成为刘备亲密无间的助手，帮助刘备联合孙权，夺取了荆州、益州，建立了蜀汉政权。势力强大的曹操、孙权，觉得刘备有了用武之地，都不敢小瞧他。汉中一战，刘备将曹操杀得大败，将曹氏兵将赶出汉中。而诸葛亮在后方筹措粮草，对前线的刘备进行了有力的支持。

刘备死后，诸葛亮曾给后主刘禅写下了情感深挚的《出师表》，文中是这样描写“三顾茅庐”事件的：“先帝不以臣卑鄙，猥自枉屈，三顾臣于草庐之中……”从这些话中可以看出，诸葛亮对刘备的知遇之恩，是何等感激，何等怀念！

◎成语释义

三次到茅草屋中拜访。比喻诚心实意地邀请或多次上门访问。顾：拜访；茅庐：茅草屋。

◎故事出处

三国蜀·诸葛亮《出师表》：“先帝不以臣卑鄙，猥自枉屈，三顾臣于草庐之中。”

◎出处译文

先帝不因为我的出身卑微，不惜降低自己的身份，多次来草庐拜访我。

◎成语示例

我住着半间儿草舍，再谁承望三顾茅

庐。（元·马致远《荐福碑》第一折）

三人成虎

战国时期，魏国和赵国订立了友好盟约。按照盟约，魏王的儿子要到赵国的都城邯郸去当人质，魏王派大臣庞葱陪其子一同前往。

庞葱怕自己离开后，魏王听信谗言而不再信任他，就在临走之前对魏王说："大王，假如有人对您说，大街上出现了一只老虎，您是信哪，还是不信？"

魏王答道："我不会相信这种荒唐的说法。老虎怎么会跑到大街上呢？"

庞葱接着问："假如有第二个人对您说，大街上出现了一只老虎，您还相不相信？"

魏王答道："如果两个人说同样的话，我就有些半信半疑了。"

庞葱又问："假如有第三个人说大街上出现了一只老虎，您信不信？"

魏王答道："既然大家都持这样的观点，我没有理由不相信。"

庞葱说："请您想一想，老虎根本不会到大街上出现，这是人人都知道的常识。可是因为三个人都这么讲，您就觉得老虎真出现在大街上了。邯郸离我们魏国的都城大梁，要远于王宫到大街的距离，况且背后议论我的人可能还不止三个，大王一定要仔细考察啊。"

魏王点点头，严肃地说道："我知道了，你放心走吧，我不会相信谗言的。"

庞葱去了邯郸没多久，就有很多人在魏王面前说庞葱的坏话。魏王开始不信，但架不住说的人多，最后终于相信了，于是生起气来，不再接见庞葱。

◎成语释义

比喻一句谣言或一件虚假事物，说的人一多，人们就会信以为真。

◎故事出处

《战国策·魏策二》："夫市之无虎明矣，然而三人言而成虎。"

◎出处译文

街市上没有老虎是一件很明了的事情，可是，三个人的流言就能使虚无的老虎像真有一样了。

◎成语示例

谣言的可怕就在于三人成虎，说的人一多，会使你弄不清真假。

杀鸡焉用牛刀

春秋时期，孔子有一位叫子游的学生，非常赞同孔子所提倡的礼乐之道。后来，他终于从政，到武城当了一名县令。他并不因为武城是一座小城就嫌弃它，而是在这里教老百姓弹琴唱歌，让他们接受礼乐的熏陶。

后来，孔子带领众弟子们游说诸侯，路过武城，听到城中传来弹琴唱歌之声，就笑起来，说道："杀鸡焉用牛刀？"他的意思是说：武城不过是一个很小的地方，而礼乐却是治国的大道。用礼乐大道来对小地方进行治理，就好像是用宰牛的刀去杀死一只鸡一样，实在是小题大做。

子游听说老师来到武城，非常高兴，热情地接待了老师和同学们。有一位同学向他转述了孔子对他的评价。

子游觉得老师的话欠考虑，就对孔子说：“以前您教导过我们，统治老百姓的人接受了礼乐大道，就知道怎样爱护百姓；而老百姓学会了礼乐大道，就会变得恭顺听话，容易被官府管理。我觉得老师的教导，是放之四海而皆准的，在武城这个小城难道就不适用？”

听了子游的一番话，孔子一下子醒悟过来，对自己轻易发表言论感到后悔。于是他对随行的众弟子们说道：“子游的这番话理直辞正，你们一定要把它牢牢记在心上啊。我刚才所说的‘杀鸡焉用牛刀’，只不过是一句玩笑话罢了。”

◎成语释义

杀鸡哪里用得上宰牛的刀。常用来比喻不需小题大做。焉：哪里、何必。

◎故事出处

《论语·阳货》：“子之武城，闻弦歌之声。夫子莞尔而笑曰：‘割鸡焉用牛刀。’”

◎出处译文

孔子到武城，听见弹琴唱歌的声音。孔子微笑着说：“杀鸡何必用宰牛的刀呢？”

◎成语示例

“杀鸡焉用牛刀”？不劳温侯亲往，吾斩众诸侯首级，如探囊取物耳。（明·罗贯中《三国演义》第五回）

● 杀身成仁

一天，孔子的弟子就仁德与生命的关系，向孔子请教。

他问：“老师，您总是对我们讲仁德。人能够以一腔关爱来对待别人，对别人情深似海、义重如山，这种美德确实非常难得。我也很想听从老师的教诲，成为一个仁义君子，可是我也非常热爱生命。假如生命与仁德两者发生了冲突，我是该顾全仁德呢，还是应该顾全生命呢？”

孔子听了这话，严肃地说：“我没有想到你居然说出这种话来！面对仁德与生命的冲突，怎能有丝毫的犹豫？**凡是真正的仁人志士，没有因为贪生怕死而损害自身仁德的，为了成全自己的仁德，他们不会留恋自己的生命**。说到底，只要保持仁德，死并不可怕。”

这位弟子听了这番妙论，恭敬地向孔子行礼，感到老师的话对极了。

这时，孔子的学生子贡又向孔子询问：“真正成为一个仁义君子，一定很不容易吧？我们应当怎样培养自己的仁德呢？”

孔子回答说：“成为仁义君子，当然不是一蹴而就的。仁德的培养必须从头做起。比方说，工匠要想把活计做好，必须先得到称手的工具；对于一个国家来说，应该选择贤良的人才来辅助国君；对于一个人来说，应该选择仁义君子作为朋友。只有这样，仁德才能从人们的心中生发出来。”

◎成语释义

为成全仁德，甚至可以牺牲自己的生命。现在指为维护正义的事业而献出生命。仁：儒家最高的道德理想。

◎故事出处

《论语·卫灵公》：“志士仁人，无求生以害仁，有杀身以成仁。”

◎成语示例

若得着死难者热情的全部，便可以追他们的踪迹，杀身成仁了。（闻一多《文艺与爱国——纪念三月十八》）

● 升堂入室

春秋时期，有一个人名叫子路，他性子率直，总爱惹是生非。有一次，他找到圣人孔子，问道：“我如同一根笔直的竹竿，天生就是做好箭的材料，那么我还读什么书呢？”孔子觉得他的思想很不对头，就开导他说：“你读了书就有了知识了，这就好比在箭尾装上了羽毛，在箭头安上了锋利的金属头。这样一来，你这支箭的威力不就更大了吗？”

子路这个人很讲道理，他觉得孔子说得有理，不但承认错误，还拜孔子为师，向他请教学问。

一天，子路在孔子家里待着无聊，就弹起琴来。他崇尚勇敢，性情非常刚烈，弹出的琴声也像打仗一样，使人仿佛听到战场上的冲杀声。这琴声恰好被孔子听到。孔子主张“仁”和“中庸之道”，对这种激烈的琴声当然听不惯，于是出言讥道：“这乐声不和平，为什么要在我家里弹琴呢？”

孔子的其他学生听出孔子对子路的不满，就在背后纷纷议论。孔子知道这种情况后，很为子路不平，就对众弟子解释道：“子路弹琴的本领已经登上厅堂，但还没有进入内室。他已经取得了一些成就，只是还没什么高深的境界而已。”

众弟子听到孔子的话，才知道子路在音乐方面已有相当高的成就，连老师都对他进行了肯定。于是，他们不禁肃然起敬，见了子路再也不敢露出轻薄的态度。

◎成语释义

学习所达到的境界有程度深浅的差别。比喻学问或技能由浅入深，循序渐进，达到更高的水平。升：登上；堂：古代房舍的前屋；室：后屋。

◎故事出处

《论语·先进》：“由也升堂矣，未入于室也。”

◎出处译文

他在这方面（音乐）已经入门了，而且有一定的成就，但是还没有达到非常高深的境地。

◎成语示例

由文法而进窥古人之文章，则升堂入室，有如反掌。（孙中山《知难行易》第三章）

生花妙笔

李白是唐朝杰出的大诗人，人称诗仙。

据传说，他少年时代，有一次做了一个非常奇异的梦。他梦见自己用过的毛笔的笔头上，突然有漂亮的鲜花绽放。正在他目瞪口呆之时，一张张白纸忽然飞到他眼前，摆放得整整齐齐。

李白大喜，将开满花的妙笔紧紧抓住，飞快地写了起来。于是，一朵朵美丽的鲜花落到了纸上。人们看了，都觉得赏心悦目，并从心中发出赞赏之情。

自从做了这个奇怪的梦后，李白对写作越来越喜爱，读了许多著作，并到祖国名山大川去游览，开阔了自己的眼界。他写了不少诗作，热情歌颂祖国的大好河山，表现出豪迈的气派。他的诗篇流传千古，为人们所传唱。另一位大诗人杜甫对李白崇拜不已，甚至称赞他“笔落惊风雨，诗成泣鬼神”。

当然，李白之所以取得了巨大成就，绝非是因为奇梦所致，而是依靠个人的勤学苦练。要想在文学上有所成就，一要靠读书，二要靠多写，三要靠自己的人生境界。

◎成语释义

比喻写作技巧非常高超。

◎故事出处

五代·王仁裕《开元天宝遗事·梦笔头生花》：“李太白少时，梦所用之笔头上生花，后天才赡逸，名闻天下。”

◎出处译文

李白小的时候，梦见自己用过的毛笔的笔头上突然有鲜花绽放。后来果然才华横溢，名满天下。

◎成语示例

感谢画家的生花妙笔啊，把我又带回儿时记忆的故乡。

声名狼藉

秦始皇在世时，十分信任大将蒙恬、蒙毅兄弟。朝中有一个大臣，名叫赵高，此人身体强壮，并对法律很有研究。秦始皇提拔他为中车府令，并命他当自己小儿子胡亥的老师。

有一次，赵高因为受贿舞弊，犯了大罪，刚好蒙毅受理这个案件，蒙毅查清了事实，就按照法律判处赵高死刑。可是，秦始皇却念赵高是个人才，并且教子有功，就赦免了他的罪，还为他恢复了官职。

赵高因此对蒙毅及其兄蒙恬大将军恨之入骨。后来秦始皇出宫巡游，在途中染疾病死。此时本应由公子扶苏即位，可赵高却乘机串通丞相李斯，立胡亥为秦二世。

赵高掌握了朝廷大权后，对胡亥说：“先帝在世时本打算立你为太子，蒙毅不赞成。于是立了扶苏，我看定得除掉此人，否则会有后患。”胡亥听了，就把蒙毅抓起来，逼蒙毅自杀。

蒙毅知道自己逃不过劫难，在申辩中，列举了秦穆公杀了三位良臣殉葬，秦昭襄王杀白起，楚平王杀贤臣伍奢，吴王夫差杀良将伍子胥，这四个国君都因杀了良臣，他们的名声在诸侯各国间非常坏。希望皇上要引以为戒，不要受奸臣的蒙蔽。

说完，蒙毅自杀而亡。

◎成语释义

形容名誉坏到极点。

◎故事出处

《史记·蒙恬列传》："恶声狼藉，布于诸国。"

◎出处译文

名声在诸侯各国间非常坏。

◎成语示例

这份杂志总是报道一些八卦消息，难怪声名狼藉。

声色俱厉

唐德宗的时候，韦绶担任翰林学士之职。他尽忠尽责地办事，深得唐德宗的宠信，整天忙得不得了，连照顾母亲的时间都没有。

可是，韦绶在宫中当了近十年的差，深知伴君如伴虎的道理，知道皇宫的是非很多，一不小心就会得罪天子，招来滔天大祸。于是，韦绶在临死前，对儿子韦温仔细叮咛，做什么官也不要做翰林学士。韦温对父亲的人生经验心领神会，含泪应允下来。

韦温人很聪明，又特别喜欢学习，对长辈也很孝顺。韦绶逝世后，韦温担任过许多官职，才干得到锻炼，越来越显得与众不同。文宗即位后，特别喜欢韦温，决定封他为翰林学士。

韦温想起父亲的遗言，就几次恳请文宗改用旁人。文宗非常奇怪，不明白韦温为什么如此固执，硬要推掉这个可以接近皇帝的美差。经过再三询问，韦温才说自己不过是谨遵父命而已。

唐文宗对亲近的大臣说："我几次三番要重用韦温，他却都拒绝了，难道没有他就不行了吗？"文宗说这话时，声音和脸色都显得很严厉。一位大臣见龙颜大怒，唯恐天子气坏了身体，就好言劝谏道："韦温这么做是出于对孝道的考虑，就算韦绶的话毫无可取之处，韦温也会听从，可见他的孝心何等可贵。"

皇帝为了管理百官，是喜欢提倡忠孝之道的。唐文宗听到这番话，才消了心中的恶气，只是把对韦温的任命取消，没有治他的罪。

◎成语释义

形容说话时声音和脸色都非常严厉。

◎故事出处

唐·赵璘《因话录》："上后谓次对官曰：'韦温，朕每欲用之，皆辞诉，又安用韦

S

温？’声色俱厉。”

◎成语示例

达夫更决绝地说了一句，“不停办我是不寄稿的！”说得有点声色俱厉的程度。（郭沫若《革命春秋·创造十年》）

● 盛气凌人

战国时期，秦国派出军队攻打赵国，这时赵太后刚刚执掌赵国的军政大权。赵太后见势不妙，就向齐国请求救援，但齐国提出，要想让他们出兵，除非让赵太后的小儿子长安君到齐国去当人质。赵太后心疼长安君，不愿意答应齐国的要求。大臣们觉得，如果不抓住这个机会，赵国就有覆亡的危险，于是纷纷劝谏。赵太后执意不肯。

老臣触龙知道这种情况，也来见赵太后。赵太后何等聪明，知道触龙肯定是来劝自己的，因此心中非常厌恶，露出恼怒的神色，骄傲蛮横，气势逼人。没想到，触龙并没有提长安君的事，只是和她说起了家常话。太后找不到发泄点，又想到触龙毕竟是个老臣，语气便慢慢和缓起来。

触龙见到气氛没有那么紧张，便向太后提出要求，要把自己的小儿子安排在王宫卫队。而且表示，因为自己对小儿子非常疼爱，所以请太后照顾一下。赵太后一听，以为触龙此来只是为了拉关系，就对他不再设防了。太后还笑嘻嘻地问，你是不是也喜欢最小的儿子，并说自己向来都是如此。

触龙却严肃地说道，太后一定是喜欢女儿比喜欢小儿子更多一点儿，并仔细给她分析：“你喜欢你的女儿，所以把她嫁到燕国做皇后，还整日向上天虔诚祈祷，希望她生个儿子成为燕国的太子。这样看来，你是在为女儿长远利益考虑。可是你又是怎么对待长安君的呢？尽管你给了他大量的钱财，却不给他为国立功的机会，以后他在众人心中必定一点儿威望、一点儿地位也没有！这样看来，你处处考虑燕后的前途，却处处不考虑长安君的前途，所以说你更喜欢女儿一些。”

赵太后听了这番理直词正的话，觉得应该让长安君吃点苦，接受一些锻炼。于是，她接受众人的意见，让长安君到齐国做人质。齐国果不食言，真的发来了大队人马相助赵国。众百姓都知道齐军来援是长安君做人质换来的，心中对长安君非常感激。

◎成语释义

骄横傲慢，气势逼人。盛气：嚣张的气焰；凌：欺侮、侵犯。

◎故事出处

《战国策·赵策四》：“左师触龙愿见，太后盛气而揖之……”

◎出处译文

左师触龙自愿晋见赵太后。赵太后心中非常厌恶，露出恼怒的神色，骄傲蛮横，气势逼人……

◎成语示例

他总给人一种盛气凌人的感觉，同学们都不愿意与他交往。

失之毫厘，谬以千里

西汉时期，上邽人赵充国足智多谋，很有才华。一天，汉宣帝传下一道旨意，命赵充国去西北地区镇压羌人的叛乱。他到了西北地区，通过调查研究，觉得用招安的方法比单纯用大军镇压要强得多。事实证明，他的做法是正确的。可是没过多久，汉宣帝命令西北军队全线进攻叛军。

赵充国很矛盾，不知道怎么办才好。依照圣旨出兵吧，只怕付出巨大代价，还不一定会取胜。提出自己的建议吧，岂不是违背圣旨。他的儿子是个有心计的人，对他说："既然怎么做都不好，那就遵从旨意出兵吧，免得引来杀身之祸。皇帝的心思是不可揣测的，要知道，伴君如伴虎啊！"

赵充国犹豫不决，想起了以前的事情。

以前，赵充国曾经向宣帝建议，让酒泉太守辛武贤去西北驻守，宣帝没有同意，却听从了丞相之言，改派义渠安国前去驻守。由于义渠安国不懂军事，结果匈奴来犯，汉军连吃败仗。

后来，赵充国又向皇帝提出建议，趁西北地区谷子的价钱便宜，先收购三百万石存在仓库里，以备不时之需。可是汉宣帝舍不得花钱，只收购四十万石，后又被义渠安国浪费了许多，所以收购一策没有取得什么效果。

正是因为汉宣帝在这两件事上做错了，才导致西北边疆的局势越来越严重。

赵充国想到这些，痛定思痛，说道："真是一丝一毫的差错会得出相差千里的不同结果啊！如今战火未息，黎民百姓还生活在困苦之中，我一定要坚持正确的主张，将颓败的局势扭转过来。"于是他给朝廷上了一道奏章，力主撤兵屯田，招安造反的羌人。

宣帝接到奏章，经过深思熟虑，终于同意了赵充国的建议，改用招抚政策，平定了叛乱。

◎成语释义

形容极细小的差错，就会造成严重的后果。失：差错；毫、厘：微小的长度计量单位；谬：错误、差错。也作"失之毫厘，差以千里"。

◎故事出处

《资治通鉴·汉纪》："失此二策，羌人致敢为逆，失之毫厘，差以千里，是既然矣。"

◎出处译文

在这两件事上做错了，才导致羌人敢于叛逆。所谓很小的差错，就会造成严重的后果，就是这样啊。

◎成语示例

孙先生却把它看成先有文人，而后变成弄臣。这一来，真是"失之毫厘，谬以千里"了！（闻一多《屈原问题》）

师出无名

公元前206年，刘邦奉楚怀王的旨意，率领军队攻打关中，推翻了秦朝的统治。没过多久，项羽率领众诸侯的大军进入咸阳。他自立为西楚霸王，把刘邦贬到人烟稀少的巴蜀和汉中去做汉王。

项羽尊楚怀王为义帝，表面上把他当作天下的共主，实际上却夺了他的权柄。没过多久，项羽觉得他实在碍事，就派人把义帝给杀了。

由于项羽分封不均，天下诸侯越来越不服项羽，于是纷纷起兵造反。汉王刘邦也统率兵马，夺了关中。他到达洛阳时，董公给他提了一个建议：“**我常听别人讲，顺应仁德就会昌盛，违背仁德就会自取灭亡。出兵如果理由不正当，做大事就会走向败亡。**项羽这个人太不讲道理，竟然把支持自己的君主给杀了，天下人都觉得他这件事做得不够光明磊落。您如果为义帝发丧，以这个理由讨伐他，全天下都会认为您品德高尚，可以依赖。这样一来，您就同武王伐纣一样，兴的是仁义之师，岂有不成功之理？”

刘邦听后很高兴，暗地埋怨自己怎么早没想到这个主意。于是，他采纳了董公的建议，为义帝发丧，并宣布一定要为义帝报仇雪恨。仅仅通过四年的征战，刘邦就取得了胜利，逼得项羽在乌江边自刎。刘邦统一天下后，并没有寻找义帝的旁系近支，而是自立为帝，建立了汉朝。

◎成语释义

出兵没有正当的理由。也泛指做事没有正当的理由。师：军队；名：名义，引申为理由。

◎故事出处

《汉书·高帝纪上》：“臣闻顺德者昌，逆德者亡。兵出无名，事故不成。”

◎成语示例

曹操师出无名，难以号令天下。

识时务者为俊杰

三国时期，曹操知道刘备是个英雄，恐怕他日后羽毛丰满，难以制伏，就带兵向他进攻。刘备吃了败仗，没了地盘，只好依附荆州牧刘表。但他坚信自己总有一天会兴复汉室，所以并不甘心寄人篱下。他知道，要想成就大事，必须有才智出众的谋臣，所以一直留心物色这样的人才。

他听说司马徽在襄阳一带有很大的名气，并且学问很大，便主动去拜访他，问他对天下大势的看法。司马徽是个隐士，对政治没有兴趣，就直言以告：“像我这样的书生，平庸极了，对天下复杂的形势实在看不清晰！能认清形势的人，必是杰出之人。我们这里有卧龙和凤雏两个人，他们都是杰出之人，必能对您有所帮助。”

卧龙指的是诸葛亮，凤雏指的是庞统。司马徽对诸葛亮和庞统二人的评价非常正确，他二人确实是了不起的人才。

这二人都过着隐居的生活，学问很大，能把握全局，察知形势的走向。后来，诸葛亮、庞统都为刘备所用。

◎成语释义

能认清形势或潮流的人才是英雄豪杰。时务：形势或潮流；俊杰：杰出的人物。

◎故事出处

《三国志·蜀书·诸葛亮传》裴松之注引《襄阳记》：“识时务者，在乎俊杰。”

◎成语示例

要工商界朋友们往大处想，不要往小处想，识时务者为俊杰。（周而复《上海的早晨》第四部）

实事求是

西汉时期，汉景帝有十四个儿子，其中栗妃所生之子就是刘德，被封为河间王，死后被称为“河间献王”。

这个河间献王不关心政治，却喜爱读书。他从民间收集了许多先秦时期的著作，闲暇之时仔细阅读。秦始皇焚书以后，古书流传下来的非常少，由于刘德特别喜欢学习，很多人把祖先传下来的古书都无偿地送给他。

刘德对于自己收集到的古书，都能认真地进行研究和整理。他以脚踏实地、刻苦钻研的精神，受到人们的尊敬。

许多学者见他身居高位，仍然热爱学习，便和他一起研究学问。甚至皇帝和官府中的学者，对他的学识和治学态度，都表示由衷佩服。

东汉史学家班固，在撰写《汉书》时，专门为刘德写了传记，就是著名的《河间献王传》。他肯定了刘德严谨的治学态度，赞扬他苦心钻研古代的学问，并善于从确凿的事实根据中得出正确的结论。

◎成语释义

原意是，根据事实，求索真相。现在多指科学地研究客观事物的规律，如实反映实际情况，按照实际情况办事。

◎故事出处

《汉书·河间献王刘德传》：“修学好古，实事求是。”

◎出处译文

（刘德）爱好古代文化，对古代文化的研究十分认真，总是在掌握充分的事实根据以后，才从中求得正确可靠的结论。

◎成语示例

总结经验要实事求是，不可弄虚作假。

食不甘味

苏秦游说赵国，被赵国国君封为当朝相国。后来，赵君又命苏秦去联合各国，说服它们共同抵抗强秦。苏秦先后来到韩、魏、齐国，这三国国君听了他的话，都同意联合起来。最后，他来到楚国，见到了楚威王。

苏秦首先向威王分析了楚国的优势：“楚国的国势非常强盛，您是一位贤明的君主，楚国的地理位置也很重要，而且贵国军队精锐，粮草充足。您依靠这些有利条件，足可称霸天下。”

接着，他又将楚、秦两国所处的形势进行比较，还指出楚王应当采取的策略。这些话都是楚威王很想了解的，再加上苏秦讲得非常生动，所以楚威王不禁听得入了神。

最后，苏秦又分析了秦国的本质，并且说：“秦国是虎狼之国，有吞并天下的野心，是天下人的仇敌。各国为了自保，只有联合起来，把秦国彻底打败。”

楚威王听到这里，觉得苏秦说得很有道理。他深有感慨地说：“我们楚国与秦国接壤，秦国一直想霸占我们的土地。可是，秦国太强大了，光凭我们楚国一国之力，很难取得胜利。我与手下众大臣商议，他们也没有什么好办法。为此，我经常在床上翻来覆去，睡不安稳，吃东西的时候也觉得没有味道，心像悬挂的旗子一样摇晃不定，没有一时一刻得到安稳。现在听了先生的话，我的心境逐渐开朗起来。我决定参加‘合纵’行动，同其他各国联合，不让秦国再欺负我们了。”

◎成语释义

吃东西吃不出味道来。形容心里忧虑不安。甘味：吃出的味道。

◎故事出处

《战国策·楚策一》：“寡人卧不安席，食不甘味，心摇摇如悬旌，而无所终薄。”

◎成语示例

奶奶病了，妈妈非常着急，食不甘味。

世外桃源

陶渊明是东晋时期的诗人，擅长描写田园风光。他写过一篇《桃花源记》，里面说有个渔夫，在打鱼的时候迷了路。他沿着一条小溪划行，不记得船行了多远，突然遇到一片桃树林，两岸全是桃花，飘香满林，桃花随风飘落四处，美丽无比。

他沿着桃林前进，发现桃林的尽处有座小山，他下船从小山中穿过，从一个洞口出来后，发现山那边另有一个村庄，村庄里有肥沃的土地，整齐的房屋，人们自由自在地生活在那里。他的到来，惊动了村里的人，大家都来看他，并对他非常好，经常请他去家里做客。

渔夫得知，这些人的祖先是在秦朝末年的时候避难逃到这个地方，后人一直生活在这个与世隔绝的地方。渔夫住了些天，开始想回家。离开的时候，他在路上做了标记，回家后把这个情况报告了太守，太守派人跟他去寻找那个村庄，但是再也没有找到过。

◎成语释义

与现实社会隔绝，生活安乐的理想境界。

◎故事出处

晋·陶潜《桃花源记》：“缘溪行，忘路之远近。忽逢桃花林，夹岸数百步，中无杂树，芳草鲜美，落英缤纷。”

◎成语示例

在这世外桃源的仙境中，没有了人世喧嚣的声音。（杨沫《青春之歌》第一部第三章）

守株待兔

春秋时候，宋国有个平民以种地为生，一天到晚在田里劳作。有一天，他正干着活，一只兔子惊慌失措地奔跑而来，一个没留神，正巧撞到地边的一棵树桩子上，结果撞断脖子，死于非命。于是，这个农民没有花费丁点儿的力气，就得到一只兔子，自然非常兴奋。

从此以后，这个农民就把农具放下，不再劳动，整天在树桩旁边苦等，希望再等到不小心撞死的兔子。可是一天天过去，再也没有等到兔子撞到树桩上。结果，他不但没有得到死兔子，反而使田地里的庄稼全都荒芜了。

宋国人听说了这件事，对那个农民冷笑不止。这个事就作为一个笑话流传开来。

◎成语释义

比喻死守片面的经验，不能变通，或妄想不劳而获，坐享其成。

◎故事出处

《韩非子·五蠹》：“因释其耒而守株，冀复得兔。兔不可复得，而身为宋国笑。”

◎出处译文

因此，农民荒废了他的耕作，天天等在树桩旁，希望能再得到只兔子。然而兔子没有再次得到，自己却成了宋国人的笑柄。

◎成语示例

没有人能靠守株待兔取得成功。

熟能生巧

北宋时候，有个叫陈尧咨的射箭高手，本领非常出众。有一次，陈尧咨带着徒弟在院子里练习箭法，陈尧咨举起了弓，搭上箭，一连发出十支箭，每支箭都正中红心。徒弟们不禁拍手叫好。陈尧咨见自己的本事得到众人认可，不禁得意扬扬起来。但一旁有一个卖油的老翁却不怎么惊奇，只是稍微点点头而已。

陈尧咨心里很不舒服，就问老人道：“看样子你莫非会射箭？你看我射得怎

S

么样？”言外之意分明是：你看我射得不好，那么你来呀？老人不慌不忙地答道：“射箭我倒不会，我只会依常理来判断。你的箭法只能算可以，并没有什么奥妙之处，仅仅是熟练而已。”

陈尧咨听了这话，更加不高兴，对老人说道：“你竟然小看我的射箭本领！难道你的本事比我还高明吗？”老人诚恳地说：“不是我看轻你的箭法，我是根据我卖油的经验，知道你是因为熟练，才有了今天的射箭本领。”

说着，老人把一个装油的葫芦放在地上，又拿出一个铜钱盖在葫芦口上，然后用勺子舀起一勺油，高高地举起来，通过钱眼倒进葫芦。只见油像一根直线一样穿过钱眼，流进葫芦里，铜钱上连一滴油也没沾上。

老人对陈尧咨说：“其实我也没有什么本事，只不过是手熟练了而已。”陈尧咨听了十分惭愧，从此更加努力地练习射箭，再也不夸耀自己的箭术了。

◎成语释义

无论做什么事，只要勤学苦练，掌握规律，就能找到诀窍，做得灵巧自如。

◎故事出处

欧阳修《欧阳文忠公文集·归田录》：“我亦无他，惟手熟尔。”

◎出处译文

我也没什么别的本事，不过是手熟练了而已。

◎成语示例

要想掌握技术，只有勤学苦练，才能熟能生巧。

双管齐下

唐朝时，有一位名叫张璪的画家，善于画山水松石，人们都很喜欢他的画。他作画时，总是要屏息静坐一会儿，等到灵感出现，他便快速挥笔，很快就画成。另一位画家毕宏听说他的画很传神，就请求张璪当场作画，让他长长见识。

经过毕宏的一再要求，张璪终于答应了。他作画时不怕人多，愿意当众挥毫。只见他双手各握住一支笔，左右开弓，同时落墨，一支笔画新枝，另外一支笔则画起枯干来。他画的新枝如含春露，含苞待放，他画的枯干似凝秋霜，遒劲沧桑。新枝、枯干绝无雷同之弊，各有各的妙处。在场众人见到如此绝技，都感到惊奇。

更令人叹服的是，张璪所用的作画工具，竟然是两支秃笔。

其实，灵感勃发时他还能够用手指代笔，蘸墨在纸上纵横摩按，却能画出松树的苍劲、山石的凝重、泉水的流动。他的画栩栩如生，耐人寻味。

且说张璪画完，将笔放下。毕宏佩服得不得了，上前请教张璪的老师是谁，张璪谦虚地答道：“我是以大自然为老师，通过对自然万物的长期观察，使万事万物都生长在自己心中，画起画来才能得心应手！”

毕宏听后，长叹一声，说道：“张先生画松，没有人能够相比。有您在，我从此可以搁笔，不向丹青中讨生活了！”

◎成语释义

两只手握两支笔，同时作画，后比喻同

时做两件事。管：笔。

◎故事出处

宋·郭若虚《图画见闻志·故事拾遗》：“能手握双管，一时齐下，一为生枝，一为枯干。”

◎出处译文

能用双手各握住一支笔，同时落墨，一支笔画新枝，另外一支笔则画枯干。

◎成语示例

他们反而决心双管齐下，延续他历来的战略。

水滴石穿

北宋有个名臣，名叫张乖崖，有一次他到崇阳担任县令。当时社会中，存在着军卒凌辱将帅、小吏侵犯长官的恶风恶俗，张乖崖认为这是一种反常的事。于是，他想找个机会整顿风气，杀一儆百。

一天，他在衙门附近巡视，看到一个小吏，从府库中溜出来，面带慌乱之色。张乖崖断定此人没干好事，就一声喊住他，结果发现他鬓旁头巾下藏有一枚铜钱。张乖崖觉得其中必有问题，于是一再追问盘查。小吏无法解释，只得实话实说，承认自己刚从府库中偷盗了一枚铜钱。

张乖崖将这小吏押上大堂，下令严刑拷打。小吏不服气：“一文钱有什么了不起，你竟然如此用刑！你也只能打我一顿，难道你还能把我给杀了！”张乖崖见小吏如此目无尊长，真是该死之徒，就毫不留情地拿起朱笔判道：“一日一文，千日一千，时间长了，绳子能锯断木头，水也能把石头滴穿。”

判决完毕，张乖崖扔掉朱笔，拿起宝剑，亲自将小吏斩首。

从此，崇阳县的风气真的有所好转。

◎成语释义

本意是，水不住地往下滴，就能将下面的石头滴穿。现在用它来比喻即使力量弱小，但只要坚持不懈，就一定能获取很大的成功。

◎故事出处

宋·罗大经《鹤林玉露·一钱斩吏》：“一日一钱，千日千钱，绳锯木断，水滴石穿。”

◎出处译文

一天偷一文钱，一千天就会偷千文钱，时间久了绳子都能把木锯断，水也能把石头滴穿。

◎成语示例

只要有水滴石穿的精神，我们也能做出伟大的事。

水落石出

北宋时期，出了一位名叫苏轼的文豪。他为人豪放，学问很深，极富文采。一天，他和朋友到黄州城外的赤壁游览，心里很高兴，就写下了一篇文章，名为《后赤壁赋》。

当时正是十月，夜晚的月光特别皎洁，苏轼和朋友们高高兴兴地在城外散步。由于与清风明月做伴，他们诗兴大发。于是，他们各自吟起诗来，顷刻之间就得了不少佳句，心情格外愉悦。

这时，苏轼突然想到自己本是个爱

酒之人。在这种美好的时刻，如果有酒来助兴，岂不更有情趣？想到这里，苏轼飞快地跑回家中，问妻子家里还有没有酒。妻子知道他喜欢狂饮，不由娇笑，取出一罐珍藏多年的美酒。妻子还说，这是早为他准备好的，现在是吉日良辰，正好饮用。

苏轼非常兴奋，抱着酒就飞奔到城外，继续和朋友们吟风弄月。

这时候，只听得江水发出潺潺之声，在这万籁俱寂的夜晚显得异常清脆。岸边的千尺陡壁，显得峻峭如削，一座座高山屹立在江岸。此时的月亮，已悬在山峰之间。由于与山峰相伴，在人的视觉里，月亮显得小多了。江水落下，江水之下的石头，就显露了出来。

◎成语释义

水落下去，石头就显露出来了。后用以比喻事情的真相完全显露。

◎故事出处

宋·苏轼《后赤壁赋》："江流有声，断崖千尺，山高月小，水落石出。"

◎出处译文

长江的水流得哗哗响，江岸上山壁峭立，高达千尺。山，高高的；月，小小的。水位低了，原来在水里的石头也露出来了。

◎成语示例

先不要着急，总有一天真相会水落石出的。

水深火热

战国时期，燕国发生内乱。齐宣王大喜，派大将匡章率十万大军乘虚而入。燕国的百姓对本国统治者不满，不愿意抵抗齐军，甚至有人给齐军送饭送水。可是由于匡章的军队军纪很差，士兵经常欺负老百姓，燕人对齐兵非常失望，又起来反抗齐兵。

齐宣王不知该不该将燕国吞并，就向客居齐国的孟子请教此事。

孟子笑着说道："如果将燕国吞并，当地百姓非常高兴，那就将它吞并。古人有这样的先例，周武王便是。"他指的是武王伐纣之事。齐宣王大喜，以为孟子主张吞并燕国。

可是，孟子又接着说："如果吞并燕国，当地百姓并不高兴，那就不要吞并。古人也有先例，周文王便是。"这是指周文王觉得商纣还没有失尽人心，就依然忠心耿耿地侍奉商朝，不对他起异心。

孟子还说："当初齐军进入燕国，燕人特别高兴，那是因为燕国百姓不想再过苦日子了。可是如果齐国把燕国吞并，使他们继续陷入水深火热之中，那么他们肯定不会服从命令，而会起来反抗大王的军队。"

齐宣王觉得燕国早晚是自己的，所以不听孟子的劝告。结果不但燕人的反抗此起彼伏，其他国家也怕燕国覆灭，灾难会降到自己身上，就纷纷支援燕国。齐宣王没有办法，只得命令军队停止进军，班师回朝。

◎成语释义

像沉入水中，越来越深；像掉进火坑里，越来越热。用来比喻处境极其艰难困苦。

◎故事出处

《孟子·梁惠王下》："如水益深，如火益热，亦运而已矣。"

◎出处译文

如果水更深、火更热，百姓也就只能离开了。

◎成语示例

只要能把国家从水深火热里救出来，他就是至高无上的英雄。（梁斌《红旗谱》四二）

● 水至清则无鱼

汉明帝十六年，班超奉命出使西域，班超在西域三十多年，联络了西域五十多个国家同汉朝和好，汉和帝即位后封他为定远侯。汉和帝十一年，班超已经70岁，他在西域写信给和帝，要求回国，他妹妹也上书给汉和帝，请求让班超回来。

汉和帝终于另派中郎将任尚接替他，班超得以回到洛阳。在交接时，任尚向班超询问西域的情况，并请教如何开展工作。

班超说："我年老失智，你肯定能当大任，功业要超过我。你一定要我讲，我就说几句吧。西域人不懂中原文化，他们的风俗习惯跟我们也不一样，有些人生性野蛮，很难教养。而边境的士兵也大都因为犯了法才送到西域驻守。

依我看，**你这个人性子比较急躁，待人过严。要知道，水太清澈了，就没有大鱼；当领导的太精明了，底下的人就怨恨。**你应当宽容别人的小错，不要在小是小非上纠缠。"

回到洛阳不久，班超去世。对于班超的这些劝告，任尚没有放在心上。他对左右说："我本以为班超有什么高见，结果都是些平常道理。"他不听班超的忠告，采用欺压办法，以致丧失人心，使自己与西域人以及手下的关系越来越坏。

这样一来，西域各国联合起来反对朝廷，任尚受到惩处。后因邓太后采纳了班超儿子班勇的意见，西域才与汉朝恢复了关系。

◎成语释义

比喻人太精明了，就没有伙伴。

◎故事出处

《后汉书·班超传》："今君性严急，水清无大鱼，察政不得下和。"

◎成语示例

我们指责人不要太苛刻、看问题不要过于严厉，正所谓水至清则无鱼。

● 司空见惯

刘禹锡是唐朝的杰出诗人，他中了进士后，便在京做监察御史。他在朝廷任职期间，曾在政治上谋求改革。因为他放荡不羁的性格，在京中受人排挤，被贬做苏州刺史，晚年才回京城。

就在苏州刺史的任内，当地有一个曾任过司空官职的人名叫李绅，因仰慕刘禹锡，邀请他饮酒，李绅家里很富有，也很讲究排场。宴会上喝酒谈笑，李绅又让歌女出来演唱，并让她们向刘禹锡殷勤敬酒。

刘禹锡一时诗兴大发，便吟诗一首：

“高髻云鬓新样妆，春风一曲杜韦娘。司空见惯浑闲事，断尽江南刺史肠。”

这首诗中所用的司空两个字，是唐代一种官职的名称，相当于清代的尚书。从刘禹锡的诗来看，整句成语的意思，就是指李司空对这样的事情已经见惯，不觉得奇怪了。从这首诗中可以看出刘禹锡对自己贬官苏州经历的感叹。

◎成语释义

指某事常见，不足为奇。

◎故事出处

唐·孟棨《本事诗·情感》载刘禹锡诗：“司空见惯浑闲事，断尽江南刺史肠。”

◎出处译文

司空见惯了这种歌舞闲适的事情，但是我（苏州刺史）却感到非常感慨。

◎成语示例

他的这种做法简直司空见惯，却起到了意想不到的效果。

● 司马昭之心，路人皆知

三国时期，魏国有一位名叫司马昭的权臣，位居大将军之职。他见大权已落入自己手中，就处心积虑地想谋夺帝位。当时魏国皇帝是曹髦，他见曹氏越来越衰败，司马昭则专横跋扈，不可一世，心中非常忧愤。于是，曹髦写了一首题为《潜龙》的诗，将自己的苦闷心情倾泻出来。

司马昭看到这首诗，非常生气，就在朝堂上大声斥责曹髦，说曹髦借写诗来讽刺他。曹髦年纪小，没有处世经验，所以吓得出了一身冷汗，一句话也不敢说。

曹髦回到后宫，觉得司马昭一定想谋夺帝位，现在他的意图已经昭然若揭了，长久下去，自己还要受他的欺负。曹髦不想继续受辱，就想果断地除掉司马昭，重兴魏朝天下。于是，他召集了几位亲信大臣，密谋诛杀司马之计。

他怒心不息地说：“司马昭想谋夺帝位的野心，是天下人都知道的。我不能坐着等他废我，今天咱们必须团结起来，大张旗鼓地讨伐他。”众大臣都觉得这样做没什么胜算。

可是曹髦等不及了，拔出宝剑，登上马车，将宫中侍卫、仆从三百多人编成军队，准备进攻司马昭的府第。可是，还没到达司马昭的府第，他就被司马昭的卫兵杀死了。

◎成语释义

司马昭心里想什么，大家都明白。比喻人所共知的阴谋、野心。

◎故事出处

《三国志·魏书·高贵乡公传》裴松之注引《汉晋春秋》：“帝见威权日去，不胜其忿。谓曰：‘司马昭之心，路人皆知。’”

◎出处译文

皇帝（曹髦）看到自己没有了一点皇帝的威严，非常恼怒地说：“司马昭想谋夺帝位的野心，是天下人都知道的。”

◎成语示例

他这个时候去拜访周总，真是司马昭之心，路人皆知。

● 四分五裂

战国时期，七国争霸。七国之中，又以

秦国实力最强。政治家们看到天下纷争不已，就根据实际情况，提出两种截然不同的主张。一派是以苏秦为领袖的“合纵”派，主张六国联合起来抗秦。另一派是以张仪为首的“连横”派，主张由秦国统一天下。

张仪是秦国的著名大臣，一次奉了秦王旨意，劝说魏国与秦国联合起来，对付其他五国。

他见了魏王，说道：“魏国的地理条件非常不好，处于七国之间，打起仗来不能守住城池，这是致命的弱点。

“贵国如果联合南方的楚国而不联合齐国，齐国就会很生气，从魏国的东面打来；如果联合齐国而不联合赵国，赵国也不是好惹的，会在北面挑衅闹事；如果不与韩国联合，韩军会频繁地从西面进攻；如果不与楚国搞好关系，楚国的军队则会从南面发起势不可当的进攻。

“稍有不慎，战争就会降临到魏国身上，一点儿安全保障都没有，这就是我所说的四分五裂的道理啊！”

听了张仪的话，魏王觉得自己联合五国抗秦真是失策，原来这五国都是自己的劲敌呀。于是，魏王向张仪请教，自己身处乱世之中，用什么方法才能保住国土。张仪笑了一下，劝魏王与秦国联合。因为秦国在七国之中最为强大，联合秦国，其他诸侯国因为害怕秦国，一定不敢轻易侵犯魏国。这样一来，魏国的安全就有保障了。

魏王听信了张仪的话，终于依附了秦国，整天为秦国的利益南征北战，耗尽了国力。

◎成语释义

形容很分散、极不完整的情况，也形容一个国家或一个集团支离破碎、不团结、不统一的状况。

◎故事出处

《战国策·魏策一》：“此所谓四分五裂之道也。”

◎出处译文

这就是我所说的四分五裂的道理啊！

◎成语示例

我只是不希望这个家四分五裂。

● 四面楚歌

秦朝灭亡后，汉王刘邦和西楚霸王项羽为了争夺天下，打了好几年的大仗。项羽自恃勇冠三军，显得不可一世，渐渐失去人心。而刘邦则重用人才，并提出要为死去的义帝报仇，所以众诸侯纷纷归附。

后来汉王部将韩信将楚军围困在垓

下，也就是现在安徽省灵璧县东南沱河北岸。

楚军被韩信围得水泄不通，粮草将尽，又无救兵，形势万分危急。项羽十分忧虑，却想不出退敌之策。一天深夜，他正在帐中苦苦思索，忽听四面八方传来楚国的歌声。项羽大惊失色，慌忙问道：“汉军竟然如此骁勇，把楚国全部攻占了吗？为什么敌营中有那么多楚国人在唱歌呢？”

其实，这是刘邦的一条计策。他命汉军的士兵们演唱楚歌，好使楚军军心涣散。因为楚军大多数来自楚地，他们听到家乡的曲调，以为楚地全部失守，于是想念故乡，作战能力大大降低。

不仅士兵们听了楚歌后想家，就连项羽在帐中听到楚歌后也是心乱如麻。当天夜里，项羽带领一哨人马突围南逃，刘邦派兵紧紧追赶，要将项羽的人马斩草除根。项羽逃到乌江边上，觉得无面目见江东父老，于是拔剑自刎。

◎成语释义

比喻四面受敌，处于孤立无援、大势已去的处境之中。

◎故事出处

《史记·项羽本纪》：“项王军壁垓下……夜闻汉军四面皆楚歌，项王乃大惊。”

◎出处译文

项羽兵败至垓下……夜里听到四面八方都传来楚国的歌声。项羽大惊。

◎成语示例

在这四面楚歌里，凭你怎样伶牙俐齿，也只得服从了。（朱自清《航船中的文明》）

T

贪生怕死

西汉末年，刘立继承了梁王之位。他荒淫残暴，欺压百姓，称霸一方。汉成帝在位时，还能容忍他，汉哀帝即位后，觉得他真是太不像话了。可是刘立更加恣意妄为，根本不把国家的法律当回事，竟然无故将手下的中郎曹将等人杀死。

汉哀帝得知他如此草菅人命，非常气愤，就派遣官员对此案进行调查。刘立非常害怕，就装作一副生病的样子，卧床不起，希望能够逃过此劫。办案官员故意透露风声说，皇帝对梁王很不满意，要收缴梁王的印玺，把他囚禁起来。

这一下，可把梁王吓坏了。他意识到事态已经发展得很严重，急忙取下王冠，跪在地上请罪。他说自己犯罪是因为从小失去父母，在宫中受到宦官、宫女们的坏影响，染上了恶习；而一些大臣也喜欢离间皇室骨肉，在天子面前说他的坏话，以至于天子对自己感到不满。

紧接着，他又说道：“**我无故杀害中郎曹将，本来想到冬季快要过去，一到新春就会有大赦到来，那时就可以无罪了。我非常怕死，所以想装病来拖延时间，希望拖到明年春天，得到皇帝的赦免。**”

汉哀帝见梁王实在可怜，就没有立即惩办他。到了第二年春天，皇帝果然大赦天下，梁王侥幸逃脱了处罚。可是，后来王莽篡夺帝位后，刘立被废为平民，不久便自杀而死。

◎成语释义

贪恋生存，害怕死亡。

◎故事出处

《汉书·文三王传》：“今立自知贼杀中郎曹将，冬月迫促，贪生畏死，即诈僵仆阳病，侥幸得逾于须臾。”

◎成语示例

他们没有一个贪生怕死而逃跑的，他们知道多一个人多一分力量。（曲波《林海雪原》二）

谈笑自若

三国时，孙权手下有个年轻的将领甘宁。有一年冬天，曹操进兵荆州，甘宁跟随周瑜在乌林大破曹操，立下了战功。接着，又到南郡攻打曹仁，但未能攻克。甘宁献策，由他率兵从小路取江陵上游的夷陵（今湖北宜昌），以便东西夹击曹仁，迫使其向北撤退。

周瑜命令他统兵前往，甘宁日夜兼程，果然一举占领，然后据守在城中。曹仁见势不妙，立即派五六千人去围攻夷陵，企图一举夺回这一战略要地。

当时甘宁手下只有数百军士，加上破城新增的兵员，也不过一千人。曹军在城外搭设高台，连续几天，从上面向城中射箭，箭密如雨，军吏胆战心惊，只有甘宁说说笑笑，和平常一样。与此同时，他派人出城向周瑜求援。

周瑜率领众将前来，解除了夷陵之围。曹仁部众损失过半，连夜逃遁，途中又遭到截击，丢失战马三百多匹。甘宁乘胜追击，准备与曹军决一雌雄。曹仁不敢再战，全军撤回北方。

◎成语释义

能平静地对待所发生的情况，说说笑笑，不改常态。

◎故事出处

《三国志·吴书·甘宁传》：“城中士众皆惧，惟宁谈笑自若。”

◎出处译文

城里的士兵和百姓都很害怕，但是甘宁却说说笑笑，和平常一样。

◎成语示例

上面虽有倾盆大雨淋着，我们还是谈笑自若，边走边谈，愈谈愈有味。（邹韬奋《经历·初出茅庐》）

● 探囊取物

五代时期，有一位著名文人名叫韩熙载。他本来在中原任职，因为唐明宗李亶将他的父亲杀害，于是他决定离开中原，去江南的南唐效力。

他临走时，好友李穀前去为他送行。韩熙载对李穀说：“江南如果请我当宰相，凭我的才华，一定能率领军队北上，占领中原。”而李穀听后则笑笑说：**“如果中原能够请我当宰相，要夺取江南诸国，实在和在口袋里拿东西没有什么区别。”**

韩熙载投奔南唐后不久，南唐就吞并了吴国，但是南唐皇帝昏庸，奸臣当道，韩熙载一直没有受到重用，当然更没有当上宰相。所以，他没有建立什么功业。

而他的好友李穀却当了后周的大将，并统率人马征伐南唐。在中原与南唐的战争中，他屡建奇功，夺取了南唐的很多城池，受到后周皇帝的赏识。但是，他也没有当上宰相。

◎成语释义

把手伸进口袋里拿东西。比喻办事情轻而易举，毫不费力。囊：口袋。

◎故事出处

《新五代史·南唐世家》：“中国用吾为相，取江南如探囊中物尔。”

◎成语示例

关羽温酒斩华雄，如探囊取物。

● 螳臂当车

春秋时候，鲁国有一位名士颜阖，非常有学问。一次，他来到卫国宣传自己的治国主张，希望能够得到重用。卫灵公很喜欢饱学之士，想请他担任太子蒯聩的老师。蒯聩在卫国可谓臭名远扬，他凶残成性，经常无故杀人。很多卫国人都害怕他。

颜阖对自己能否胜任蒯聩的老师一

职，非常没有信心，就找到卫国大臣蘧伯玉，请他给自己指出一条明路。

蘧伯玉对颜阖说："就凭你这点本事，也想去教蒯聩？如果你真想成为此人之师，就要处处谨慎，不要冲撞了他，否则他就可能因为一点小事把你杀害。

"你知道螳螂吗？有一天我乘坐马车出去办事，路上有一只螳螂高高地举起两只前脚，向马车的轮子直扑过来。虽然车轮子比螳螂大几十倍，但螳螂毫不畏惧，根本没有想到后果。结果，它就是因为不自量力，被车轮子碾得粉碎。

"如果你也想不自量力一把，去接近暴虐成性的蒯聩，会和螳螂阻挡车有一样的结局！"

颜阖听了这一番话，吓得浑身是汗，再也不敢接受卫灵公给的差事了，而且尽快逃离卫国。等到他出了卫国的边界，一颗心才稍微安定下来。

再说无法无天的蒯聩，因为整天胡作非为，招惹是非，终于被人杀死。

◎成语释义

常用来比喻不自量力，必然导致失败的结局。

◎故事出处

《庄子·人间世》："汝不知夫螳螂乎？怒其臂以当车辙，不知其不胜任也。"

◎出处译文

你不知道这只螳螂吗？愤怒之下全力伸展它的臂膀来阻挡车轮，却不知它不能胜任（这件事）。

◎成语示例

那些技术落伍、管理落后的企业，要以如今的实力，去和跨国大企业竞争，简直是螳臂当车。

● 天下无双

战国时，信陵君在魏国偷盗兵符，领兵解了赵国邯郸之围后，便留在了赵国。他听说赵国有两个出色的人才：一为毛公，藏身于赌徒之中；一为薛公，埋名于酒肆之内。信陵君几次想见他们，两人都躲了起来，不肯相见。

信陵君打听到他们的存身之处，就悄悄地走到那儿与两人交游，相互间处得十分融洽。

平原君听说后对妻子说："我听说你弟弟信陵君天下无双。现在看来只是个糊涂虫，只知道和赌徒、卖酒的混在一起。"信陵君从姐姐那儿知道了平原君的议论，感叹道："平原君的养士原来只是贵公子的豪举，并不是真正为了寻找人才。”平原君连忙道歉。

就这样，不但天下之士，就是平原君的门客，也都投奔信陵君门下。秦国出兵攻魏。魏王派人请信陵君回国。信陵君怕魏王追究他的窃符之罪，不肯回国，并告诫下人：“谁为魏王使者通报，处死！”

只有毛、薛两人冒死进言：“秦灭了魏，公子国破家亡，怎么见天下人？”信陵君立即醒悟。信陵君回到魏国，魏王把上将军的印信授给他。信陵君率齐、魏等六国兵将，大破秦军。从此他威震天下，令秦国军队心惊胆战。

◎成语释义

形容出类拔萃，独一无二。

◎故事出处

《史记·信陵君列传》：“始吾闻夫人弟公子天下无双。”

◎出处译文

以前我听说你弟弟是独一无二的贤人。

◎成语示例

夜半，有女子可年十五六，姿颜服饰，天下无双。（鲁迅《古小说钩沉·列异传》）

天衣无缝

唐朝时期，有一个能诗善画的青年，名叫郭翰，他性格诙谐，喜欢开玩笑。

在盛夏的一个夜晚，郭翰正在树下乘凉，忽然清风送爽，一阵香气迎面扑来。他定睛一看，只见一位美丽的女子从天而降，那香气正是从她身上散发出来的。郭翰大吃一惊，慌忙问道：“您是何方人？因何来到这里？”

那女子答道：“我就是天上的织女，今天闲来无事，就到人间游玩一番。”

郭翰非常喜欢织女，就盯住她仔细打量。他发现织女的衣服不但飘洒美丽，而且没有一条衣缝。他越看越奇怪，就大胆问道：“这真是太奇怪了，你的衣服为什么一条缝都没有啊！”

织女笑了一下，说道：“其实这并不奇怪，我穿的是天衣，天衣不用针线缝合，所以一条衣缝都没有。”

◎成语释义

原意是，仙女的衣服没有缝。后来人们用它比喻事物完美自然、细致周密，没有任何瑕疵可寻。通常用它比喻文章写得十分周密、严谨、完整，找不到什么漏洞和破绽。

◎故事出处

前蜀·牛峤《灵怪录·郭翰》：“织女曰：‘天衣本非针线为也。’”

◎出处译文

织女说：“天衣本来就不是用针线缝

合的。”

◎成语示例

这篇文章立意明确，论述周到、深刻，真可谓天衣无缝。

跳梁小丑

战国时庄子和魏国的相国惠施是好朋友，惠施在和庄子的一次谈话中，举自家一株大树为例，说树的主干臃肿，小枝多卷曲，不成材，木匠师傅对它连看都不看一眼，因此惠施认为没有用途的东西，不管多大也没有价值。

庄子反驳他说：“**你难道没看见过野猫和黄鼠狼吗？它们隐伏起来，伺机猎取出来活动的小动物，东蹿西跳，不避高低，**看上去很灵活聪明。但野猫往往触到猎人的机关，死于网罗之中。还有牦牛，庞大的躯体像天边的云，却不能抓老鼠。

“其实物体的大小并不重要，关键是你是否使它的用途合乎自然天性。现在你有大树，担心它无用，为什么不把它种植在乡间和广阔无垠的旷野里，它可以生长得更加枝繁叶茂，来往行人也可以逍遥自在地在它下面乘凉休息。

“因此，它并不因为无所可用而感到有什么困苦，而只是人白白替它操心罢了。”

◎成语释义

比喻那些品格低下者为了达到个人私利或不可告人的目的，极尽捣乱、破坏之能事。

◎故事出处

《庄子·逍遥游》：“子独不见狸牲乎，卑身而伏，以候敖者；东西跳梁，不辟高下。”

◎成语示例

这些跳梁小丑，真正是何足道哉！（陈白尘、贾霁《宋景诗》第三章）

同甘共苦

战国时期，诸侯国之间总是打仗，老百姓受尽战争之苦。齐国趁燕国发生内乱之机，派出军队进攻燕国，燕国连吃败仗。齐国占领燕国，只因燕人不服，才退回本国。战争结束之后，燕昭王继承王位。燕昭王一心想报仇雪恨，富民强兵，可是又不知道该从何处做起。

他左思右想都觉得无计可施，就向郭隗请教。郭隗建议他广泛选拔人才，并亲自去拜访大贤。这样一来，全天下之人都知道他礼贤下士，爱惜人才，一定会有不少贤士前来投奔，为他出力。

燕昭王觉得郭隗的建议很对，就尊郭隗为自己的老师，为他建造了一座华丽的住所，对他格外尊敬。

天下人知道此事后，都觉得燕昭王是一个爱惜人才的贤君。一时间，乐毅、邹衍、剧辛等大贤都赶到燕国，甘愿为燕王尽忠办事。燕昭王非常高兴，对他们全部加以重用，并充分信任他们。

燕昭王除了重用贤士之外，还与百姓共同享受安乐，共同经历苦难。二十八年过去了，燕国终于兵强马壮，国力强盛，百姓的生活也都大为改善。众百姓觉得燕昭王是一个可以信赖的明君，无论燕昭王要做什么，他们都愿意全力支持。

燕王觉得攻打齐国的时机已经成熟，便命令上将军乐毅统率军队，联合韩、魏、赵等国，一起对齐国发动攻势。

很快，燕国军队就攻入齐国领土。燕军连连得胜，没过多久就占领了齐国都城临淄。齐国军队连吃败仗，齐湣王逃得无影无踪。燕昭王终于报了当年受齐国侮辱之仇，也大大地灭了齐国的威风。

◎成语释义

一同品尝甜和苦的东西。比喻一起享福，一起承担困难，患难与共。甘：甜。

◎故事出处

《战国策·燕策一》："燕王吊死问生，与百姓同其甘苦。"

◎出处译文

燕昭王在园中祭奠死者，慰问生者，和百姓共同享受安乐、共同经历苦难。

◎成语示例

好朋友应该同甘共苦，共同奋斗。

● 同流合污

战国时，孟子有一个学生叫万章。有一次，孟子对万章说，孔子很讨厌那些"乡原"。万章问道："乡原是什么样的人物呢？"

孟子说："所谓乡原，就是那些八面玲珑，惯会讨好奉承的人。这种人往往在一乡之中，被大家公认为好人。但是，这种人实际上并非真正的好人，而是言行不一、伪善欺诈之徒，所以孔子不但讨厌他们，还说他们是道德的破坏者。"

经孟子这么解释后，万章还是不太清楚，又问道："既然一乡的人都说他是个好人，他自己所表现出来的也不错，那他就是个好人。而孔子却认为他是道德的破坏者，这是为什么呢？"

孟子回答说："这种人同不好的风俗和世事同流合污，表面看来忠诚老实，公正廉洁，受人们的喜欢，他也觉得自己挺不错，其实他们不起什么好作用。因为他们表面给人以假象，这就更糟糕。所以孔子说他们是道德的破坏者。"

◎成语释义

原意是言行同不好的风俗、世道相合，后来指随着坏人一起做坏事。

◎故事出处

《孟子·尽心下》："同乎流俗，合乎污世。"

◎出处译文

言行同不好的风俗、世道相合。

◎成语示例

至少我不能助桀为恶，我不能同流合污！（巴金《雪》第十章）

同心同德

商朝末年，商纣王非常残暴，整日不理朝政，只知道吃喝玩乐，对百姓征收沉重的赋税，百姓恨透了纣王。这时，商朝的许多诸侯国顺应民心，纷纷起兵造反。

诸侯国周国的国王周武王联合了西部的八个小诸侯国，出动了三百辆兵车、三千名敢死队勇士和四万五千名士兵，前去讨伐商纣王。队伍出发前，周武王对众位将士说："纣王统治的百姓成千上万，率领的军队非常庞大，可是这些人与他并没有共同的思想和信念。我虽然只有十位大臣帮我治理国家、管理军队，可是我的臣民们与我有着相同的思想、信念，那就是消灭纣王。我希望你们每个人都能在战争中建立功业，得到赏赐。"

周武王刚把话说完，众将士就摩拳擦掌，发誓要目标一致，一定要消灭纣王，救民于水火。

后来，周军与商朝军队在牧野地区相遇。纣王的军队有十几万人之多，可是士兵们都对纣王怀恨在心，不愿意为纣王打仗。结果，双方一交战，纣王的士兵就投降周国，并反过来攻击纣王。纣王见势不好，急忙逃跑，逃到朝歌城中固守。

周武王趁热打铁，率领军队强攻朝歌，一定要消灭纣王，为百姓除掉这个大患。

纣王见周军已经入城，觉得自己再活下去也没有益处，就在鹿台上放了一把火，自焚而死。周武王灭了商朝，就正式统治华夏万民，改国号为周。

◎成语释义

思想认识一致，行动也一致。心：思想；德：信念。

◎故事出处

《尚书·泰誓》："受有亿兆夷人，离心离德。予有乱臣十人，同心同德。"

◎出处译文

纣王统治的百姓成千上万，可是与他并没有共同的思想和信念。我虽然只有十位大臣帮我治理国家，可是我的臣民们与我有着相同的思想、信念。

◎成语示例

四万万人齐蹈厉，同心同德一戎衣。（郭沫若《归国杂吟》）

痛定思痛

1275年，元朝军队攻打南宋，一路上连连得胜，很快兵临南宋都城临安城下。面对危急的形势，大臣文天祥挺身而出，愿意以丞相的身份亲入敌营议和。文天祥到了元军营中之后，见元人一心想灭亡南宋，毫无议和的诚意，就慷慨激昂地怒斥了元军，历数他们无理入侵、残杀百姓的累累罪行。

元军统帅伯颜见文天祥的胆量如此之大，觉得他是个好汉，对他很是钦佩，就劝他归顺元朝，改换门庭。文天祥严词拒绝。伯颜便另寻门径，与南宋的投降派相勾结，将皇帝劫走，又强迫文天祥前往元朝的京城大都。当敌船行驶到京口时，文天祥乘敌人防备松懈，坐上一条小船逃走。

文天祥脱险之后，想向南宋军队禀告元军的部署情况。没想到，驻守扬州的淮东边帅李庭芝误听流言，以为文天祥已经投降。为了扬州的安全，他命令士兵四处搜捕文天祥。文天祥见势不妙，只得绕过扬子江口，进入苏州，在四明、天台一带停留，又几经辗转来到永嘉，最后乘船往福州而去。

在这段时间里，文天祥几次在生死线上徘徊。后来，他在《指南录后序》中感叹道：“**生与死，和昼夜转换相同，显得平淡无奇。死了也就算了，但艰险的困境在人生中反复出现，世人又怎么能承受得了呢？痛苦的心情平定之后，再去回想当时的痛苦，让人更加伤感。**”

◎成语释义

痛苦的心情平定之后，再回想遭受痛苦时的情景，让人震撼。形容所受痛苦的沉重，含有警醒的意思。定：平静、安定。

◎故事出处

南宋·文天祥《指南录后序》：“呜呼！死生，昼夜事也。死而死矣，而境界危恶，层见错出，非人世所堪。痛定思痛，痛何如哉！”

◎成语示例

个人的危机也像企业的危机一样，要等到事过境迁，才能痛定思痛。

痛心疾首

春秋时期，各诸侯国之间为了争夺霸主之位，经常发生战争。

晋厉公在位的时候，秦晋因为边界问题发生了纠纷，两国在令狐会盟，订立盟约，解决了边界问题。可是，秦桓公刚回国，马上就背叛了盟约，偷偷去和楚国结盟。同时强令晋国军队和自己一起出兵，讨伐自己边界上的一个小国白狄。

晋国觉得秦国势力浩大，不好得罪，就同意出兵。没想到，秦国派人对白狄说，晋国要派兵攻打它，它只有归附秦国，才有实力对付晋国。

晋厉公听说了这件事，气愤填膺，派人去与秦国断交，并指责秦桓公说：“你们秦国和晋国结盟，可是晋国没有对不起秦国，秦国却唯利是图、背信弃义，坑害了晋国。不惩治罪恶就不能成就德行，所以我们要让天下诸侯都知道这件事的真相。他们知道后，都会向晋国表示友好，而会对秦国痛恨到极点。他们还会全副武装地做好准备，好和秦国大打一仗。”

虽然晋厉公的话很厉害，可是秦桓公觉得晋厉公不敢把自己怎么样，就根本不理睬他的话。后来，晋国联合各诸侯国与秦军在麻隧交战，经过一番拼杀，终于把秦军打得大败。

◎成语释义

形容伤心痛恨已经到了极点。疾首：头痛。

◎故事出处

《左传·成公十三年》："诸侯备闻此言，斯是用痛心疾首，昵就寡人。"

◎出处译文

诸侯们全都听到了这些话，因此伤心痛恨到极点，都来和我亲近。

◎成语示例

我们是这么好的朋友，他居然背叛我，真是让人痛心疾首。

● 投笔从戎

班固和班超是兄弟俩，他们都是东汉时期的著名人物。班固是历史学家，他花了二十多年的工夫，写成一部传世的历史著作《汉书》。班固在文学上也有相当高的成就，他所写的诗和文章被人们奉为精品，到处传诵。可是他的弟弟班超却不喜欢文学，一心爱好武略。

班超家住陕西咸阳，因为家里很穷，就搬到洛阳去谋生。班超找了一份替官家抄写文书的差事挣钱养家。这样，他就能用挣来的一点微薄收入奉养母亲，虽然生活艰苦，但日子还勉强能过得下去。

但是，班超是个有远大志向的人。有一天，他越抄越觉得没兴趣，长叹一口气道："唉，男子汉大丈夫应当向傅介子、张骞学习，到边远地方去建立一番功业。在笔墨砚台中讨生活，又有什么意思呢？"于是，他把笔扔到一边，断然辞职，参军去了。

后来，班超奉天子的命令，带兵去西域驻守三十一年，多次击败匈奴军队，立下盖世功勋。由于他有突出的贡献，被封为定远侯，名震中外。

◎成语释义

比喻弃文就武，扔下笔杆子，拿起枪杆子。

◎故事出处

《后汉书·班超传》："尝辍业投笔叹曰：'大丈夫无他志略，犹当效傅介子、张骞立功异域，以取封侯，安能久事笔砚间乎！'"

◎出处译文

他停下手中的活儿，扔了笔感叹道："大丈夫如果没有其他的志向谋略，也应像昭帝时期的傅介子、武帝时期的张骞那样为国立下功劳，怎么可以像现在一样碌碌无为呢？"

◎成语示例

如果我现在是二十几岁的青年，我要立刻投笔从戎，雪此国耻。（杨沫《青春之歌》第二部第27章）

● 投鼠忌器

西汉文帝时期，策略家贾谊主张进行政治改革，但因触及到某些人的利益，因此受到权贵们的一再打击，遭遇贬官之厄。但他改革之心始终没有泯灭。在他屡次被贬的情况下，他仍然向文帝上书，提出许多巩固封建统治的真知灼见。

公元前174年，贾谊写了政论文《陈政事疏》，呈给汉文帝。在这道奏疏中，他将自己的政治主张系统地陈述了出来。

他的主张之一就是要求皇帝实行严格的等级制度。他认为，皇帝应当是至高无上的，皇帝下边的大小官员，与一级一级的台阶相仿，应当做到界限分明，尊卑有序。

百姓触犯了法律，可以严厉惩罚，在脸上刺字、割鼻子、砍脚、鞭打。可是王侯大臣犯了法，就不能随便动用刑具，而应当用"廉耻礼义"等封建道德进行约束。即使王侯大臣的罪过到了极点，也只能对他们采取赐死的做法，而不能采取更加解气的开刀问斩。

为了证明自己的主张是正确的，贾谊打了一个生动的比方，他说：本来想扔东西打老鼠，但因为老鼠靠近珍贵的器物，所以担心打老鼠时不小心将器物损坏。对王侯大臣们的处罚也应当如此。他们是皇帝身边的人，如果用惩治老百姓的刑罚来惩治他们，就会使皇帝的尊严受到损坏。

可是汉文帝并没有理会贾谊的主张，甚至在与贾谊直接会面时，他也是"不问苍生问鬼神"。

◎成语释义

原意是，想用东西打老鼠，又怕毁坏了老鼠附近的器具，因此无法下手。常用来比喻有所顾忌，想做又不敢放手去做。

◎故事出处

《汉书·贾谊传》："里谚曰：'欲投鼠而忌器。'此善喻也。鼠近于器，尚惮不投，恐伤其器，况于贵臣之近主乎。"

◎出处译文

俗话说：想打老鼠却要小心它旁边的珍贵器物，这是很好的比喻。老鼠挨着器物，都有顾虑不打，害怕伤了器物，更何况皇帝身边的王侯大臣呢。

◎成语示例

做大事必须放开手脚，不能投鼠忌器。

图穷匕见

战国末期，秦国的力量最强大，想吞并诸国，统一天下。燕国的太子丹在秦国当人质，秦王对他非常不好。他实在忍受不下去了，就想办法逃出秦国。回到燕国后，他一面积极训练士兵，准备抵抗强秦，一面又物色勇士，准备刺杀秦王。

后来，秦国消灭了韩、赵诸国，对燕国虎视眈眈。太子丹感到国家很快就保不住了，就恳求勇士荆轲实施刺杀计划。

当时，秦王杀了大臣樊於期的满门，而樊於期流亡到燕国。秦王还极想得到燕国最肥沃的土地督亢，好占据有利地形，展开下一步行动。荆轲为给自己创造接近秦王的机会，就劝樊於期自杀，准备将他的人头献给秦王。太子丹也把督亢地图给了荆轲。

由于太子丹的一再催促，荆轲只得仓促上路。临行前，他与太子丹在易水诀别，荆轲唱着歌，他的朋友高渐离击筑，人们听到慷慨悲凉的曲调，心中无不百感交集。

公元前227年，荆轲带着礼物来到咸阳，求见秦王政。秦王政听说自己所恼恨的樊於期死了，督亢也将归他所有，心里非常高兴，就在秦宫的大殿接见荆轲。接见时，荆轲的副手秦舞阳被秦宫的威势吓得惊慌失措，荆轲沉着地令他下殿，自己继续与秦王周旋。

荆轲当着秦王的面，将督亢地图缓缓展开，到地图全都打开时，紧藏在里头的匕首就露了出来。荆轲左手抓住秦王政的衣袖，右手举起匕首就刺。可是在情急之下，他没有刺中，秦王政挣脱他的掌握，在情急之下却拔不出宝剑，吓得他绕着柱子奔逃，荆轲在后紧追不舍。

朝堂上的大臣们都没有对付刺客的经验，个个惊慌失措，不知怎样才好。按照秦国法律，大臣上朝时不得带寸铁上殿，而军队只能在殿下守卫，没有命令绝不能上殿。

就在这危急关头，秦王政的御医夏无且急中生智，用药袋击打荆轲。秦王政忽然拔出剑来，刺中荆轲左腿。荆轲狂笑一声，将匕首向秦王投掷过来，但没有刺中秦王，打在了铜柱之上。秦王命令军队上殿，将荆轲擒住。荆轲毫不畏惧，反而大声骂道："你这个暴君，你这个暴君……"

这时候，侍从武士已经一起赶上殿来。结果，秦王政下令将荆轲以酷刑处死，荆轲的血染红了法场，让人心中暗暗为之惋惜。

◎成语释义

将图展开到尽头，匕首就会露出来。常用来形容形迹败露，也指事情发展到最后，就显露出真相。亦称"图穷匕首见"。图：地图；穷：尽；见：通假字，同"现"。

◎故事出处

《战国策·燕策三》："轲既取图奉之。发图，图穷而匕见。"

◎出处译文

荆轲取图献上，慢慢将图展开，图展完后匕首就显露出来了。

◎成语示例

不意先生乃蓄别抱，图穷匕见，爰有所言。（叶圣陶《一个青年》）

屠龙之技

周朝时，有个人叫朱评漫，他为了学习屠杀龙的技术，变卖了全部家产，到屠龙专家支离益那里去学习。三年之后朱评漫终于学成，回到家乡之后，乡亲们问他："你在三年里学习了什么手艺啊？"

朱评漫说，我拜支离益为师，学会了屠龙绝技。接着，他向乡亲们大谈杀龙的技术：怎么按龙头，怎么剖龙肚，如何用刀，等等。

乡亲们看他得意的样子，忍不住就笑了，说："你屠龙的技术是不错的，但是哪里会有龙让你来杀呢？"

◎成语释义

比喻技术虽高，但是没有实际用处。

◎故事出处

《庄子·列御寇》："朱评漫学屠龙于支离益，单千金之家，三年技成，而无所用其巧。"

◎出处译文

朱评漫到屠杀龙的专家支离益那里去学习屠龙的技术，耗尽了千金的家产，学了三年掌握了技术，但是没有应用屠龙技术的机会。

◎成语示例

他虽有渊博的知识，却不能用到实际中来，真是空有一身屠龙之技。

● 兔死狗烹

春秋时期，楚国出了一位大贤，名叫范蠡。范蠡任越国大夫扶保越王勾践，为他尽心尽力地服务了二十多年，终于使越国转弱为强，灭掉了劲敌吴国。越王勾践觉得范蠡的贡献很大，就封他为上将军。可是范蠡不但不接受官位，还辞去原有的职务，带着西施到五湖过起了隐居生活。

这到底是为什么呢？原来范蠡早把越王看透了，知道在太平岁月如果继续待在他的身边，迟早会被他所害，所以还不如尽快离开他。

范蠡虽然过起了自由自在的隐居生活，可是他还惦记着同僚文仲，唯恐越王对文仲有所不利，于是他给文仲写信，信上说：“越王这个人薄情寡义，和他一起共患难还可以，但如果和他共享富贵就危险了。现在越国强盛了，如同一个猎人没有飞鸟和兔子可打，就用不着弓箭和猎狗一样，越王消灭了劲敌，大概也就不会需要我们这些功臣了。”

范蠡劝文仲及早抽身，离开朝堂，免得被越王所害。但是文仲这个人非常固执，自以为功高盖世，绝没有遇害的危险，所以没有听从范蠡的劝告。后来，越王果然觉得文仲功高震主，是他独断专行的阻碍，就逼他自杀。文仲后悔不该不听范蠡的劝告，无奈之下只得引剑自尽了。

◎成语释义

“兔死狗烹”的意思是说，兔子死光了，帮助猎人追捕猎物的狗也没有用处了，可以杀狗吃肉了。后来人们用它比喻剥削阶级的统治者，杀害为他出过力的帮手、奴仆。

◎故事出处

《史记·越王勾践世家》：“飞鸟尽，良弓藏；狡兔死，走狗烹。”

◎出处译文

飞鸟没有了，良弓就可以藏起来了；兔子死光了，就可以杀狗吃肉了。

◎成语示例

大凡古来有见识的英雄功成名就，便拂袖而去，免使后来有“鸟尽弓藏，兔死狗

烹”之祸。(清·陈忱《水浒后传》第九回)

推心置腹

西汉末年，王莽篡位夺权，建立新朝。他得了天下，还说什么不得已而为之。于是群雄纷纷造反，都想取而代之。

当时汉室宗亲之中，能人甚多，刘玄和刘秀就是其中的两位。他们先后起义，后来合兵一处，共讨汉贼。刘玄年纪较长，被绿林军众将拥立为更始帝。刘秀作为人臣，立有盖世之功，曾在昆阳(今河南省叶县)力挫王莽军队，又打败占据河北的王郎，被刘玄封为萧王。

公元24年，刘秀在河北将铜马起义军击败，将铜马军全部收编，并让众多降将在军中担任要职。

可是，这些降将心中七上八下，害怕最终被刘秀杀害。刘秀了解情况后，为了让这些降将放心，命令铜马军官仍回本部，统率原来的兵马。而他本人常带着少量随从巡行于各部队之中，无丝毫戒备之意。

铜马降将看到刘秀这样做，觉得刘秀真的相信他们了，心中的疑虑也就打消了。**降将们都私下里说：“萧王把自己的心放在别人腹中，我们还有什么要担心的？难道不该为他打天下，出力卖命吗？”**

刘秀赢得了铜马诸将之心，这些将军也死心塌地地为刘秀打仗，为建立东汉王朝立下了汗马功劳。

◎成语释义

形容真心诚意地待人。

◎故事出处

《后汉书·光武帝纪上》：“降者更相语曰：‘萧王推赤心置人腹中，安得不投死乎！’”

◎成语示例

由于他平素对朝廷不满，又感于尚炯的推心置腹，就把他平日不轻对人谈的话都谈了出来。(姚雪垠《李自成》第一卷第二十六章。)

W

外强中干

秦国和晋国之间发生了战争。在反击中，晋惠公要使用郑国赠送的马来驾车。

大臣庆郑劝告惠公说："自古以来，打仗时都要用本国的好马。因为它土生土长，熟悉道路，听从使唤。用外国的马，不好驾驭，一遇到意外，就会乱踢乱叫。而且这种马外表看起来好像很强壮，实际上并没有什么能耐，怎么能作战呢？"

可是惠公没有听从庆郑的劝说。战斗打响后，郑国的马很快便乱跑一气，陷入泥泞，进退不得。结果晋军被秦军打得大败，晋惠公也被秦军活捉。

◎成语释义

形容外表强大，内里空虚。外：外表；中：中间、内部；干：干枯、空虚。

◎故事出处

《左传·僖公十五年》："今乘异产以从戎事，及惧而变，外强中干，进退不可，周旋不能，君必悔之。"

◎出处译文

大王用外国的马去打仗，遇到意外时马就会受到惊吓，乱踢乱叫，这种马看起来很强壮，实际上并没有什么能耐，到时候大王会进退两难，没有办法战斗，您一定会后悔。

◎成语示例

外强中干——外强是自大，中干是自卑。（朱自清《历史在战斗中》）

玩物丧志

三千多年前，周武王消灭了商朝，建立了西周王朝，威德广播四海。周武王经常派使臣出使边远地区，许多小国慑于武王的威名，先后派人到镐京向他称臣纳贡。

当时来自西方的一个使臣进贡了一条犬，叫做獒，獒体形庞大，威猛善斗，与周朝的犬大不相同，看到武王还会蹲下去行礼。武王很喜欢它，重赏了使者，以后天天喂养这条犬，简直爱不释手。

这件事被太保召公看见了，他觉得事情虽小，但是不可忽视。退朝以后，他写了一篇《旅獒》呈给周武王，文中说："德盛不狎侮。狎侮君子，罔以人心；狎侮小人，罔以其力……玩人丧德，玩物丧志。"

意思是说：德行高尚的君王是不会轻视侮慢官员的，不然的话就没有人替他竭心尽忠了；轻视侮慢百姓，人民就不会拥戴他……**如果沉迷于女色，就败坏了高尚的德行；迷恋于自己所喜爱的物品，就会丧失进取的方向。**

武王读了《旅獒》，想到商朝灭亡的教训，觉得召公的劝告是对的，于是把收到的贡品分赐给诸侯和有功之臣，自己则兢兢业业地致力于国家的治理和建设。

◎成语释义

迷恋于所玩赏的事物而消磨了积极进取的志气。

◎故事出处

《尚书·旅獒》："玩人丧德，玩物丧志。"

◎成语示例

道学家教人少作诗文，说是"玩物丧志"，说是"害道"，那么诗文成了废话，这所谓诗文指表情的作品而言。（朱自清《论废话》）

● 亡羊补牢

在战国时期，楚襄王自打登基后就只知道吃喝玩乐，把朝廷政务交给一群奸党，政治日益腐败，国家越来越衰落。

大臣庄辛见此情形，痛心不已，直接劝襄王要好好管理国家，不要得过且过，置楚国兴亡于不顾。楚襄王终日高卧宫中，耳中灌的不是妃子们的甜言蜜语，就是众宠臣的奸言佞语，哪里听得惯这等老实话？他在盛怒之下，把庄辛大骂了一顿，说他就会说不吉利的言辞，真是该打。

庄辛见君王听不进自己的话，只怕自己遭殃，就躲到赵国去避祸。庄辛到赵国才住了五个月，秦国悍然出兵，占领了楚国的国都。襄王流亡到城阳，才觉得自己错怪了庄辛，心里非常后悔。于是他派人把庄辛召到城阳，对他轻言软语地说："以前我不听你的话，以至于落到这步田地，现在我该怎么办呢？"

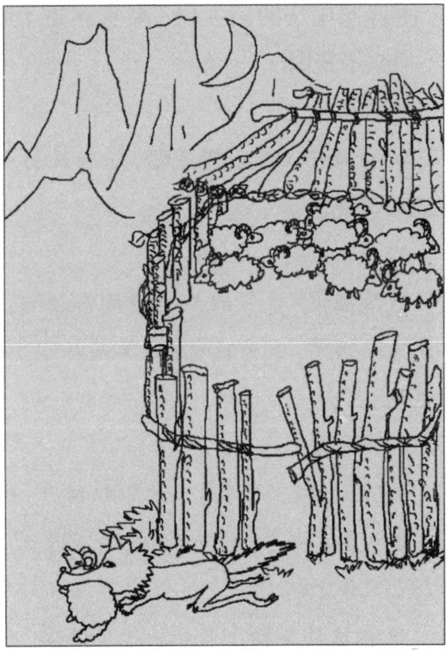

庄辛看到楚襄王有心改正错误，倒也难得，就给他讲了一个故事：从前，有人以养羊为业，整日辛勤地照顾自己的一圈肥羊。有一天早晨，他发现有一只羊不见了，于是细细察看。原来羊圈破了一个大洞，夜间有狼从洞外钻入，叼走了一只肥羊。邻居对他说：“现在首要的事，是赶紧修一修羊圈，把那个大洞补上。”他说：“羊已经丢了，修羊圈还有什么用？”

第二天早上，他发现羊圈里又少了一只羊。原来狼又从大洞外钻进来，叼走了一只羊。

他见又一只羊没有了，非常心痛，后悔不该不听邻居的意见。于是，他赶紧忙活起来，把那个大洞严严实实地补好。从此以后，狼再也钻不进羊圈了。人们知道了这件事，都说丢失了羊再对羊圈进行修补，也还不算晚呀！

庄辛通过这个故事劝说楚襄王，以后要努力治理国家，来补救过失。楚襄王听了，便遵照庄辛的话去做，果真渡过了危机，振兴了楚国。

◎成语释义

比喻事情虽然出现差错，进行及时补救还不算晚。

◎故事出处

《战国策·楚策四》：“臣闻鄙语曰：‘见兔而顾犬，未为晚也；亡羊而补牢，未为迟也。’”

◎出处译文

我听说过：“看见兔子才想起猎犬，这还不晚；羊跑掉了才补羊圈，也还不迟。”

◎成语示例

他在这件事情上虽然出现了错误，但及时发现，亡羊补牢，还不晚。

妄自菲薄

三国时期，蜀国之主刘备病死，他的儿子刘禅继位。建兴五年，丞相诸葛亮准备出师北伐魏国。临行之前，他对刘禅不放心，为了消除后顾之忧，给后主刘禅上了一个表叫《出师表》。在表中，诸葛亮对蜀国的各个方面都作了全盘考虑，给予了适当安排。

表中反复劝刘禅要发奋有为，励精图治，要任人唯贤，以完成刘备“复兴汉室”的未竟之业。表中写道：陛下应当听取各方面的意见，振奋自己的士气，**不应当毫无根据地看轻自己，说一些没有原则的话，以至于堵塞忠臣进谏的道路**。

虽然诸葛亮对刘禅寄予很大的希望，但是刘禅是“扶不起的阿斗”，完全没有用。诸葛亮死后，他信任宦官黄皓，朝政日益腐败，终于抵抗不住，投降了魏国。

◎成语释义

形容看轻自己，自卑。

◎故事出处

三国·诸葛亮《出师表》：“不宜妄自菲薄，引喻失义，以塞忠谏之路也。”

◎成语示例

单靠这几个人办不出什么大事。但对于自己，荪甫从来不肯“妄自菲薄”。（茅盾《子夜》三）

望尘莫及

东汉灵帝时期，有一个官员名叫赵咨。他字文楚，是东郡人。他曾经几次担任敦煌郡太守之职，后来因病辞职回乡。没过多久，汉灵帝听说他身体康复，便任用他为东海相。

赵咨此去东海上任，荥阳是必经之

路。敦煌县令曹暠得知后，便专门赶到荥阳的路口等他。因为赵咨和曹暠很早就认识，而且赵咨曾经推荐曹暠为官，对他有恩。所以，曹暠想与赵咨在荥阳叙谈。没有想到，赵咨经过荥阳时，竟然连车都没下就匆匆离去。

曹暠见赵咨不下车，又想到十里外的长亭送他。可是等他赶到十里长亭，却看到车马行路扬起的阵阵尘土，赵咨等人早就启程了。

曹暠很不甘心，对自己的主簿说："赵咨的名望太大了，今天路过这里却不停留，天下人一定会耻笑我，我不能让别人看我的笑话。"说完话，他就丢下自己的印绶，紧紧追赶赵咨，这样一直追到东海。

◎成语释义

望着人马远去时扬起的阵阵尘土，却追不上他们。比喻被别人远远抛在后面，相差很远，难以追上。

◎故事出处

《后汉书·赵咨传》："（赵咨）复拜东海相之官，道经荥阳。令敦煌曹暠，咨之故孝廉也，迎路谒候，咨不为留。暠送至亭次，望尘不及，谓主簿曰：'赵君名重，今过界不见，必为天下笑。'即弃印绶，追之东海。"

◎成语示例

闯王确实有许多非凡之处，为当今群雄所望尘莫及。（姚雪垠《李自成》第二卷第五十五章）

望梅止渴

三国时期的一年夏天，曹操率领军队讨伐张绣。行军过程中，他们经过一个地方，这个地方到处都找不到水源。士兵们口渴难耐，士气低落，行军的速度慢了下来。曹操觉得这样不行，就命令队伍暂时休息，然后派人四下找水。可是这里是一片荒原，附近没有河流，也没有井，到哪儿去找水呢？曹操就命令士兵挖井，可是挖了半天，一滴水都没有见到。

曹操心想：不能让部队在这无水之地久留，必须想个主意，让大家快点离开这个荒原才行！他想了一会儿，终于想出了一个好办法。

于是他站在高处，装作有所发现似的，大声对士兵们说："有水啦！有水啦！"将士们听说有水，精神都旺盛起来，赶紧从地上爬起来，都急着问道："水在哪儿？水在哪儿？"曹操用手一指前面："这条道我特别熟悉，前边不远就有一大片梅林，梅子又多又大，味道酸甜可口，咱们赶快走，到那里去吃梅子吧!”

众人听曹操说有梅子吃，马上想到梅子的酸味，嘴里就有不少口水流出。将士们嘴里有了口水，精神也振作起来。曹操抓住这个机会，赶快整顿队伍，发出继续前行的命令，终于带领军队走出了大荒原，率领军队走到了有水的地方。

◎成语释义

眼望梅林，流出口水而解渴。比喻某种愿望难以实现，只能用空想来安慰自己。

◎故事出处

《世说新语·假谲》：“魏武行役失汲道，军皆渴，乃令曰：‘前有大梅林，饶子，甘酸可以解渴。’士卒闻之，口皆出水，乘此得及前源。”

◎出处译文

曹操带领军队行军打仗，来到一个找不到水源的地方，军士们都口渴难耐，曹操于是大声说：“在前面不远处有一片梅林，果子酸酸甜甜，可以解渴。”军士们听了曹操的话，都流出了口水，因此得以赶到前面的水源。

◎成语示例

如果现在丢开这些基本的书籍不认真苦读，一心想找秘本，只恐望梅止渴，无济于事。(马南邨《燕山夜话·有书赶快读》)

望洋兴叹

相传很久以前，黄河里有位河神，人称河伯。秋天的大水按着时令到了，无数支流的水都灌进了黄河。河面十分宽阔，水雾蒸腾，不论是河的两岸，还是河心的沙洲，隔岸望去，简直分不清岸上的是牛还是马。

河伯站在黄河岸上，看见滚滚河水奔腾向东而去，开始自我陶醉起来：“黄河如此伟大，没有什么河流能和它相比。”有人告诉河伯：“你的话不对，在黄河的东面有个北海，那才叫大呢。”河伯听了不相信，打算亲自看看，就顺着水势向东走，到了北海，只见一片汪洋，无边无际。

到这时，河伯才开始改变他那扬扬自得的神态，仰起头来对着北海无限感叹地说：“俗话说，有的人懂得了一点道理，便以为没有谁能比得上自己。这正是批评我这种人的啊。现在我见到了你的广阔无边，才知道什么是真正的伟大。我如果不到你这里来，还会一直以为黄河是最伟大的。那样我将永远被学问渊博的人所耻笑了。”

◎成语释义

形容看到别人的伟大才感到自己渺小。后指对于某事无能为力的感叹。

◎故事出处

《庄子·秋水》：“河伯临于海，望洋

向若而叹。”

◎出处译文

河伯到了北海边，才感叹海洋的伟大。

◎成语示例

他看到冠军已被他人夺得，只能望洋兴叹了！

危于累卵

春秋时期，晋灵公为了个人享乐，竟动用了大批的百姓和钱财，来建设九层琼台。他怕臣子们反对，就下令不准任何人来规劝。荀息知道以后，跑去见灵公。灵公非常厌烦，就叫人准备弓箭，只要他一开口规劝，就立刻把他射死。

这时，荀息明知道情势紧张，仍故作轻松地说：“大王！我学到了一种好玩的小技艺，特地进宫来表演给大王看！”灵公一听，就立刻撤了弓箭。荀息认真地把棋子堆起来，然后再把鸡蛋一个一个地加上去。旁边的人都害怕地屏住呼吸，而灵公自己也惊慌地说：“危险！危险！”

荀息慢条斯理地说：“这有什么危险？还有比这个更危险的呢！”灵公禁不住问：“快说给我听听。”这时，荀息直起了身子，沉痛地说：“为了建造高台，弄得国库空虚，邻国将要侵略我们，这样下去，国家跟叠起的鸡蛋一样危险，迟早是要灭亡的。”灵公这才醒悟，立即下令停止造台。

◎成语释义

形容危急到了极点。

◎故事出处

《战国策·赵策一》：“君之立于天下，危于累卵。”

◎出处译文

现在按您治理国家的情况，就像叠起的鸡蛋那样危险。

◎成语示例

大名危于累卵，破在旦夕。（明·施耐庵《水浒传》第六十三回）

威武不屈

战国时期，各诸侯国有强有弱，强国想争霸天下，弱国则想自保，于是，说客应运而生。他们到各国游说，宣扬自己的政治主张。

在众多说客中，公孙衍、张仪称得上其中的佼佼者。因为他们代表着强国，所以弱小的国君看到他们两人都非常害怕，唯恐他们发动军队来攻打自己的国家。

有一个说客问孟子：“公孙衍和张仪能令君主害怕，是不是真正的大丈夫？”

孟子回答说：“他们怎么能算大丈夫呢？作为一个大丈夫，应该懂得礼仪法度，把仁义看得至高无上。得志的时候不脱离百姓；失意的时候也不屈从世俗，不学习阿谀奉承之术。**不能因为富贵而迷惑，也不能因为贫贱而失志，更不能因为受到暴力的威吓而丧失了气节。只有做到这三点，才能算是真正的大丈夫。**”

◎成语释义

不为权势、武力的胁迫而屈服。

◎故事出处

《孟子·滕文公下》：“富贵不能淫，贫

贱不能移，威武不能屈，此之谓大丈夫。”

◎成语示例

没有威武不屈的精神，就不能当好一名人民警察。

韦编三绝

春秋时期，孔子创立了儒家学派，接受他教育的学生共有三千多名。他特别喜欢钻研学问，整理古籍，而且修订了史书《春秋》。

他看到周天子不受大家的尊重，礼、乐逐渐被废弃，诗书也散失了很多，就自己仔细搜集材料，进行整理编撰。他对古代传诵下来的诗歌三千余篇，进行了选择、整理，精选出符合礼义的三百余首诗。这些诗都能配上音乐歌唱。从此礼乐流传天下，教化万民。

孔子终其一生，都在孜孜不倦地进行学习、研究。进入晚年，他特别喜欢研究易经。

易经的内容非常深奥，很难读懂，学起来要花费很大精力，可孔子不怕吃苦，一遍读不懂，就两遍、三遍地读，一直到把问题弄懂为止。那时纸张还没有出现，书籍都是用竹简或木简组成的。许多竹简用皮条编穿在一起，就形成了一册书。由于孔子频繁地展阅竹简，看的次数多了，竟然把皮条弄断了好几次。这就是人们常说的“韦编三绝”。

孔子对易经进行了深刻研究，将研究成果写入十篇文章之中，流传后世。这十篇学术论文被称作《十翼》，它们分别是《上彖》《下彖》《上象》《下象》《上系》《下系》《文言》《序卦》《说卦》《杂卦》。

后来，人们把孔子所著的《十翼》作为解释易经的重要依据。

◎成语释义

常用来形容刻苦学习、勤奋读书。

◎故事出处

《史记·孔子世家》：“读《易》，韦编三绝。”

◎出处译文

孔子为读《易》而多次翻断了连接简的牛皮绳。

◎成语示例

我们提倡韦编三绝的读书精神，更提倡学以致用，期待创新人才的大量涌现。

围魏救赵

战国时期，魏惠王派大将庞涓领兵攻打赵国，将赵国的都城邯郸团团围住。赵王难以取胜，就派人求救于齐威王。

齐王命令将军田忌、军师孙膑率领人马解邯郸之围。

田忌准备直接去邯郸解围，孙膑对此却提出了不同意见，他说：“要解开乱丝，强拉硬扯绝不是好方法；要使双方停止争斗，就不能帮他们打架。现在魏军主力正在邯郸鏖战，魏国内部必然没有多少兵马。如果我们直接去邯郸，实在是远水解不了近渴，只怕我们还没赶到，邯郸就已经失守。不如我们率军向魏国的都城大梁发动攻势。

“大梁受到我军的威胁，庞涓必然要

离开赵国去救，这样一来，赵国之围就解了。而魏军全力进攻赵国已经很疲劳，再跑这么远的路回转大梁，精神就更加疲惫。我军则占领险要的地方，以逸待劳，何愁打不过魏军呢？”

田忌本来就对孙膑很佩服，再加上孙膑说得合情合理，他就听从了军师的意见，率领大军进攻大梁。

魏将庞涓听说大梁危急，只得撤兵救援，邯郸之围自然也就解了。魏军退到桂陵的时候，田忌、孙膑将人马埋伏在深山峡谷中，抓住一个有利时机，突然冲杀出来。这一下子就把本来疲惫不堪的魏军打得大败。庞涓在乱军中被杀死。

桂陵之战，齐军大获全胜，既解了赵国之围，又打击了魏军主力。

◎成语释义

比喻在战争中避实击虚，声东击西，迫使敌人撤兵，变被动为主动。

◎故事出处

《史记·孙子吴起列传》。

◎成语示例

如果现在不买进他们的股票实施围魏救赵，我们公司恐怕就要被他们吞并了。

● 唯命是听

公元前597年，楚庄王亲自率领军队，对郑国发动进攻。楚国是强国，郑国国力弱小，所以战争只进行了三个月，郑国的都城就被攻陷。郑襄公万般无奈，只得脱光上衣，裸露上身，牵着一只羊到大路上迎接楚庄王，向他服软求饶。他说：“**我没有承受天命，没有侍奉好大王，致使大王生起气来，不得不来到我们这个贫困之地，这一切都是我这个卑鄙之人造成的。现在我知道错了，以后大王要我做什么，我就一定做什么，绝不违抗旨意。**

“如果您想将我俘虏到江南，流放到海边，我也心甘情愿地听从您的安排；您要灭亡郑国，将郑国的土地分给诸侯，把郑国的女人当成婢妾，把郑国的男人当成奴仆，我也听从您的安排。毕竟，无论您怎样安排，都有您的道理。

“如果大王还顾念以前咱们两国的友好关系，不把郑国灭掉，让郑国和您的许多属国一样，得到服侍您的机会，就是对郑国最大的恩惠了，也是我所向往的。现在，我已经大着胆子，把我心里的话倾诉了出来，请您作决定吧！”

楚庄王看到郑襄公的样子让人觉得可怜，便说道：“一个国家的君主能够承认错误，自己表示顺从，百姓一定会更加信任他。战争既然已经结束，还是让我们各自治理各自的国家吧。”于是，楚庄王与郑国议和，还和郑国订立了互相帮助的盟约。

郑襄公看到楚庄王不但不灭掉郑国，还把郑国当成屏护楚国的伙伴，真是喜出望外。从此，郑襄公不再敌视楚国，而是与楚庄王化敌为友了。

◎成语释义

表示一切都听从命令，绝对服从。唯：唯独。

◎故事出处

《左传·宣公十二年》：“孤不天，不能

事君，使君怀怒以及敝邑，孤之罪也。敢不唯命是听。”

◎成语示例

他平时固执己见，可是这一次无论要求他做什么，他都唯命是听，真是奇怪。

为虎作伥

据说，以前在一个深幽的山洞里住着一只猛虎，它饿得发昏，正好在林子里碰到一个人正蹒跚地走着。老虎见到活物，不由得口内流涎，一下扑了过去，把那个人咬死，把他的肉吃光。

但是老虎贪心不足，抓住那人的鬼魂死死不放。那人说：“我已经死了，再无肉供你食用了，死死抓住我又何苦？”老虎说：“不行，你若想让我不再烦你，除非再找一个人让我享用。”那人一想，若是迟迟不去阴间报到，岂不贻误了转世投胎，只得帮老虎去找送死之人。

他给老虎充当向导，只要看见了人，就马上向老虎报告，老虎猛扑上去，将那人一口咬死。鬼魂见人入虎口，竟然不顾同类之情，上前解开那人的带子，脱掉那人的衣服，好让老虎更加方便地食用。

这个帮助老虎吃人的鬼魂，真是伤天害理，简直是背叛全人类啊！于是人们给其起了个恶名，叫作“伥鬼”。

◎成语释义

比喻充当恶人的爪牙，帮助恶人做坏事。

◎故事出处

《太平广记》：“伥鬼，被虎所食之人也，为虎前呵道耳。”

◎出处译文

伥鬼，是让老虎吃掉的人，却给老虎充当向导。

◎成语示例

为着要得虎子而身入虎穴，决不是身入虎穴去为虎作伥。（郭沫若《〈闻一多全集〉序》）

未雨绸缪

周武王灭掉商朝以后，没有把商人赶尽杀绝。但武王怕纣王的儿子武庚造反，心里很不放心，就派管叔、蔡叔和霍叔对他进行监视，称为“三监”。

武王逝世后，其子成王登基。而武王的弟弟周公则总揽国政，辅助成王治国。

管叔等人对周公执掌大权很不服气，他们就编造谣言，说周公想篡夺帝位。成王听到这些流言飞语，竟然也怀疑周公。周公对这些流言非常恐惧，为了避嫌，他离开京都，去东都洛邑居住。

武庚看到周王室有这么大的矛盾，心中暗喜。于是，他勾结“三监”，想起兵谋反，恢复商朝的天下。

周公知道是小人在陷害自己，便写了一首名为《鸱鸮》的诗送给了成王。有几句诗的大意是这样的：“猫头鹰啊猫头鹰！你已经将我的儿子夺走，不要再把我的家园毁坏。**趁着天还没有下雨，我就忙着剥下桑根，抓紧时间把门窗修补好。**”

这首诗以母鸟的口吻哀鸣，反映了周公对国事的关切和忧虑。诗中的猫头鹰指的就是武庚，哀鸣的母鸟则指的是周公自己。周公想通过此诗，表达他对国事的清醒认识，提醒成王要分清敌友。

成王是何等聪明之人，很快明白了周公的意思，思前想后，悔恨交加，决定改正错误。他不再猜忌周公，派人将武庚、管叔和霍叔这班乱臣贼子杀死，蔡叔罪过较轻，也死于流放途中。周王朝更加巩固了。

从此以后，周成王与周公君臣二人更加紧密地团结在一起，为振兴周室而辛勤治国。

◎成语释义

比喻事先准备好，防患于未然。绸缪：修补。

◎故事出处

《诗经·豳风·鸱鸮》：“迨天之未阴雨，彻彼桑土，绸缪牖户。”

◎成语示例

没有未雨绸缪的计划，就无法应对市场的变化。

● 闻鸡起舞

晋代祖逖是个胸怀坦荡、具有远大抱负的人，可他小时候却是个不爱读书的淘气孩子。进入青年时代，他意识到自己知识的贫乏，深感不读书无以报效国家，于是就发奋读书，他广泛阅读书籍，认真学习历史，从中汲取了丰富的知识，学问大有长进。

祖逖曾几次进出京都洛阳，接触过他的人都说，祖逖是个能辅佐帝王治理国家的人才。祖逖24岁的时候，曾有人推荐他去做官，他没有答应，仍然坚持不懈地努力读书。

后来，祖逖和幼时的好友刘琨一起担任司州主簿。他与刘琨感情深厚，常常同床而卧，同被而眠。他们还都有着远大的抱负：建功立业，振兴晋国，成为国家的栋梁之才。

一次，祖逖半夜里听到公鸡的鸣叫声，就一脚把刘琨踢醒，对他说：“别人都认为半夜听见鸡叫不吉利，我偏不这样想，咱们干脆以后听见鸡叫就起床练剑如何？”刘琨欣然同意。于是他们每天鸡叫后就开始起床练剑，剑光飞舞，剑声铿锵。春去冬来，寒来暑往，从不间断。

功夫不负有心人，经过长期的刻苦学习和训练，他们都成为能文能武的将才，既能写一手好文章，又能带兵打仗。祖逖之后被封为镇西将军，实现了他报效国家的理想；刘琨做了都督，兼管并、冀、幽三州的军事，也充分发挥了自己的文才武略。

◎成语释义

形容奋发有为，也比喻有志之士及时振作。

◎故事出处

《晋书·祖逖传》："中夜闻荒鸡鸣，蹴琨觉曰：'此非恶声也。'因起舞。"

◎出处译文

夜里祖逖在睡梦中听到公鸡的鸣叫声，他一脚把刘琨踢醒，对他说："别人都认为半夜听见鸡叫不吉利，我不这样认为。"两人就起来开始练剑。

◎成语示例

失败了不可怕，如果能做到闻鸡起舞，定能取得最终的胜利。

● 刎颈之交

战国时期，赵王觉得大臣蔺相如功劳很大，于是拜他为上卿，位居将军廉颇之上。

廉颇这个人善于用兵，英勇无双，自认为是赵国的第一大功臣，因此对蔺相如非常不服气。他觉得蔺相如没什么本事，只是凭着口巧舌能，才有那么高的地位。他思来想去，决定好好羞辱蔺相如一番，让他惧怕自己。

蔺相如听说了这个消息，不但不生气，反而处处回避廉颇，尽量不与他见面。

廉颇以为蔺相如被自己吓住了，心中非常得意。

蔺相如的门客非常生气，就对蔺相如说："我们为您忠心耿耿地做事，是因为您是一个正直无私的正人君子。可是没想到，您面对狂妄的廉颇，竟然忍气吞声，不予反抗。我们可真有点受不了，您太软弱了！"

蔺相如听了，哈哈笑了起来，说道："我连性如虎狼的秦王都不害怕，怎么会怕区区一个廉颇呢？廉将军和我都是赵王的心腹，我怎能因个人的恩怨，而不顾国家的存亡呢？"

廉颇听说蔺相如竟然这样宽宏大量，非常惭愧，便袒胸露背，背着荆条向蔺相如请罪。从此，他们二人成了同生死、共患难的好朋友，团结起来，一心一意地为赵王出力报效。

◎成语释义

情谊深厚，可以同生死、共患难的朋友。刎颈：割脖子；交：交情、友谊。

◎故事出处

《史记·廉颇蔺相如列传》："卒相与欢，为刎颈之交。"

◎出处译文

最终相互和好，成为同生共死的朋友。

◎成语示例

他有个闺中谈禅的密友，却是个刎颈之交的娇妻。（清·曾朴《孽海花》第十三回）

● 卧薪尝胆

公元前493年，吴王夫差率领军队与越王勾践作战。越王勾践吃了败仗，只得投降。夫差非常高兴，将勾践及其妻子带回吴国。

夫差为了显示自己的宽宏大度，没有把勾践夫妇杀死，而是让他们住在吴国先王墓前的石屋中，边看墓赎罪，边饲养马匹。夫差出外打猎时，勾践必须拿着马鞭子，在旁替他赶马。

三年之后，夫差觉得勾践已受尽惩罚，而且也能够顺从自己，以后不可能反抗吴国了，便放他们夫妇归国，依旧统治越人。

勾践回国以后，立下誓言，一定要报仇雪恨。为了磨炼自己的意志，他睡觉时不盖被子，就躺在杂草之中。他还在自己住的房中悬挂着一个苦胆，在每次吃饭前，都要用嘴品尝一下苦胆。他总是告诫自己："勾践啊勾践，你难道忘了被吴国打败、在吴国养马的屈辱了吗？"

另外，勾践还努力发展生产，亲自扶犁种田，让妻子从事纺织。他吃的饭菜里，从来没有肉。他衣着朴素，不穿华丽的衣服。他还鼓励百姓生育，希望增加越国的人口。慢慢地，越国的国势终于强盛起来。

后来，勾践先后两次进攻吴国。夫差打不过越国军队，派人求和，被勾践一口回绝。夫差见大势已去，只得自杀。吴国就这样灭亡了。

◎成语释义

比喻刻苦自勉，一刻也不敢放松。薪：柴草。

◎故事出处

《史记·越王勾践世家》："吴既赦越，越王勾践反国，乃苦身焦思，置胆于坐，坐卧即仰胆，饮食亦尝胆也。"

◎出处译文

吴王赦免了越王，越王勾践返回越国。勾践每天让自己的身体劳累，焦虑地思索，还把一个苦胆挂在座位上面，每天坐下休息、躺下睡觉之前都要仰起头尝尝苦胆的滋味，吃饭、喝水也要先尝尝苦胆。

◎成语示例

你若想在八年后的奥运会中夺得冠军，必须卧薪尝胆，刻苦训练。

乌合之众

东汉光武帝手下有云台二十八将，耿弇就是其中之一。

耿弇自幼喜欢读书，又对骑射有浓厚兴趣，整天向往着带兵打仗，建立功勋。

新朝灭亡时，他才21岁。当时天下群雄纷纷起兵，都想征服天下。耿弇决定寻找明主，于是向父亲耿况告别，带领一支小部队出去闯荡。一天，他与王郎的部队相遇。王郎是个骗子，自称是汉成帝的儿子子舆，起兵平定天下，收拾残局。耿弇于是和部下们商议。

部下孙仓说："既然这位刘子舆是

汉成帝的儿子，那他自然是汉家正统，咱们只有归顺他才能有一个好的归宿。如果把这个机会白白失掉，我们以后肯定会后悔。更何况，现在有这个好机会，我们再到处乱跑就显得多么没有价值呀！”

属将卫包也说：“咱们还是跟刘子舆一块造反吧，看样子他的势力不算小，跟着他跑绝对没有亏吃！”

耿弇是要寻找真命之主的，听了他们的话不以为然，大声吼道：“这个刘子舆算是个什么东西？只不过是个贼！我料他早晚被人所擒，难道我们要跟他做降虏吗？我只要领来渔阳、上谷的兵马，在太原、代郡一带进兵，不消几十日就能安定那里，回来再对付刘子舆的乌合之众，就如同摧毁朽烂的木头一样顺利。你们俩不知好歹，将来必然会遭遇灭族之祸，那时后悔也晚了！”

谁知孙仓、卫包已经打定了主意，他们向王郎投降，一心想通过侥幸窃取功名富贵。耿弇见他二人如此愚笨，就继续行军，终于找到了可以为之效力的明主刘秀，并得到刘秀的信任。后来，他辅助刘秀消灭王郎，接着又荡平天下，立下赫赫战功。

◎成语释义

原意是像乌鸦一样仓促集合的群众，现在用来比喻无组织、无纪律的一群人。

◎故事出处

《后汉书·耿弇列传》：“归发突骑以辚乌合之众，如摧枯折腐耳。”

◎出处译文

回来后再突然袭击这些仓促聚集的人们，就如同摧毁朽烂的木头一样顺利。

◎成语示例

外边虽有些人，也是乌合之众，不相统摄。（清·东鲁古狂生《醉醒石》第十二回）

● 无为而治

古时，舜的品德高尚，在民众中得到赞扬。于是尧派他来管理天下。当时中原到处是洪水，以前尧曾经派鲧去治理洪水，用了九年的时间还是失败了，舜派鲧的儿子禹去治水。禹果然不负众望，用疏导的办法治理，十三年后平息了洪水。

舜和尧一样，对老百姓很宽厚，从不用严厉的刑罚，多采用象征性的惩罚，比如犯了该割掉鼻子罪的人，就让其穿上灰色的衣服来代替；本应该砍头的人，就让其以后只允许穿没有领子的布衣。

为了改善人民的生活质量，让老百姓

欣赏音乐舞蹈，舜派夔到各地去传播音乐。有人担心夔一个人不能担当重任，舜说："夔这样精通音律的人，一个就足够了。"夔果然出色地完成了任务。

孔子赞叹道："无为而治，说的正是舜啊！他自己需要做的，只要安安静静地坐着而已。"

◎成语释义

自己无所作为而使天下得到治理。

◎故事出处

《论语·卫灵公》："无为而治者，其舜也与？"

◎出处译文

不有意作为而使天下得到治理，说的不就是舜吗？

◎成语示例

管理公司必须制订相应的条例，想要无为而治，恐怕有些不现实。

● 五十步笑百步

战国时代，战争连年不断，各国的老百姓非常苦。孟子为了拯救万民，决定周游列国，去劝说那些好战的君主。孟子来到梁国，去见好战成性的梁惠王。

梁惠王对孟子说："我在位，对于国家的治理，可以说是尽心尽力了。河内（今河南省黄河北岸）常年发生灾荒，收成不好，我就把那里的一部分老百姓迁移到收成较好的河东去，并把收成较好的河东地区的一部分粮食运到河内来，让河内灾区的老百姓不至于饿死。

"有时河东遇上灾年，粮食歉收，我也是这样，把其他地方的粮食调运到河东来，解决老百姓的困难。

"我也了解了邻国当政者的做法，没有哪一个像我这样尽心尽力替老百姓着想的。然而，邻国的百姓没有减少，而我的百姓也没有增多，这是什么原因呢？"

孟子回答说："大王喜欢打仗，我就用打仗来打个比方吧。双方军队在战场上相遇，免不了要进行一场厮杀。**战斗一打响，战鼓擂得咚咚响，作战双方短兵相接，各自向对方奋勇刺杀。打败的一方丢盔弃甲，飞奔逃命。假如一个兵士跑得慢，只跑了五十步，却去嘲笑跑了一百步的兵士是贪生怕死。这对吗？"**

孟子讲完故事，问梁惠王："这对不对？"梁惠王立即说："当然不对！他只不过没有跑到一百步罢了，但是这也是临阵脱逃啊！"

孟子说："你虽然爱百姓，可你喜欢打仗，百姓就要遭殃。这与跑五十步的道理是一样的。大王如果明白了这其中的道理，那么就不会希望贵国的老百姓比邻国多了。"

◎成语释义

形容以小败嘲笑大败的人。

◎故事出处

《孟子·梁惠王上》："填然鼓之，兵刃既接，弃甲曳兵而走。或百步而后止，或五十步而后止。以五十步笑百步，则何如？"

◎成语示例

在这件事情上咱们都有过失，你不要五十步笑百步，扬扬自得。

● 物以类聚

战国时期，齐国有位名叫淳于髡的大贤。有一次，齐宣王想多得几位人才，淳于髡就在一天之内，向他举荐了七位才能出众之人。

宣王非常吃惊，对淳于髡说："我听别人讲，人才非常难得，方圆千里之地能挑出一位贤士，就说明贤士的数量很多；百年之中能出现一位圣人，就说明圣人很多。现在，你居然在一天内推选了七位贤士，这些人真的有才吗？"

淳于髡说："同类的鸟儿总是聚居在一处，同类的野兽也总是喜欢在一起行走。到沼泽地里去寻找柴胡、桔梗等药材，怎么找都会一无所获；而到围黍山、梁父山的背面去寻找，药材就多得数不胜数，非得用车才能装运回来。**这是因为，世上万物同类的总是相聚在一块儿。**

"我淳于髡也称得上是一位贤士吧，您派我去寻找贤士，就如同到河里去汲水、用火石去打火一样，容易得很。我能够推荐的贤士还多得很呢，又何止这七个！"

齐宣王听后，觉得淳于髡说得有道理，连忙点头称是。

◎成语释义

同类的事物或人相聚在一起。比喻坏人互相勾结。

◎故事出处

《战国策·齐策三》："淳于髡曰：'不然，夫鸟同翼者而聚居，兽同足者而俱行……夫物各有畴，今髡贤者之畴也。'"

◎成语示例

自古道：物以类聚，坏人总喜欢和坏人交朋友。

X

洗耳恭听

原始社会时期，尧帝知道许由是个才能出众的高人。于是他想到，如果让许由来接替自己的帝位，老百姓会得到更多的实惠。于是，他派使者来到了许由隐居的箕山请他出山，统治万民。可是许由是个真正的隐士，不愿出山执政。他对使者说："我这个人喜欢与世无争，不稀罕帝位！"使者碰了一鼻子灰，再待下去也没有意思，只得离去。

许由觉得，使者的话太过于世俗，把他的耳朵都给污染了，就跑到山下颍水边清洗耳朵。他的朋友巢父也在河边闲坐，正牵着一只牛饮水，见到许由就问："你在干什么呢？"许由把尧帝请他出山为帝的事情说了一遍，又说："因为我听到了这样不干净的话，所以耳朵遭了殃，只得来这里把耳朵洗干净！"

巢父比许由还清高，他撇了撇嘴，说道："你这个人总是喜欢显示自己，太招摇了！现在有人请你出山即位，这得有多麻烦呀，你居然还想到洗耳朵！这都怪你自己不好，你别洗了，洗来洗去，把我家牛的嘴都弄脏了！"把话说完，他对许由看也不看，牵起牛径直走向水流的上游去了。

◎成语释义

把耳朵洗干净，恭恭敬敬地倾听别人的讲话。现在也有讽刺或开玩笑的意味。恭：恭敬。

◎故事出处

《高士传·许由》："尧欲召我为九州长，恶闻其声，是故洗耳。"

◎出处译文

尧想让我当治理九州的长官，我不喜欢听到他这样说，因此来洗耳朵了。

◎成语示例

你要讲什么，我一定洗耳恭听。

下笔成章

三国时期，魏王曹操的第四子名叫曹植。这个曹植，自幼聪慧，十几岁时就读了很多名著，文章也写得相当好，人们非常佩服他。

曹操见曹植有这样大的本事，心里总是怀疑他未必这样有才。一天，曹操把曹植叫到身边，将他的文章认真地看了一遍，觉得文章写得挺好，但怀疑他写的文章是抄袭他人之作。于是曹操走到曹植面前，对他说："你的文章写得很有水平，但这篇文章到底是不是你自己写的呀？"

曹植看到父亲不相信自己，就跪在了

父亲面前，说道："这篇文章真是我写的，我确实能够出口成文，下笔成章；您如果有所怀疑，可以当面考考我。"曹操看着曹植一副天真的样子，不由得笑了起来，说道："你起来吧，我相信你真会写文章。"

过了一段时间，曹操命人建造的铜雀台竣工了。他把几个儿子都叫到台上，让儿子们每人写一篇赋。曹植提笔就写，一会儿就写完了，而且文章相当出色，人人看了都说好。曹操觉得这孩子真是有才，就想把王位传给他。

后来，曹植虽然没有继承魏王之位，却写了两百多篇作品，而且篇篇都很精彩。特别是诗歌《赠白马王彪》、辞赋《洛神赋》等，经过一千多年，人们读起来还津津有味。

◎成语释义

一动笔，文章就写成了。形容人的思维敏捷，写文章快。

◎故事出处

《三国志·魏书·陈思王植传》："太祖尝视其文，谓植曰：'汝倩人邪？'植跪回：'言出为论，下笔成章，顾当面试，奈何倩人？'"

◎出处译文

太祖（曹操）看见文章，对曹植说："这篇文章是不是别人代笔的呀？"曹植跪着回答说："我能出口成文，一提笔即成文章；您可以当面考考我。我何必要请人代笔呢？"

◎成语示例

这学生天资聪颖，文思敏捷，下笔成章，将来未可限量。

● 先发制人

公元前209年，陈胜、吴广在大泽乡揭竿起义，得到了天下人的拥护。当时项梁和侄子项羽因为躲避仇人，逃到了吴中。会稽郡的郡守名叫殷通，他知道项梁是一个了不起的人，就派人找来项梁，准备和他分析当前的形势。

项梁早就想造反了，他一见殷通就说："现今江西地区义军纷纷起义，这是老天爷要灭亡秦朝呀！先行动的可以制服别人，行动迟了就会被别人所制啊！"

殷通随后说："我很想带兵造反。您能够干大事，我想请您和桓楚一起统率我的军队，您知道桓楚现在在什么地方吗？我好派人请他。"项梁知道殷通是个碌碌之辈，不想给他办事，想了想，说道："桓楚因为犯了法，在江湖上四处流亡，只有我的侄子项羽知道他的下落，我现在就叫他进来，您问他好了。"

项梁走出门，示意项羽将剑准备好，抓住机会将殷通杀掉。项羽对他的意思心领神会。两人走进大厅，殷通见项羽到了，正要起身相迎，谁想项羽突然拔出宝剑，将他杀了。项羽提着殷通的人头，带着郡守的大印，走到街上高声宣布起义。

老百姓被秦朝压迫苦了，对秦朝官吏本来就很痛恨，现在看到项羽杀了郡守，都把他当英雄看待。于是，众百姓拥项梁为郡守，项羽为偏将。项羽又在乡里亲友中招募了一支军队，号称"八千子弟兵"，正式举旗造反，响应陈胜、吴广。

◎成语释义

先行动就可以处于主动地位，控制对方。后来泛指先下手采取主动。发：开始行动。

◎故事出处

《汉书·项籍传》：“先发制人，后发制于人。”

◎出处译文

先行动就可以处于主动地位，控制对方。如果后行动，则会处于被动地位，让对方控制。

◎成语示例

剑波没等这位警长开口，便理直气壮地来个先发制人。（曲波《林海雪原》三）

● 相敬如宾

春秋时期，有一次，晋国国君晋文公派大夫胥臣出使鲁国。胥臣事情办完了，回来时路过一个叫冀的地方。他的马车路过一块田地，天气十分好，晴朗无云。田里有一个农民正在锄草。

碰巧，那农民的妻子送饭来了，她将饭碗高举过头顶，十分恭敬地送给丈夫吃。丈夫也以同样的礼节回敬妻子。胥臣很有感触地说：“夫妻之间如此敬重恩爱，说明这个青年是个有德之人，假如有这样的人帮助国君治理晋国，国家肯定会兴旺不衰。”

于是，胥臣走下车，与那年轻人交谈，询问他的身世。

◎成语释义

形容夫妻相互尊敬，如同对待客人一样。

◎故事出处

《左传·僖公三十三年》：“臼季使，过冀，见冀缺耨，其妻馌之，敬，相待如宾。”

◎出处译文

臼季（胥臣）出使，路过冀地的时候，看见一个叫冀缺的人锄草，他与妻子相互尊敬，像对待客人一样。

◎成语示例

他们彼此相敬如宾，家庭和睦美满。

● 响遏行云

战国时期，秦国有一位名叫薛谭的青年。他天生一副清脆的好嗓子，实在是一棵适合唱歌的好苗子。一天，他知道音乐家秦青才华盖世，就拜别父母，去秦府拜师学艺。秦青见他十分诚恳，也就留下他了。

薛谭全心全意地学，秦青尽心尽力地教。经过一段时间的学习，薛谭觉得已经把老师的技艺都学到手了，心里又想念远在家乡的父母，就向老师提出回家的请求。

秦青非常喜爱薛谭，觉得他应当继续在自己身边勤学苦练，也好将自己的一些学艺心得毫无保留地告诉他，但见他已经满足，自己又怎好强留，便不再多说。而薛谭呢，见老师对自己的回家请求没有反对，想着又能重新回到父母膝下，就欢天喜地地整理行装去了。

秦青与薛谭毕竟相处过，师生之情还是深厚的，便决定为薛谭设宴送行，也好给双方留下一个美好的回忆。

第二天，秦青亲自送薛谭上路，并在大路旁的十里长亭准备了一桌酒菜。饮完饯行酒后，秦青突然打着节拍，引吭高歌，抒发惜别之情。那歌声高亢、嘹亮，震得树木沙沙作响，连天上正在流动的白云也仿佛为之停止不动。

薛谭大惊失色，才知道老师的造诣是如此之高，自己只是学了个皮毛而已。他对老师说："先生，非常对不起。我自以为向您学得差不多了，居然大言不惭地提出要走。今天听了您的歌声，才知道自己犯了多么大的错误。请您原谅我这一回，我想继续向您学习！"

秦青见薛谭已经回心转意，就带他回去，更加细心地教他歌唱之道。从此以后，薛谭就再也没有提出回家的请求，因为他总觉得自己的技能不如老师。

◎成语释义

常用来形容歌声高亢嘹亮。

◎故事出处

《列子·汤问》："抚节悲歌，声振林木，响遏行云。"

◎出处译文

拍着乐器唱了一支很哀伤的曲子，使树林都为之动容，云彩都忍不住停下来倾听。

◎成语示例

《黄河大合唱》那响遏行云的歌声激发人们奋起反抗侵略者的斗志。

● 小巫见大巫

三国时期，有两人是很好的朋友。一个名叫陈琳，在魏国做官；另一个叫张纮，是东吴孙权手下的谋士。他们两个人都很有文学才华，虽然各事其主，但相互敬慕，都认为对方才华出众。他们常常给对方写书信，互相探讨文学问题。

张纮写了一篇赋，甚为得意，并派人把文章交给陈琳，请他提出意见。

陈琳见到这篇赋，赞赏不已。就在一次宴会上给宾客展示，还非常自豪地说："你们看，这篇赋居然写得这样好！你们可知道，这篇文章的作者，就是我的好朋友张纮呀……"

没过多久，张纮也看到了陈琳的作品《武库赋》和《应机论》。由于文章很精彩，张纮读起来津津有味，连连称绝。他立刻给陈琳回信，对陈琳那种清新的风格表示由衷赞赏，还虚心表示，要向他学习怎样写文章。

陈琳看到这封信，也谦虚地给张纮回信说："在我们北方，消息不太畅通，我也很少与文人学士畅谈文学话题，所以没见过什么世面。我们这里写文章的人比较少，因此我就出名了，并不是因为我的才学真的有什么造诣，是你太夸奖我了。和你相比，我就如同小巫遇见大巫，没有什么法术可以施展了。”

◎成语释义

小巫遇见了大巫。常用来比喻二者一比较，能力高下就相差很远。巫：旧时以祈神为职业来骗取钱财的人。

◎故事出处

汉·陈琳《答张纮书》裴松之注引《吴书》：“所谓小巫见大巫，神气尽矣。”

◎出处译文

小巫见到大巫，法术即无可施展。

◎成语示例

仅仅十万人口的双桥镇何足以供回旋，比起目前这计划来，真是小巫见大巫！（茅盾《子夜》五）

笑里藏刀

唐朝时，李义府家境贫寒，但知道用心读书，所以在唐太宗时顺利通过了考试，成为政府官员，一直做到门下省典仪（朝内典礼司仪）。

太宗死后，高宗李治登基，李义府又深得圣眷，升任中书舍人。高宗想废掉王皇后，立妃子武氏为后，李义府揣摩圣意，全力支持。这样，李义府由于拥立新皇后有功，又高升为中书侍郎，掌握大权。后来他又当了中书令、右相，执掌一国的政务，权势惊人。

从表面看来，李义府温和谦逊，人们与他说话时，他总是微笑应对，让人觉得和蔼可亲。而实际上呢，他却是一个阴险之辈，谁要是得罪了他，他就不动声色地暗暗记在心里，寻找报仇的机会，进行无情打击。

所以，人们都说李义府笑中有刀。又因为他表面柔顺，实际上却屡屡谋害别人，大家背地里还称他为“李猫”。

◎成语释义

常用来比喻表面和善而内心阴险狠毒。

◎故事出处

《旧唐书·李义府传》：“义府貌状温恭，与人语必嬉怡微笑，而褊忌阴贼……故时人言义府笑中有刀。又以其柔而害物，亦谓之‘李猫’。”

◎成语示例

他平日笑不离脸，可真是笑里藏刀。（周立波《暴风骤雨》第二部九）

心腹之患

越王勾践在姑苏大败吴军，伤吴王阖闾，使他染病而死。死前，阖闾对太子夫差说：“不要忘记勾践的杀父之仇。”三年后，两国再战，越国大败。夫差本可以灭越国以绝后患，但太宰伯嚭接受了越国的厚礼，为越国说好话。夫差耳根软，准备接受越王的求和请求。

伍子胥上谏说：“越王为人能够忍辱负重，现在不灭，以后一定追悔莫及。”夫差不听。过了五年，齐景公去世，大臣们争权夺势，而新君又很稚嫩。吴王夫差想兴师北伐。

伍子胥又规劝说："齐国只是一片不长庄稼的土地，得到了也用处不大。而越王勾践卧薪尝胆，一定是想有所作为。此人不死，后患无穷。越国对于吴国，是心腹之患。弃越而伐齐，是不是太荒谬了？"但是吴王不听。

吴军在对齐国的战争中取得胜利，但伍子胥在吴王夫差心目中的地位就降低了。又过了四年，吴王夫差又想遣师北伐。这时，已被吴王疏远的伍子胥又一次搬出他那"心腹之患"的理论。

夫差很恼火，但顾及他是先王驾前的老臣，又为吴国立了不少功勋，就打发他出使齐国。伍子胥知道吴国必亡，于是把儿子托付给齐国人鲍牧照顾，伯嚭乘机大进谗言，说伍子胥要叛国。

吴王夫差赐剑让伍子胥自刎。死前，伍子胥还对他的门人留下遗言："把我的眼睛摘下悬在吴都城的东门之上，我要亲眼看到越寇的入侵、吴国的灭亡。"夫差后来被勾践流放，最后自杀身亡。

◎成语释义

比喻隐藏在内部的严重祸害，也泛指最大的隐患。

◎故事出处

《左传·哀公十一年》："越在我，心腹之疾也。"

◎出处译文

越国对于我们，总像心中的疾病一般危险。

◎成语示例

这个心腹之患一天不除，家里就一天不得安宁。

心怀叵测

东汉末年，曹操准备率兵南征，于是他召集大臣们商议。谋士荀攸说："周瑜刚死，可先打东吴，再打刘备。"曹操说："如果大军南下，凉州的马腾来袭击京都怎么办？"

荀攸说："依我的看法，可以封马腾为征南将军，派他去征讨孙权，将他引进京来，然后消灭他。"曹操非常同意荀攸的主张，当即派人去凉州召马腾进京。马腾接到诏书以后，和几个子侄商量去还是不去。

儿子马超主张去。侄子马岱不主张去。马岱说："曹操这个家伙，阴险毒辣，心怀叵测，叔父如果去了，恐怕会遭到杀害。"马腾没有听从马岱的话，带着五千凉州兵来到京都，后来果然被曹操所杀。

◎成语释义

指人心存险恶，不可推测。

◎故事出处

明·罗贯中《三国演义》第五十七回："马岱谏曰：'曹操心怀叵测，叔父若往，恐遭其害。'"

◎出处译文

马岱（对马腾）说："曹操这个人，阴险毒辣，不可推测，叔父如果去了，恐怕会遭到杀害。"

◎成语示例

这个人心怀叵测，对他的一举一动，都要严加提防。

信口雌黄

魏晋时期，上层社会盛行清谈之风，贵族们讲起话来夸夸其谈，不务实际。西晋大臣王衍，在清谈家中颇有名望。他从小就显得伶牙俐齿，曾到著名文学家山涛府上做客。大家见他外表清秀，举止文雅，都很赞许他。但山涛却叹息道："日后耽误天下的，就是这种人啊！"

王衍成年后，善于运用老子、庄子的学说，对儒家经典进行新的解释。他宣讲的时候，满嘴都是空话。他讲话时总是轻声慢语，每次讲到错误之处，都毫不在乎地随口更改。所以，人们都用"口中雌黄"来评价他。

在"八王之乱"中，有两位很有权势的王爷看中了王衍的影响，封他为尚书令，把朝政委托给他。但他只顾着扩大自己的势力，不把天下百姓的死活放在心上。西晋灭亡之时，他还顺嘴胡说："我一向都不干预朝政，朝廷的失败，并不能怪罪到我的身上。"

可是，敌军是不需要空谈家的。结果，王衍被敌军活埋在瓦砾堆里，一命呜呼。

◎成语释义

言论不当，随口更改。也指没有根据地乱说话，胡言乱语。信口：出言不假思索；雌黄：古时用来涂抹错字的颜料，后指任意窜改。

◎故事出处

《文选》中刘孝标注引晋·孙盛《晋阳秋》："王衍字夷甫，能言，于意有不安者，辄更易之，时号'口中雌黄'。"

◎出处译文

王衍字夷甫，很能侃侃而谈，遇有错误时往往不假思索地随口更改。于是当时的人们都说他是"口中雌黄"。

◎成语示例

如果孙俊英按事实讲也没有什么，但是她添油加醋，信口雌黄，凭空捏造，极尽诬蔑挑拨之能事。（冯德英《迎春花》第二十一章）

胸有成竹

北宋仁宗时期，出了一位名叫文与可的著名画家。他姓文，名同，字与可。除了画画以外，文与可的诗、文、书法都非常优秀。他非常喜欢画竹子，得到很多人的称赞。

为了画好竹子，文与可在房屋周围种了很多青竹。无论春夏秋冬、阴晴风雨，他都每天坚持观察竹子的生长状况和形态变化。经过他的细心揣摩，脑子里积累了很多竹子的形象，受益良多。

在他作画之前，心中早就有了竹子的大概轮廓。这样作画时，他就能挥洒自如，很快完成作品。

文与可的朋友苏轼也受到他画竹经验的影响，在画竹子之前也对竹子进行详细观察。一旦在心中形成竹子的形态，马上手脑并用，在纸上画出自己所感受到的东西。这样画了一段时间，苏轼觉得自己画竹的技艺大有进步。

◎成语释义

画竹时心中早就有了现成的竹子的形象。比喻人们做事之前已经有了主意，或有了成功的把握。成竹：现成的、完整的竹子。也说“成竹在胸”。

◎故事出处

宋代晁补之诗：“与可画竹时，胸中有成竹。”

◎出处译文

文与可画竹的时候，胸中早有竹子的轮廓。

◎成语示例

小明进行了充分的复习，他胸有成竹地走进考场。

休戚相关

春秋时期，晋国的周子受到权贵们的排挤，只得离开晋国，到周朝都城洛阳居住。周王的大夫单襄公非常器重他，常常把他请到家中，热情招待。

周子虽然年纪很轻，却显得老成稳重，惹人注目。他站立的时候非常稳当；看书的时候注意力集中；听人讲话的时候恭恭敬敬；待人接物的时候总是相当友善；和别人说话时，总是不忘忠孝、仁爱。他虽然身在周地，可是晋国一旦发生了什么喜庆的事情或遭到了什么灾难，他都非常关心。

单襄公觉得，周子如果得到回国的机会，极有可能成为一个贤明的君主。因为有这层考虑，单襄公对他更关心了。

后来，单襄公得了一场大病，知道自己不久于人世，于是他对儿子单顷公说：“周子身在他乡，却时时刻刻为祖国的安危而担忧，而且人品高贵，才能突出。现在晋国国君的道德水平不高，没有君主的样子。周子如果回国，很可能会登上国君之位。我死之后，你要很好地照顾他，千万不要轻视他！你照我的话做了，就一定会得到众人的称赞！”

父亲死后，单顷公不忘父亲的嘱咐，

对周子处处关心。过了一段时间，晋国国内发生动乱，晋厉公被人杀死。晋国大夫看到国中无主，想起了聪明可靠的周子，就派人到洛阳把他接来，立他为国君。

◎成语释义

彼此之间的喜忧福祸紧密相连。用来形容关系密切，命运相连。休：喜庆；戚：忧愁。

◎故事出处

《国语·周语下》："晋国有忧，未尝不戚；有庆，未尝不怡……为晋休戚，不背本也。"

◎出处译文

晋国有忧患，他无不为之悲戚，有喜庆，他无不为之高兴……为晋国高兴悲戚，不悖本国啊！

◎成语示例

元末农民起义后，明朝开国皇帝朱元璋制定了许多与发展生产休戚相关的政策。

● 朽木不雕

孔子有个弟子叫宰予，善于言辞，说起话来头头是道，娓娓动听。开始的时候孔子很喜欢这个弟子，觉得他会很有出息。

可是没多久，孔子给弟子讲课，发现宰予没有来听课，就派弟子去找。不一会儿，去找的弟子回来报告说，宰予在房里睡大觉。

孔子听了很伤感，说："腐烂的木头不能雕刻，粪土一样的墙壁不能粉刷。对于宰予这个人，责备还有什么用呢？最初我听到别人的话，就相信他的行为一定与他说的一样；现在看来不能光听一个人说什么，还必须考察一下他的行为。就从宰予起，我改变了态度。"

◎成语释义

比喻人已经败坏到不可救药的地步。

◎故事出处

《论语·公冶长》"宰予昼寝。子曰：'朽木不可雕也，粪土之墙不可圬也。'"

◎出处译文

宰予白天在房里睡大觉。孔子说："(他就像)腐烂的木头不能雕刻，粪土一样的墙壁不能粉刷。"

◎成语示例

他虽有过硬的本领，但没有优良的品质，真是朽木不雕，令人惋惜。

● 栩栩如生

战国时期，哲学著作《庄子》中有一个"庄生梦蝶"的寓言，写得非常精彩。

一天夜里，天气非常凉快，人们也摆脱了烦躁心情，变得非常轻松、愉悦。庄子和平常一样，躺在床上，很快就睡着了。

他睡着以后，做了一个梦，梦见自己变成了一只蝴蝶。这只蝴蝶好像真蝴蝶一样，欣然自得，在万卉争芳的花丛中跳起了欢快的舞蹈，飞来飞去采集花中的花蜜，尽情地享受大自然赐予众生灵的欢乐。这个时候，他忘记了自己是庄周。过了好久，他才从梦中醒来。摆脱梦境之后，他还沉醉在惊喜之中，觉得这个梦是一场美梦。

可是，这时却有了一个问题，到底是庄周梦见自己变成了蝴蝶，还是蝴蝶梦见自己变成了庄周呢？

这个寓言说明了什么问题呢？它所讲的

是一个重要的哲学观点：世界上所有事物都是有差别的，但是这种差别是相对的，从根本上说，世上所有事物都是一样的。

◎成语释义

比喻形象生动逼真，好像活的一样。栩栩：生动活泼的样子。

◎故事出处

《庄子·齐物论》："昔者庄周梦为蝴蝶，栩栩然蝴蝶也。"

◎出处译文

庄周梦见自己变成一只蝴蝶，飘飘然，十分轻松惬意。

◎成语示例

画中的这个女子肩着药锄，提着一篮仙桃，真是栩栩如生。

削足适履

春秋时期，发生了两件骨肉相残的事情。这两件事情影响很坏，很多人都知道。

一件事是晋献公与公子申生的事情。

晋献公在晚年时非常昏庸，宠爱妃子骊姬，对她言听计从。骊姬想让儿子奚齐当太子，就与奸臣私通，一起商量着如何对付他们的眼中之钉——太子申生。

一次，骊姬用蜂蜜擦头，引来不少蜜蜂，然后命申生用扇子驱赶蜜蜂。结果，晋献公在高台上看得清楚，真的以为申生有戏母之心。晋献公勃然大怒，从此断绝父子之情，再也不理睬申生了。申生失宠，只得自杀。

骊姬还在献公面前，说公子重耳、公子夷吾的坏话。献公听信谗言，派人去杀重耳。重耳、夷吾见势不好，只得逃出晋国，另寻出路。

另一件事，是公子弃疾与楚灵王的事情。

楚灵王曾经传下旨意，命他的弟弟公子弃疾去管理被灭的蔡国，而他统率军队出征，攻打东方的徐国。公子弃疾见国君不在国内，引兵返楚国，杀死了楚灵王的儿子，拥立哥哥的另一个儿子子比为君。

楚灵王听说公子弃疾掌握了大权，自己又没有办法打回去，气得上吊自杀了。公子弃疾见自己的势力越来越大，索性逼子比自杀，自己从后台走向前台，做了楚王，历史上称他为楚平王。

这两件事，一件是父亲逼死儿子，一件是弟弟逼死哥哥，太不明智了。

《淮南子·说林训》在评论这两件事情时说：**"骨肉间本来相亲相爱，但受到谗言的离间，父子兄弟的关系就很危险了。这就好比为了适合鞋子的尺寸，把脚削小；为了适应帽子的大小，把脑袋削小一样。"**

◎成语释义

把脚削去一块，来适应鞋子的大小。现在多用来比喻无原则地迁就，或生搬硬套。适：适应；履：鞋子。

◎故事出处

《淮南子·说林训》：“骨肉相爱，谗贼间之，而父子相危。夫所以养而害所养，譬犹削足而适履，杀头而便冠。”

◎成语示例

是借用，就难免有“削足适履”和“挂一漏万”的毛病了。（闻一多《四杰》）

Y

言必信，行必果

在《论语·子路》中，子贡问孔子："什么人才叫士？"古代的士是指道德修养和学识两方面都很好的人。

孔子告诉子贡："行己有耻，使于四方，不辱君命。"意思是：一个人对自己的行为很负责，有使命感，有耻辱感，生怕自己的人格有污点，他身负君命，为国家利益出使四方，能很好地完成所承担的外交任务，这样的人绝对不会做出有辱国格、人格的事来，可以称士。

子贡说："这个要求太高了，那么次一等的应该是怎样的人？"孔子说："次一等的，在宗族之间人们称赞他是孝子，在乡亲邻居中对人很友爱，也可以称为士。"

子贡说："那么再次一等应该是怎样的人？"

孔子告诉他："再次一等应该是'言必信，行必果'，说话言而有信，作出的承诺一定能兑现，做事有结果，有始有终。不过这种人没有远大的胸襟和抱负，工作只是为了领几斗米，赚钱糊口，浅薄固执，一般常见。这种人太多了，自己做人还可以，要说处理国家大事，不一定能胜任，他们勉强可以叫士，但毕竟是胸无大志的人，不值得推崇。"

◎成语释义

指人说了就一定守信用，做事一定要果断。

◎故事出处

《论语·子路》："言必信，行必果，硁硁然小人哉。"

◎出处译文

（这种人）说了就一定守信用，做事一定办到，但是这种人胸无大志。

◎成语示例

我们中国人说话是算数的，从来是言必信，行必果。

言不由衷

春秋初期，郑国的国君郑庄公担任周朝的卿士，在朝廷掌握大权。那时，周朝已十分衰败，郑庄公凭着自己的实力，根本不把周平王放在眼里。周平王内心对郑庄公的傲慢无礼十分不满，于是就想让另一个贵族虢公代郑庄公担任卿士。

郑庄公知道了，非常恼怒，埋怨周平王。周平王向郑庄公解释说："没有这回事。"周平王觉得口说无凭，就和郑庄公交换人质，周太子狐到郑国做人质，郑公子忽到周朝来做人质。

后来周平王去世了，他的孙子周桓王即位。周桓王对郑庄公很不放心，也想让虢公代替郑庄公做卿士。不料，这事又让郑庄公知道了。郑庄公派郑国大夫祭足带领兵马将周朝温邑地方的麦子全部割了运到郑国。秋天，祭足又率领兵马将周朝成周的谷子全部割掉，运回郑国。

从此，周朝和郑国之间的关系更加恶化了。

当时的史官评论这件事时说："人与人、国与国之间的信任如果不出自内心，交换人质也是没有用的。倘若他们都能坦诚相待，为对方着想，都能用礼数要求自己，又有谁能离间他们呢？"

◎成语释义

心中想的和口里说的不一致。

◎故事出处

《左传·隐公三年》："信不由中，质无益也。"

◎出处译文

言语不发自内心，即使相互派了人质也是没有用的。

◎成语示例

见别人朝歪道上走，不及时指出来，甚至言不由衷地送几句奉承话，何异于落井下石？

言过其实

马良、马谡兄弟，是三国时期蜀国的著名将领。马谡很有口才，特别喜欢谈论军事，分析战局，而且总是能谈到点子上。丞相诸葛亮觉得他才能出众，很器重他。

可是，蜀汉昭烈帝刘备觉得马谡这个人太爱吹嘘，做起事来不能脚踏实地。**刘备在临死前对诸葛亮说："马谡这个人说起话来很浮夸，一点儿也不踏实，甚至超过了他的实际能力。对于这种人，决不可以重用，否则会造成不可预计的损失。丞相一定要小心留意！"**

228年春，诸葛亮带领军队讨伐魏国，派马谡镇守街亭，防备魏军。结果，马谡一味逞强，竟然不听从指挥，在山上扎营，导致街亭失守，北伐失败。

到了这时，诸葛亮才想到刘备是何等英明，自己信任马谡又是何等愚蠢。自己由于没有听从先帝的遗言，造成北伐的失败，实在太不应该了。

◎成语释义

比喻言语浮夸，他所吹嘘的超过他的实际能力。也指说话夸张失实，使人无法相信。言：言语；实：实际情况。

◎故事出处

《三国志·蜀书·马良传》："先主临薨谓亮曰：'马谡言过其实，不可大用，君其察之。'"

◎成语示例

我不能不将他们那旗人的历史对你讲明，你好知道我不是言过其实。（清·吴趼人《二十年目睹之怪现状》第七回）

掩耳盗铃

春秋末年，范吉射一家因为得罪了别人，面临灭门大祸，只好逃离晋国，远走他乡。一次，有人在范家的门口见到了一口漂亮的钟，心里便起了歹意，想将这口钟盗走。可是这口钟很沉，他根本没有力气将它背走。

这可怎么办呢？他思来想去，终于想出了一个主意：钟很沉重，就把它敲成碎片，一块一块地搬走不就行了吗？他越想越觉得自己聪明，就很高兴地找来一个铁锤，向大钟砸去。

"当——"，大钟发出的声音震耳欲聋，把那人吓了一大跳。因为大钟的材料是铜，当然一点也没碎。他不死心，又用力砸了一下，大钟仍然发出非常大的响声，只稍微晃了几下，仍是完好无损。这时，他想到，如果继续砸钟，人们就会听到当当的声响，自己肯定要被别人逮住。

怎样才能不让别人发现，又能将钟弄走呢？他脑筋一转，又想出了个办法：将自己的耳朵捂住，然后再用力砸。他觉得，这样一来，自己既听不到钟的响声，别人也会听不见，这样就可轻易地盗走大钟。

在古时，钟和铃都是乐器。所以，后人把"掩耳盗钟"也称为"掩耳盗铃"。

◎成语释义

捂住自己的耳朵去偷铃铛。形容自己欺骗自己的行为。掩：捂住；盗：盗窃。

◎故事出处

《吕氏春秋·自知》："百姓有得钟者，

欲负而走，则钟大不可负。以椎毁之，钟况然有音，恐人闻之而夺己也，遽掩其耳。”

◎出处译文

有个老百姓为了得到一口钟，想把它背走，但钟又大又沉背不动。他就用锤子把它打碎，这样钟又轰轰响起来，那个百姓怕别人听到响声来抢钟，赶忙把自己的耳朵堵起来，以为这样别人就听不见了。

◎成语示例

掩耳盗铃是一种自欺欺人、很愚蠢的做法。

扬扬自得

晏子是齐国的宰相，他不但才智过人，而且行为稳重，态度很谦虚。晏子坐车出门，他车夫的妻子从门缝里暗中观看丈夫。见她丈夫替宰相驾车，头顶着巨大的车伞，手里鞭打着四匹马，神气十足，非常得意。

不久，驾车人回家，他的妻子就提出要离去。驾车人询问缘故，妻子说：“晏子身高不满六尺，担任齐国宰相，在诸侯中名声传扬。今天我看他出门，神思深沉，面无喜色。你身高八尺，才不过当人家的车夫，可是你的心里自以为很满足，所以我提出离去。”

经过这件事以后，驾车人的态度变得谦卑起来。晏子觉得奇怪，就询问他，驾车人把事情的经过告诉了晏子，晏子就推荐他担任大夫的官职。

◎成语释义

形容十分得意的样子。

◎故事出处

《史记·管晏列传》：“其夫为相御，拥大盖，策驷马，意气扬扬，甚自得也。”

◎出处译文

她丈夫替宰相驾车，上面遮着大伞盖，挥鞭驾驭四匹马，神气扬扬，非常得意。

◎成语示例

一看他扬扬自得的表情，就能猜出这次他考得应该很好。

养虎遗患

秦朝灭亡之后，刘邦和项羽争夺天下。由于刘邦重用人才，争取人心，力量越来越强大。而项羽却不听取贤人的意见，也不关心老百姓，与刘邦打成了个平手。这时，刘邦派人去和项羽商量，愿意以鸿沟作为界线，项家占东边，刘家占西边，从此不再打仗，相安无事。

项羽明白以自己的力量很难打败刘邦，只好接受这个建议。

Y

双方签订和约后，项羽带兵东归，刘邦也心满意足，打算带兵撤回关中过安乐的生活。

可是他的谋士张良却说："大王！现在天下大部分的土地都被您占领了，众诸侯又心悦诚服地归顺了您。项羽的军队貌似强大，其实没有多少实力。不趁现在消灭他，就会给自己留下后患，那可就是'养虎自遗患'了！"

这真是一句话提醒了梦中人。刘邦顿时猛醒，觉得张良分析得太对了，就统率军队追击项羽，把他的军队消灭了，建立了西汉王朝。

◎成语释义

喂养老虎，却留下祸患。比喻纵容敌人，自留后患。遗：留下。

◎故事出处

《史记·项羽本纪》："楚兵罢食尽，此天亡楚之时也，不如因其机而遂取之。今释弗击，此所谓'养虎自遗患'也。"

◎出处译文

项羽的军队其实没有多少实力了，这是上天要灭掉楚国。不趁现在消灭他，就会给自己留下后患，那可就是"喂养老虎，留下祸患"了！

◎成语示例

他非常恨陕西地方文武大员的糊涂无用，竟敢长期不明"贼情"，养虎遗患。（姚雪垠《李自成》第一卷第三十二章）

叶公好龙

春秋时期，有一个叫子张的人，请求拜见鲁国的君主鲁哀公。他心急如焚地等了七天，也没有被鲁哀公接见。他生气了，与赶车的人说了一番话，并让他把这些话向哀公仔细转告，然后自己不告而别，心急火燎地跑到别国去了。

他说："我听说君王对读书人非常赏识，所以从千里之外，顶着霜露，冒着风尘，长途跋涉到您这里来，脚上磨出了好几层老茧。到了您这里，我顾不上休息，就来与君王相见。可是我等了七天，君王却不能以礼相待。

"我看君王嘴上说喜欢读书人，实际行动却不是如此。您不过是像叶子高喜欢龙那样而已。

"叶公很喜欢龙。他的武器上画着龙，工具上刻着龙，屋子内外墙上画有龙的图案，柱子上雕有龙的身影。在他家中，龙简直无处不在。

"天上的真龙，听说人间有这样一位喜欢龙的高人，很是感动。有一天，龙来到他的家里，把龙头伸进窗户探望，把尾巴拖在厅堂上。叶公一看到真龙出现，并未表现出喜悦的神色，惊恐万状，转身逃跑。这件事情证明，叶公对龙并不是真喜欢，他只是喜欢与龙的外表相似的事物而已。

"我从千里之外赶来与君王叙谈，君王却不以礼相待。看来君王对读书人并不喜欢，只是喜欢那些像读书人却没有学问的人罢了！"

◎成语释义

常用来讽刺那些表里不一、名不副实的虚伪人物，他们表面上爱好某种事物，实际上并不是真正爱好，甚至畏惧；一旦真正接触，就抛掉了平时的假面目，露出了真相。

◎故事出处

汉·刘向《新序·杂事五》："是叶公非好龙也，好夫似龙而非龙者也。"

◎出处译文

这个叶公并不是喜欢龙，他喜欢的是龙的形象，而不是喜欢真龙。

◎成语示例

我对艺术的喜爱不是叶公好龙，而是真真切切。

夜郎自大

西汉时期，汉朝的西南方有一些小国，其中有一个是"滇国"，一个是"夜郎国"。有一次，汉武帝派人到西南方去进行访问，想打通去身毒国（今印度）的道路。

汉朝使臣先到了滇国，滇王不了解汉朝的虚实，就问他："汉朝的地盘到底有多大？它与我国相比，哪一个更大些呀？"使臣一听吓了一跳，觉得滇王说话太不知道深浅：滇国的领土只有汉朝一个州郡那样大，居然还与汉朝来比大小，岂不让别人笑话！

这位使臣离开滇国后，又来到夜郎国。夜郎王也没有摸清汉朝的实际情况，就向使臣发问："汉朝和我国相比，哪一个国家更大一些呀？"原来，他还以为汉朝同滇国差不多，没有多少领土。

◎成语释义

常用来表示妄自尊大，自以为了不起，实际上非常差。

◎故事出处

《史记·西南夷列传》："滇王与汉使者言曰：'汉孰与我大？'及夜郎侯亦然。以道不通，故各自以为一州主，不知汉广大。"

◎出处译文

滇王对汉使说："汉朝的地盘与我国相比，谁大？"夜郎王也这样对汉使说。因为道路不通，滇和夜郎各自管着一州的领土，却不知道汉朝的地盘那么广大。

◎成语示例

他这人总是瞧不起人，夜郎自大，实际胸无点墨。

夜以继日

周武王灭掉商朝后，建立了西周王朝。可是，没过几年，周武王就死了，他的儿子成王继位，继位时只有13岁。因为成王年纪小，就由叔叔周公辅佐处理朝政。

周公的能力很强，为了西周的政权稳固，总是忠于职守，兢兢业业，不管处于什么情况，只要公事来了，就立刻办公，从不敢稍有懈怠。

他曾经率领军队，平息了东方夷人的叛乱。他还制定了礼法、刑律，分封诸侯，修建并设立东都成周。

由于周公治国过于辛苦，结果在东都建立之后就逝世了。临死之前，他把众大臣叫到身边，要他们好好辅佐成王，治理万民，提出要把自己葬在成周，以表示虽死不忘王命。

到了战国时期，孟子对周公为国家呕心沥血的精神非常敬佩。孟子说："周公兼学夏商周三代开国君主的品德来治理周朝，如果有不适合当时情况的，他就抬起头来想，白天想不好晚上接着想，想好了就毫不犹豫地去做。”

◎成语释义

原意是白天没干完的事，晚上接着干下去。现在多用来表示不分白天黑夜，连续干某项工作。以：介词，用。

◎故事出处

《孟子·离娄下》：“周公思兼三王，以施四事，其有不合者，仰而思之，夜以继日；幸而得之，坐以待旦。”

◎出处译文

周公兼学夏商周三代开国君主的品德来治理周朝，如果发现不对的地方他就抬起头来想，直到想好为止，白天想不好晚上接着想。

◎成语示例

爱迪生夜以继日地在房间里做实验，最终成为了发明家。

一败涂地

秦朝末年，由于秦朝的暴政，各地农民起义不断。沛县的县令见到很多官吏被起义的人民杀死，很担心自己的安全。当时萧何、曹参在县衙当官，他们建议县令将逃亡在外的刘邦找回来。县令同意了，并派人去找刘邦回来。

可是当刘邦的人马来到城外时，县令又变卦了，他担心刘邦回来后自己会被取代，于是下令关闭城门，不准刘邦等人进城，并打算杀掉出主意的萧何等人。萧何、曹参听到消息，就偷偷地逃出城，投奔了刘邦。

刘邦打算攻下这座城，便叫人用白布写了书信裹在箭上射进城。信上说各路抗秦的力量已经势不可当，号召老百姓起来杀死县令，选有才能的人做新县令。城里的人们看到信后，就杀死了县令，打开城门，迎接刘邦入城。

大家都推举刘邦为县令，刘邦推辞说：“**现在各地纷纷起义，英雄豪杰一起举事，如果没有好的头领，一旦失败就会肝脑涂地，不可收拾**。希望大家另外推举更合适的人当县令吧。”虽然刘邦多次谦让，到最后刘邦还是当了沛县的县令，被尊为“沛公”。

◎成语释义

形容失败到了不可收拾的地步。

◎故事出处

《史记·高祖本纪》：“天下方扰，诸侯并起，今置将不善，一败涂地。”

◎成语示例

这次他真是一败涂地，再想翻身，恐怕很难了。

一鼓作气

春秋时期，有一次齐桓公派兵攻打鲁国，鲁国军队一溃千里，眼看国家不保。在万般危急的情况下，鲁国国君鲁庄公动员全国的军队进行抵抗。

鲁国有个平民姓曹名刿，他头脑灵活，深通兵法，很想拯救万民于水火，就要求面见国君。这时的鲁庄公为了抵抗外敌什么人都肯见，于是热情地接见了他。

曹刿问庄公：“您靠什么跟齐国军队对抗呢？”

庄公想了想，说道：“凡是衣服、食物这些使人安乐的东西，我从来不敢一个人独享，都是拿出来和别人共同使用。”曹刿说：“这些小恩小惠，只有您左右的一些人能够得到好处，普通的老百姓哪能分享，他们不会因为这个为您卖命的。”

鲁庄公又说：“祭神之时，所用的牛、羊、猪、宝玉、丝帛这些祭品，我从来没有虚报，总是对神显示我的诚实。”曹刿说：“您对神诚实，只是小信用，而不是大信用，神不会因为这个使您战胜齐国。”

鲁庄公又说：“在鲁国发生的无数案件，我虽然不能全部调查清楚，但总是尽我最大的努力，慎重地予以处理，尽量做到合情合理。”曹刿听了，兴奋地说道：“这样做好呀！这是尽心尽力为百姓办事，一定会使百姓信任你、支持你。凭这一条，完全可以和敌人对抗。”

在这种情况下，曹刿主动向鲁庄公请缨，愿意参加战斗，为祖国贡献自己的绵薄之力。

鲁庄公表示同意，他和曹刿同坐一辆战车，统率军队在鲁国长勺与齐军展开战斗。

双方的阵势刚刚摆好，鲁庄公就要击鼓进攻。曹刿连忙阻止他说：“现在就击鼓进攻不好，因为时机还没到呢！”齐国击了三次鼓，发了三次进兵的号令，曹刿才对庄公说：“好了，现在您就击鼓进攻吧！”于是鲁国击响战鼓，鲁军的吼声响彻云霄，他们像潮水一般冲向敌阵，把齐军打得丢盔弃甲，落荒而逃。

战争结束后，鲁庄公向曹刿询问道：“你为什么要等到齐军击三通鼓后，才让我击鼓进攻呢？”

曹刿说：“**打仗时，勇气是非常重要的。第一次击鼓时，士兵们有十足的勇气，斗志最为旺盛；第二次击鼓进攻，士兵们的勇气就开始减弱；到了第三次击鼓的时候，士兵们的勇气就消失殆尽了。**战斗开始的时候，我军不击鼓进军，是为了保持士兵的勇气。当齐军三通鼓击过，他们的勇气已经衰竭，这时我们第一次击动战鼓，我军的勇气最旺盛，所以一鼓作气，将敌人打得大败。”

◎成语释义

比喻做事情鼓起劲头，勇往直前；也比喻鼓足干劲，一口气做完事情。

◎故事出处

《左传·庄公十年》：“夫战，勇气也。一鼓作气，再而衰，三而竭。”

◎成语示例

我们做事情就应该一鼓作气，时间长了往往更不愿意做。

一箭双雕

南北朝时期，北周有一员武将叫长孙晟，他聪明好学，武艺出众，不但精通各种兵器，骑术也非常高明。周宣帝为了和北方的少数民族突厥修好，就把公主嫁给突厥可汗摄图。

为了保证公主一路上的安全，周宣帝派长孙晟和宇文神庆两员大将，以及一些能征惯战的将士，护送公主前往突厥。他们保护着公主，历经千难万险、长途跋涉，终于来到突厥国。

突厥可汗非常高兴，一面将公主接入宫中，一面摆下酒宴，为长孙晟等人接风。于是，突厥可汗命人取过一张弓，要长孙晟在百步以外射穿钱眼儿。长孙晟笑了笑，离开宴席，到外面去射，轻而易举地完成了。众人见长孙晟的射箭技艺如此高超，无不喝彩。

摄图非常喜欢长孙晟，就留他们在突厥常住一段时间，长孙晟盛情难却，就答应了。在突厥的一年中，摄图与长孙晟越聊越投机，经常一起打猎、游玩。

有一天，他们一块去打猎，看到天上有两只大雕，为了抢夺一块肉而纠缠在一起。摄图命人取来两支箭，问长孙晟道："上次你射的金钱是个死物，而这两只大雕却是活物。你若将二雕射落，岂不更显你的技艺高超吗？"

长孙晟笑道："哪里用得着两支箭！我只用一支箭，就能射中双雕。"说着，他取出宝弓，搭上一支箭，就将两只雕连在一起射落。摄图大喜，拍手称赞不已。

◎成语释义

发一箭就射中两只雕。比喻做一件事达到两个目的。雕：一种凶猛的鸟。

◎故事出处

《北史·长孙晟传》："尝有二雕飞而争肉，因以箭两只与晟，请射取之。晟驰往，遇雕相攫，遂一发双贯焉。"

◎成语示例

他就不妨真的作一次媒，而一箭双雕地把蓝与冠都捉到手里。（老舍《四世同堂》）

一毛不拔

墨子，名翟，是战国时期著名的思想家，是墨家学派的创始人。他的主张是"兼爱"、"非攻"，也就是提出人与人之间要相亲相爱，和平相处。

杨朱是和他同时代的一位哲学家，他的主张与墨子的观点正好相反。他主张"贵生"、"重己"，也就是重视个体生命，反对他人侵犯自己，也反对自己无故侵犯他人。

一天，有人向哲学家孟子询问，想知道他对杨朱、墨子两位贤者有什么看法。

孟子答道：**"杨子主张'为我'，就算拔他身上的一根汗毛而有利天下，他都不愿意干；墨子主张'兼爱'，只要某件事对天下人有利，即使让他磨光了头顶，走破了脚板，他也心甘情愿去做。**鲁国的贤人子莫提倡中道。其实，坚守中道才是人们最好的选择。"

◎成语释义

一根汗毛也不肯拔。比喻非常吝啬、自私。

◎故事出处

《孟子·尽心上》："杨子取'为我'，拔一毛而利天下，不为也。墨子'兼爱'，摩顶放踵利天下，为之。"

◎成语示例

他姑妈姑丈有钱，藏起来，一毛不拔，出门洋车都舍不得坐。（洪深《贫民惨剧》第三幕）

● 一鸣惊人

战国时期，齐国的齐威王生活奢侈，整天吃喝玩乐，根本不管朝廷上的事情，大臣们找不到决策者，苦不堪言。由于齐王很厉害，众人都不敢劝说他。眼见齐国就要走上贫弱之路。

淳于髡口才出众，多次到诸侯那里去，却从来没受过屈辱。他去见齐威王，对他说："咱们齐国王宫之内，有一只大鸟降落，三年的时间，它不飞也不叫，您知道这是一只什么鸟吗？"

齐威王笑笑说道："此鸟不飞则已，一飞冲天；不鸣则已，一鸣惊人！"

原来齐威王平常喜欢说隐语，他明白淳于髡是借隐语对他进行劝告，且劝得在理。于是就召见齐国的七十二个县官，赏了其中的一位，杀了其中的一个，接着又派遣军队，将各路诸侯打败，称霸于天下。

对于齐威王的这些行动，天下众诸侯惊慌得不得了，只得对他俯首帖耳。从此以后，齐威王平安地治理国家达三十六年。

◎成语释义

比喻平时不动声色，默默无闻，一旦有机会就做出让人吃惊的事情。

◎故事出处

《史记·滑稽列传》："此鸟不飞则已，一飞冲天；不鸣则已，一鸣惊人。"

◎出处译文

这只鸟不飞也就罢了，一飞就会冲天而去；不鸣叫也就罢了，一鸣叫就会让人感到惊异。

◎成语示例

冯玉祥想一鸣惊人，他来提一个大家可以接受的公式。（周而复《上海的早晨》第四部）

● 一目十行

南北朝时期，梁武帝的第三个儿子叫萧纲。萧纲小时候非常聪明，有很高的悟性，他刚刚6岁就会写文章，人们知道后非常惊讶，不肯相信这是真事。一天，梁武帝把萧纲叫到跟前，出了个题目想考考他："你就坐在我面前写，我倒要看看你会不会写文章！"

梁武帝命左右随从取来文房四宝，萧纲略微思索了一下，提笔就写，一会儿工夫文章写成。梁武帝一边读一边大加称赞："好啊，语句流畅，辞采甚美，我这个儿子真有本事，与七步成诗的曹植都快能相提并论了……"

萧纲长大后，非常喜欢读书，而且看得极快，一眼就能看完十行文字，所有人都不敢相信他看书的速度。萧纲喜欢看各种书籍，诸子百家、三教九流的学说，他都有所了解。他还喜欢创作诗词歌赋，写出来的作品都是佳品。他办事干练，十几岁就具备独立处理事情的能力。

梁武帝死后，萧纲继位称帝。但他是在奸臣威逼下生存的皇帝，没过几天就被废掉，接着又被害死。他死的时候年仅49岁，可惜啊，真是天妒英才。

◎成语释义

一眼能看十行书。现在人们常用这个成语形容看书的速度很快。

◎故事出处

《梁书·简文帝纪》："读书十行俱下。"

◎出处译文

（萧纲）读书，一眼就能看完十行文字。

◎成语示例

你说你会"过目成诵"，难道我就不能"一目十行"了！（清·曹雪芹《红楼梦》第二十三回）

一诺千金

秦朝末年，楚国有个人叫季布，这个人生性耿直，并且乐善好施，人们都赞扬他。他有个特点，凡是他答应过的事情，无论困难多大，他就算倾家荡产，也要设法办好。因此他的朋友非常多。

季布原来在项羽手下做事，出了不少力气，曾帮助项羽多次打败刘邦，后来项羽兵败自杀，刘邦悬赏捉拿季布。但是由于季布的名声好，总有人保护他，一直没捉到。刘邦的好朋友汝阴侯滕公向刘邦说情，希望能撤销追杀季布的通缉令，刘邦果真赦免了季布，而且还给了他一个官职。

有一个和季布同乡、名叫曹邱生的人，一向喜欢和有权有势的朋友来往，于是就托人写信给季布，介绍能和季布认识、交朋友。

可是季布一见到曹邱生就很反感，根本不想理会他。但是，曹邱生面对季布讨厌的神色，像是没发生什么似的，对他说道："您也知道我们都是楚国人。人们常说'得黄金百斤，不如得季布一诺'，这句话是我到处替您宣扬的结果，可是您为什么总是拒绝见我呢？"

季布听完曹邱生的话，非常高兴，顿时改变了态度，将他当作上宾来招待。

◎成语释义

比喻说话算数，讲信用。

◎故事出处

《史记·季布栾布列传》："得黄金百斤，不如得季布一诺。"

◎出处译文

得到黄金百斤，也抵不上季布的一句诺言。

◎成语示例

我们必须一诺千金，否则很难取信于人。

一曝十寒

孟子是战国时期著名的哲学家，他善于通过打比方来论述自己的观点。

当时，有人认为孟子对齐王的帮助并没有做到尽心尽力。孟子便向他解释道：**"即使天下有一些容易生长的植物。如果将它们放在太阳底下暴晒一天，然后再把它们放在阴冷的地方冻上十天，这样一来，不管这些植物的生命力有多么强，它们也长不起来。**

"我与齐王面对面接触的机会很少，即使给了他一些良好的影响，我一离开，就有一些和我主张不同的人，带给他一些不良影响。我怎么能够让齐王的好思想、好品质尽快成长起来呢！"

◎成语释义

比喻做事缺乏恒心，三天打鱼，两天晒

网，很少付出努力。

◎故事出处

《孟子·告子上》："虽有天下易生之物也，一日暴之，十日寒之，未有能生者也。"

◎成语示例

没有足够的行动力，一曝十寒很难成事。

一窍不通

商朝末年，商纣王残暴不仁，整日胡作非为，不处理国家大事。他的宠妃妲己给他出了不少坏主意，纣王竟然件件依从。老百姓见君王如此昏暴，都很生气。

老臣比干觉得纣王这样下去不行，心中十分着急，总是苦口婆心地劝他，要他走正路。时间一长，纣王对比干越来越厌烦。

有一天，比干又来劝阻纣王，希望他不要滥杀无辜，并且说，如果他再这样暴虐下去，商朝近六百年的江山就要毁于一旦。纣王越听越生气，根本不理会他。可是，比干一连几天都来劝导他，一点儿也不厌烦。

纣王愤怒地嚷道："我听说圣人的心有七个窍。你的道德水平这样高，一定是圣人了。我要杀了你，取出你的心看个明白。"纣王说得出就做得到，果然将比干杀死，将他的心取出来观看。

后来，孔子谈到此事时，心中百感交集，叹道："纣王的心真是一窍也不通啊！如果他的心通了一窍，比干就能够免于一死了。"

◎成语释义

七窍没有一窍是通气的。比喻对事物不理解，一点儿也不懂。窍：洞，这里指心窍。

◎故事出处

《吕氏春秋·过理》："纣杀比干而视其心，不适也。孔子闻之，曰：'其窍通，则比干不死矣。'"

◎出处译文

纣王杀掉比干来观察他的心，这是不可取的。孔子听说这件事后说："纣王的心如果通了一窍，比干就能够免于一死了。"

◎成语示例

虽然他是一窍不通的浑虫，可是双桥镇上并无"镇长"之流的官儿，他也还明白。（茅盾《子夜》六）

一丘之貉

西汉宣帝时，丞相杨敞的次子杨恽

为人正直。他常常直率地指出别人的错误，并屡次揭发别人贪赃枉法的行为。所以，很多人对他怀恨在心，想找个机会把他除掉。

一天，他看到一幅反映古代暴君的画，不禁叹息道："皇上要是能够看到此画，从中吸取教训，天下万民就可以摆脱亡国换代的命运了。"

汉宣帝听到这话非常生气，认为杨恽的胆子太大，竟敢讽刺自己。于是，宣帝传下旨意，将他带上大殿，问他到底因为什么口出怨言。杨恽说道："我并没想要讽刺您，只是希望您能够以史为鉴，不要重蹈覆辙。"

宣帝更加生气，说道："看在你以前为国家立过功劳的分上，这次就饶你一次，只把你贬为平民。以后不许再胡说八道、妄议朝政。"

就这样，杨恽被罢了官，回到家乡，当起了平民百姓。

过了几年，匈奴单于被人杀死了。杨恽听说了此事，就给朋友写信说："一个君主不听取良臣的意见，就只能落得如此悲惨的下场。比如秦二世胡亥，一心听信奸臣的谗言，专与忠良作对，结果终于亡国。如果他能听取忠臣的意见，也许秦朝到今天都不至于灭亡呢！**古代的君王和今天的君王真像是一个小土山上的貉一样，没有多大区别呀！**"

不幸的是，这封信落到了他的仇家太仆戴长乐手中。戴长乐看完这封信，高兴得立刻将此信呈给皇帝。汉宣帝看了之后，果然大发雷霆，认为杨恽是有意讥讽天子，于是下令将杨恽处死。

◎成语释义

比喻彼此相同、没差别的坏人。丘：小土山；貉：一种形似狐狸的兽。

◎故事出处

《汉书·杨恽传》："古与今，如一丘之貉。"

◎成语示例

他和小毛真是一丘之貉，总是一块儿做坏事。

一日千里

战国时期，燕国太子丹在赵国做人质时，与同在赵国、尚未做秦王的嬴政相处良好。后来，嬴政回国做了秦王，太子丹又到秦国做人质。嬴政不但没有顾念旧情，反而处处冷待、刁难他。太子丹见此状况，便找机会逃回了燕国，并耿耿于怀。他总想找秦王报仇，但苦于燕国弱小，无机会下手。

太子丹报仇心切，便找太傅鞠武请教抗秦的办法。太傅鞠武认为秦国非常强盛，如果想要报仇，只有从长计议，将来联合齐、楚和匈奴，共同对抗强大的秦国，或许可以取胜。

太子丹着急地说："这要等到哪年哪月呢？现在秦国正在征伐齐、楚等国，马上就会进攻我们燕国的。我不愿意再等了！"鞠武看到太子丹迫不及待的样子，便建议道："田光是燕国有名的智谋超众的长者，他会给您想一个良策的。"

于是，太子丹找到田光，跪在他面前，

向他请教。田光说：**“我听说良马在壮年时一天能行千里，然而到了老年，就连劣等马都可以跑在它的前面。**您说是为什么呢？”太子丹说：“那是因为它精力不行了。”

田光说：“对呀，我现在已年老体衰，没有精力再为国家效力了。但是，我可以推荐一个人给您，他叫荆轲，他能够承担这个重任。”

荆轲擅长剑术，太子丹见到荆轲后，共谋刺杀秦王的计划，后来荆轲在易水边与太子丹告别，孤身刺杀秦王，成为中国历史上最出名的刺客。但最后行刺以失败告终。

◎成语释义

形容人的进步或事业发展极快。

◎故事出处

《史记·刺客列传》：“臣闻骐骥盛壮之时，一日而驰千里；至其衰老，驽马先之。”

◎成语示例

由于负责干部的艰苦奋斗，业务更一日千里，异常发达，不到一年，全国分店已达五十余处。（邹韬奋《患难余生记·进步文化的遭难》）

一意孤行

西汉时，太尉周亚夫手下有个官员叫赵禹。此人文章写得很好，汉景帝非常喜欢他，封他为太中大夫，参与立法的工作。

赵禹等人根据汉景帝的意思，对原有的法律条文进行补充和修订，来约束办事的官吏。官员们很害怕，都请赵禹喝酒，希望赵禹能手下留情，把法律条文修订得有回旋的余地，但赵禹从来不回请他们。几次以后，不少人说他官架子大，看不起人。

过了一些时候，赵禹等人要制定“知罪不举发”和“官吏犯罪上下连坐”等律法，以约束满朝文武。公卿们得知这个消息，都带着重礼，来劝说赵禹。他们指出，赵禹这么干，对大伙儿太苛刻了，会招来怨恨。谁知赵禹只是和公卿们聊些无关紧要的事情，对修订法律之事闭口不谈。

公卿们见赵禹这么不给面子，只好起身告辞。在他们离开前，赵禹又把他们送来的礼物一一退还。人们这才知道，赵禹是个真正廉洁正直的人。

有人问赵禹，他对别人的看法是否要有所顾忌。他笑笑说：“我断绝好友或宾客的请托，就是为了让自己能按照自己的意见处理事情，而不受别人的左右。否则的话，怎么对得起皇帝的信任？”

◎成语释义

原指谢绝请托，按照自己的意见办事。后指不顾客观条件和别人的意见，固执己见行事。意：意见；孤：一个人。

◎故事出处

《史记·酷吏列传》：“禹终不报谢，务在绝知友宾客之请，孤立行一意而已。”

◎出处译文

赵禹从来不回请别人，他断绝好友或宾客的请托，就是为了让自己能按照自己的意见处理事情，而不受别人的左右。

◎成语示例

他这次失败，很大的原因就是一意孤行。

一字千金

战国时期，秦王嬴政即位，相国吕不韦辅佐君王，权倾朝野。当时，为了收拢人心、增强实力，东方六国的宗室重臣都招揽天下人才，加以重用。吕不韦认为，在七国之中，秦国实力最强，更应招纳饱学之士，让他们为秦国作贡献。

由于有了这样的想法，他很快就在府中养了三千宾客，成为一位天下皆知的爱才之人。吕不韦把手下的门客组织起来，共同编写了一部皇皇巨著，叫作《吕氏春秋》。全书共有二十多万字的内容，通贯古今，文采飞扬。

吕不韦为了扩大《吕氏春秋》的影响，还传下命令，将此书挂在京城咸阳的城门上，公开宣布说："如果有人能够对此书进行改动，不论增加一字或删去一字，都赏赐千金。"吕不韦这样不遗余力地宣传，就是要让秦王和众臣子都认同自己的治国思想，听他的话。

由于吕不韦处于一人之下、万人之上的地位，众人对他只有尊敬的份，不敢公开指出《吕氏春秋》的缺点。这样一来，《吕氏春秋》公布了一个多月，虽然前来观看的人络绎不绝，却没有一个人将这部著作改动一字，那千金之赏自然也无人领取。

吕不韦见没人反对他，心里非常高兴，就命人将这部著作传送到全国各地。从此以后，他的名气越来越大，天下人都怕他。

后来，秦王嬴政真正掌握了实权。他对吕不韦的独断专行非常不满，终于夺了他的相国之职，将他贬到巴蜀。就是这样，秦王还不放过他，派人带了毒药给他。吕不韦知道活不下去，只得服毒自尽。

◎成语释义

赞扬文辞精妙，形容文章价值极高。

◎故事出处

《史记·吕不韦列传》："布咸阳市门，悬千金其上，延诸侯游士宾客有能增损一字者予千金。"

◎出处译文

吕不韦在咸阳城门上贴布告，开出千金的奖励说："如果有人能够对此书进行改动，不论增加一字或删去一字，都赏赐千金。"

◎成语示例

他的这篇文章，字字珠玑，可谓一字千金。

以邻为壑

战国时期，魏国的白圭曾经担任过很多重要官职，还曾一度拜相。他是个有想法的人，一心想在水利和农业生产方面作出突出的贡献。有一次，白圭与孟子谈到怎样治理洪水的事情。白圭说：“我对治水很在行，有正确的治水之术，恐怕连大禹都比不上我呢!”

孟子听了之后，不禁发出一阵冷笑，然后说道：“别不害臊了，你有什么治水之术呀！人家大禹治水是顺乎水的本性想出驯服水性之术，将洪水引入河道，使之流向四海，人们才免受洪水之灾。可是你呢，你只是修筑堤坝，补漏洞，把坝加高。你们魏国算是不受洪水之侵了，可是水都流到你们邻国去了，邻邦之人都受到水灾之害。你的这个治水之术，真令仁爱之人厌恶之极，你居然还有脸四处夸耀！”

孟子把白圭损了一通。白圭虽然丢了面子，却感到人家说的词严理正，感到很羞愧，再也不敢胡吹自己的什么治水功绩了。

◎成语释义

原意是把水引向邻国，现在常用它比喻嫁祸于人。

◎故事出处

《孟子·告子下》：“今吾子以邻国为壑。”

◎出处译文

现在您是把邻国当作蓄水的沟壑。

◎成语示例

有些自私自利的人，做事从来不为别人着想，甚至以邻为壑。

以貌取人

孔子有两个学生：一个长得丑陋，叫子羽；一个长得非常漂亮，叫宰予。两个人虽然同为孔门弟子，孔子对他们两个人的态度却差别很大。

孔子看到子羽长得太丑了，不由得厌恶他，就对他冷淡起来。而宰予长得非常清秀，又有好口才，所以孔子非常喜欢他，认为将来他一定会得到更多人的喜欢，青云直上。谁知道，孔子的想法完全错了。

子羽这个人非常喜欢学习。他离开孔子后，更加努力地钻研学问，后来游学江南，成为一名著名的学者。跟随他学习并拜他为师的学子，有三百多人。他的声誉越来越高，各诸侯国都知道他的名字。

可是宰予呢，开始还给人留下一个谦谦君子的印象，到了后来，他不爱学习的特点就暴露无遗。尽管孔子很喜欢他，教得非常认真，可是他学习时总是三天打鱼，两天晒网。孔子几次劝他，他却一句话也听不进去。有一天，太阳已经老高了，他还在床上睡觉，不去学习。孔子很生气，骂他是一块不可雕刻的朽木。

后来，宰予由于口才出众，在齐国当了大官。但是没过多久，他因为犯上作乱，被齐王开刀问斩。孔子听说了这个消息，沉痛地说：“从子羽身上我知道，不能以外貌来衡量一个人；而宰予的事也给我敲了警钟，不能凭一个人的口才来衡量他。”

◎成语释义

只根据外貌来衡量人。貌：容貌。

◎故事出处

《史记·仲尼弟子列传》：“孔子闻之曰：‘吾以言取人，失之宰予；以貌取人，失之子羽。’”

◎出处译文

孔子听到（这个消息）后说：“我通过言语来看人，看错了宰予；通过相貌来看人，又看错了子羽。”

◎成语示例

真是糟糕，他早又不说，但也只怪我们以貌取人，在事前没有经过一道甄别了。（郭沫若《涂家埠》）

义无反顾

西汉时期，有一位善于写辞赋的文人，名叫司马相如。他不但在文学方面颇有造诣，办事能力也很强，所以得到汉武帝的赏识，留在自己身边任职。

这时，汉武帝派唐蒙去巴蜀修理西南蜀道。唐蒙征集了许多的民工，还杀了他们的首领。巴蜀人民备感惊恐，于是在巴蜀发生了一场骚乱。

汉武帝知道了这件事，深恐巴蜀民心不稳，就派司马相如去安抚民众。为了让巴蜀人民相信朝廷，汉武帝还要司马相如写一篇文告，指出唐蒙的所作所为绝非皇帝的授意。

司马相如按照汉武帝的意思，写了一篇文告，其中有一段话是这样写的：“调集民夫、士兵修筑道路理所应当，可是惊扰了大家并非陛下的本意。士兵跟随长官打仗之时，应该迎着刀刃和箭勇往直前，就是战死沙场也不能向后退却。你们应该好好想想，作为国家的一分子，在国家需要的时候，应当急国家之所急，尽人臣的责任。”

由于司马相如对事情处理得当，文告又写得恰到好处，很快骚乱就平息下去，修路的工程又开始顺利地进行。汉武帝认为司马相如是自己的得力臣子，对他非常满意，便拜他为中郎将，辅佐自己。

◎成语释义

形容为正当的事业而勇往直前，不徘徊退缩。反顾：回头看。

◎故事出处

《史记·司马相如列传》：“义无反顾，计不旋踵，人怀怒心，如报私仇。”

◎出处译文

（士兵）应该勇往直前，从不想掉转脚跟，向后逃跑。人人怀着愤怒的心情，如报私仇一般。

◎成语示例

朱成功身受大明的厚恩，只有一死图报，义无反顾。（华而实《汉衣冠》二）

异军突起

秦朝末年，陈胜、吴广率先揭竿而起，反对秦朝的残暴统治，天下群雄起来纷纷响应。项梁、项羽叔侄也在会稽起兵，并扶立楚怀王为君。楚怀王封项梁为上柱国，命他统率人马渡江，对秦军发动攻击。

这个时候，东阳县有个狱吏，名叫陈婴，深得当地人的尊敬。东阳县的年轻人觉得秦朝实行暴政，不可扶保，就起来造反，杀掉了东阳县令。他们聚集了几千人马，推举陈婴为首领。

陈婴知道自己的能力有限，一开始就坚辞不受，但是由于大家都拥护他，他没有法子，只好担起首领的重任。

县中的老百姓都觉得陈婴可以信赖，听说他当了起义军的首领，就觉得这支部队很有前途，于是纷纷前来投效。没过多长时间，东阳的起义军就扩大到两万人之众。东阳人觉得陈婴颇有才能，就想拥戴他为王，并独树一帜，在士兵的头上裹起青色的头巾，以示他们与别的部队不同。

面对这种局势，陈婴的母亲对他说："你的才能本来不高。可是一下子有那么大的名气，绝不是什么好兆头。现在，你只有归顺别人，卸下重担，才能保住自己的性命。"陈婴觉得母亲的话有道理，就拒绝了众人让他称王的建议。

这时，恰好项梁带领军队过江，陈婴便率领部下归顺了项梁。于是，项梁统率着项羽、陈婴众将，继续西进，攻打秦军的地盘。

◎成语释义

指新的力量一下子崛起，独树一帜。异：不同。

◎故事出处

《史记·项羽本纪》："少年欲立婴便为王，异军苍头特起。"

◎出处译文

城中少年拥戴陈婴为他们的首领，这支新的军队以青色头巾裹头而与众不同。

◎成语示例

作为这支异军突起的新画派的重要代表作之一，石涛的艺术思想和风格久已受到人们的重视。（邓拓《从石涛的一幅山水画说起》）

异曲同工

司马相如，字长卿，是西汉著名的文学家。他在汉景帝的时候当过武骑常侍。他创作了许多有名的辞赋，例如《子虚赋》、《上林赋》、《大人赋》等。他的辞赋以辞藻瑰丽，气韵起伏、宏大著称。后人把他当作"汉赋"的代表人物。

距司马相如大约70年以后，汉朝又出了一个叫扬雄的人物。扬雄，字子云，是当时著名的文学家和哲学家。他同司马相如一样是成都人，而且也善于写赋。扬雄很仰慕司马相如的文采，他写的《甘泉赋》、《长扬赋》、《羽猎赋》等赋在形式上受到司马相如的启发和影响，但是也写得独特而别具一格。

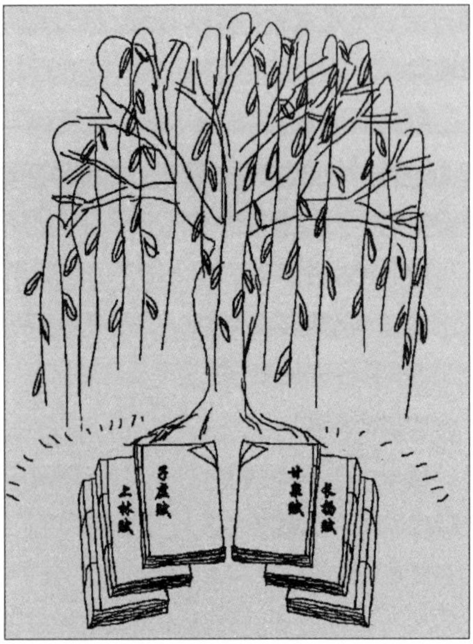

于是，后人喜欢把司马相如、扬雄相提并论。两人的文笔都奇妙非常，但是又各具特点，所以韩愈说他们“异曲同工”，对他们的文学才能进行高度赞扬。

◎成语释义

比喻不同的艺术作品的表现手法和内容虽然不一样，但都很出色。也比喻两句话的说法不一样，而用意相同，或一件事的两种做法都巧妙地达到目的。

◎故事出处

唐·韩愈《进学解》：“子云相如，同工异曲。”

◎出处译文

子云和相如两个人，就像不同的曲调却演得一样好。

◎成语示例

至诚虽是个小弟弟，又是个“书朋友，他的观察力和记忆力却骎骎乎与大哥异曲同工。”（朱自清《序叶氏兄弟的第二个集子》）

● 因势利导

战国时期，齐人孙膑和魏人庞涓都拜鬼谷子为师，向他学习兵法。后来庞涓当了魏国的大将，妒忌孙膑的才华高于自己，就把他骗到魏国，砍断了他的双腿，还在他脸上刺了字，涂了墨。孙膑受到这般羞辱，就一心想报仇雪恨。

后来，孙膑做了齐国的军师，与大将田忌一起，统率五万雄兵攻魏救韩。他们指挥军队向魏国都城大梁进逼，想让庞涓从韩国撤兵。

果然不出所料，庞涓生怕大梁有失，就从韩国撤离，准备与孙膑决一死战。等到庞涓回国之时，齐军已进入魏国领土。孙膑对田忌说：“魏国的军队非常勇猛凶悍，他们根本看不起我们齐国的军队。会用兵的人，要顺着对方思想发展的趋势，加以引导，引诱他们进入圈套。”

于是，孙膑定下减灶之计，把吃饭的灶每天减少一批，故意制造出齐国军队大量逃亡的假象。庞涓中了孙膑的圈套，以为齐军兵力不足，就索性留下步兵，只带精锐部队快速前进。孙膑在马陵设下埋伏，并在一棵树上写了“庞涓死于此树之下”八个大字。

庞涓带领军队追到马陵，发现树上有字，就点明火把来看。这时，齐军向魏军乱箭齐发，魏军死伤者不计其数。庞涓身中六箭。

庞涓面对兵败如山倒的惨状，知道已不能挽回，只得拔剑自刎。孙膑见庞涓已死，当年的大仇终于得报。

◎成语释义

顺着事物发展的趋势向好的方面引导。因：顺着；势：趋向；利导：引导。

◎故事出处

《史记·孙子吴起列传》："善战者，因其势而利导之。"

◎出处译文

懂兵法的人都会顺着战争发展的趋势向好的方面引导。

◎成语示例

所以开明的行政者对于民意是因势利导的，民意得到畅达，社会也就健全地发展了起来。（郭沫若《革命春秋·创造十年续篇》）

忧心如焚

西周末年，周厉王不修仁政，弄得怨声载道。后来，周幽王登基，其昏暴之处比起周厉王来有过之无不及。

他加重了对百姓的盘剥，再加上地震、旱灾等灾祸连绵不断，所以人民流离失所，陷入水深火热之中。百姓们要面对各种天灾人祸，而周幽王呢，只知吃喝玩乐，根本不管人民的死活。他还封奸佞小人尹氏为太师，让他掌管朝政，结果政治混乱，国势衰败，百姓们开始不把天子当回事了。

当时，有个大臣名叫家父，对国家的衰落情形非常担忧。他希望周幽王能够察觉到政治上的危机，努力改变现状，使百姓安享幸福。可是，周幽王的行为越来越昏暴，越来越不得人心。

于是，他写了一首题为《节南山》的诗。在这首诗中，一方面揭露太师尹氏的罪恶，一方面表达老百姓的极大忧愤。

这首诗一共有十章，在第一章中写道：

节彼南山，维石岩岩。

赫赫师尹，民具尔瞻。

忧心如惔，不敢戏谈。

国既卒斩，何用不监？

这首诗的大意是说：巍峨的终南山啊，层峦叠嶂、岩石垒垒。太师尹氏威名显赫，人民的眼睛都盯着你看。**心里忧愁得像火在煎熬，但也不敢将你笑谈。**周朝的国运眼看就要终结，老天爷为何不睁眼看看。

周幽王一意孤行，坚决不听文武大臣的劝谏。后来犬戎来犯，他被乱军杀死在骊山脚下，西周也因此而灭亡。

◎成语释义

因为忧愁，心里像着了火一样。形容焦急万分。

◎故事出处

《诗经·小雅·节南山》："忧心如惔，不敢戏谈。"

◎成语示例

听到妈妈病重的消息，他忧心如焚。

游刃有余

《庄子·养生主》里记载，战国时，有一个厨师为梁惠王宰牛，不但动作快，而且下刀剥皮剔骨都非常熟练，很快就能把一头牛的肉和骨全部分解开来。梁惠王看了连声赞叹，并说：“你宰牛的技术竟高明到这样了啊！”

厨师回答说：“我之所以能达到如此熟练的程度，不仅因为技术熟练，而且还因为掌握了其中的规律。我已经完全弄清了牛的骨骼结构，所以我的刀虽然用了十九年，解剖了几千头牛，而刀刃还像刚磨过那样锋利。因为牛的骨节之间总有一定的空隙，我的刀刃又磨得极薄，比牛骨节间的空隙还薄，所以**用这样的刀刃来分解有空隙的牛骨节，运转刀刃是大有余地啊。**”

梁惠王说：“妙啊，我听了厨师这一番话，从中得到养生的道理了。”

庄子强调，养生的重点在于依循自然规律，避开不利于身体的目标。他还指出，“养生主”的“主”，就是人的精神。养生不仅要注意养形、养志，更要注重养神，正所谓“安时更处顺，哀乐不能入也”。只有精神饱满，身体才可以长存。

◎成语释义

指技术熟练，解决问题毫不费劲。

◎故事出处

《庄子·养生主》：“恢恢乎其于游刃必有余地矣。”

◎成语示例

从前他们又要办厂，又要做公债，也居然稳渡了两次险恶的风波，他们全力来做公债，自然觉得游刃有余。（茅盾《子夜》十七）

● 有恃无恐

春秋时期，五霸之一的齐桓公死后，其子齐孝公继位。齐孝公像其父一样，野心勃勃想争做诸侯霸主。僖公二十六年，齐孝公乘鲁国遭受自然灾害的机会，亲率大军进攻鲁国北部边境。鲁僖公得知消息，派大夫展喜迎击齐军。

僖公自知凭实力难敌齐军，当时齐军还未进入鲁国边境，展喜日夜兼程，在齐国边界上遇到了齐孝公。展喜见了齐孝公说：“我国的国君听说您亲自带兵到我们的国土，特派我来慰劳你们。”齐孝公傲慢地说：“你们鲁国人感到害怕吗？”

展喜能言善辩，他不卑不亢地回答：“没见识的百姓有些害怕，有见识的君子则不怕。”齐孝公说：“你们国家的人穷得叮当响，**国库空虚，百姓缺粮，野外连草也没有，更不用说庄稼，凭什么不害怕？**”

展喜回答说：“鲁国国君的祖先周

公和齐国国君的祖先姜太公都是周天子的得力助手，在共同辅佐周成王时，结下联盟，要世代友好相处，不要相互伤害。这些都记录在案。您的父亲齐桓公就是以团结诸侯，使诸侯之间消除隔阂、克服困难而扬名天下的。现在您登上齐侯的宝座，大家希望您能继承父亲的好传统。”

展喜接着又坚定地说：“我们祖先如此友好，大王您怎么会废弃盟约，进攻我们鲁国呢？我们就凭这些才不担心、害怕。”齐孝公听了这番话，感到展喜的话很有道理，就打消了讨伐的念头，班师回国。

◎成语释义

比喻某些人或某一方有了凭借而无所顾忌。

◎故事出处

《左传·僖公二十六年》：“室如悬磬，野无青草，何恃而不恐？”

◎成语示例

我们实在还有一个更正大的理由使自己有恃而无恐。（闻一多《演讲录·民盟的性质与作风》）

● 余音绕梁

战国时期，韩国有位歌女名叫韩娥，她不但容貌秀丽，歌声也悠扬婉转，动人心弦。

一天，韩娥来到齐国的都城临淄。由于带的干粮不够，她就到雍门靠卖唱维持生活。只要她一放开歌喉，优美的声音就吸引了很多爱好音乐的人。众人听她唱歌时，不由得听入了神，所以她的知音越聚越多，在她身边挤得水泄不通。

韩娥唱完后，心满意足的人们得知她现在正遇到难事，就纷纷解囊相助。

韩娥唱完了歌后就离开了雍门。可是过了很久，她那优美的歌声仿佛仍在屋梁周围荡漾回响。人们甚至在想，韩娥可能还没有离开雍门，否则，为什么耳畔还响着她的歌声呢！

◎成语释义

原意是形容歌声非常优美，令人回味。现在也用来形容话语激动人心，给人留下深刻的印象，令人回味无穷。

◎故事出处

《列子·汤问》：“昔韩娥东之齐，匮粮，过雍门，鬻歌假食，既去，而余音绕梁欐，三日不绝，左右以其人弗去。”

◎出处译文

从前韩娥车行至齐国时，不料缺粮，于是在经过雍门的时候，韩娥卖唱求食。求到粮食后，韩娥离开了雍门，但歌声仿佛在城门的梁柱之间缭绕，三天不绝于耳，以至于人们以为韩娥还没有离开。

◎成语示例

受罪半天，能听到一段回肠荡气的唱儿，就很值得，“余音绕梁，三日不绝”，确是真有那种感觉。（梁实秋《听戏》）

● 鱼目混珠

据传说，以前有一个叫满意的人，喜欢到珠宝铺里观赏珠宝，有一天他花大价钱买了一颗珍珠。他对这件宝贝非常满意，回家以后，就将珍珠放进一个特意制作的盒子里，高高兴兴地珍藏起来。这件宝贝他平时都舍不得拿出来，只有到了过节的时候，他才拿出来请亲朋好友观赏一番。

说来也巧，满意的邻居寿量也有一颗珍珠，是传家之宝。他总想拿出来和满意的珍珠比一比，可是因为祖宗有“不可轻易示人”的祖训，怎能违背。寿量虽然好胜，但思来想去，只得算了。

后来，满意、寿量都得了同一种怪病，无论怎样请医看病，可病情仍不见好转。有一天，街上来了一位游方郎中，据说是医治疑难杂症的行家。两家人觉得遇到了救星，就分别将他请到家中。郎中看完病后，说这种病如果用珍珠粉来入药，必能使病体痊愈。他提起笔来，写下一个方子，就告辞离去。

满意是个珠宝迷，说什么也不肯残损自己那颗珍珠，于是就只吃方子上的药；而寿量觉得身体是最重要的，钱财是身外之物，就用自家的珍珠入药服用。

那个郎中得知情况，就叫两个病人拿出自己的珍珠。郎中定睛一看，满意的珍珠毫发未损，真是稀世之宝，用了未免可惜，而寿量的珍珠，一看就知道是假货。郎中笑着对寿量说：“你用的珍珠其实不是什么宝贝，只不过是大海中一种大鱼的眼睛。你用鱼目混充珍珠，怎能治好你的病？”

寿量用了“珍珠”，病情也没有好转，正在着急。此时听了郎中的话，才知道自己的“传家宝”不过是一颗鱼目，并无治疗的效果。

◎成语释义

将鱼的眼珠掺杂在珍珠里面。形容以假乱真，以次充好。

◎故事出处

《韩诗外传》：“白骨类象，鱼目似珠。”

◎出处译文

枯骨从表面看类似象牙，鱼的眼睛形状很像珍珠。

◎成语示例

可是这些卖国的老爷们不是也在鱼目混珠，也在自称为爱国忧民的志士吗？（杨沫《青春之歌》第二部第三十八章）

● 与虎谋皮

春秋末期，鲁定公知道孔子才能盖世，影响很大，想拜他为司寇，就准备与卿大夫们商量此事。这一天，鲁定公遇到左丘明，就问道：“我想与卿大夫们商议商议，可不可以让孔子担任司寇之职，让他来管理鲁国的朝政呀！”

左丘明对他说道：“国君呀，您要好好想一想！孔子如果当了司寇，掌握国家政权，那些卿大夫就会失去权柄。既然这样，您与这些人商量能有什么结果呢！他们为了保住自己手中的权力，一定会添油加醋地说孔子的坏话，为他出任司寇设置障碍。

“我听说，在周朝有个人，特别羡慕别人的裘皮服装，准备自己也做一件。他听人说，狐狸皮做的裘皮服装最为珍贵，脑子里就转开了念头：山上的狐狸非常多，为什么不上山去与它们商量一下呢？

"这样一想，他不禁高兴起来，往山上走去。刚上了山，他就遇到一群狐狸。这个人对狐狸们说道：'亲爱的狐狸们，我想做一件价值千金的狐皮衣，因此来找你们商量一下，请你们把身上的皮剥下来送给我吧！'

"狐狸们见到此人要剥它们的皮，心中非常害怕，纷纷逃窜。一转眼就在高山深谷中消失了。这个人还觉得狐狸过于无礼，居然不给自己一点儿面子，心中十分生气。

"过了些日子，这人想祭祀祖宗，可是没有羊肉。他忽然想起，山脚下常有一大群羊在那儿吃草。于是，他便又高兴起来，来到山脚，对众羊说道：'亲爱的羊，我准备祭祀祖宗，尽一尽自己的孝心，却缺少羊肉。你们能不能急人所难，向我贡献一点儿羊肉呢？'众羊听了，吓得'咩咩'地叫个不停，纷纷逃往密林之中。

"这样一来，这个周朝人十年也没有做成一件裘皮大衣，五年也没有完成一次祭祀典礼。这是为什么呢？只不过是因为他找错了商议的对象。您想重用孔子，却要与那些即将失去权力的大臣商议，这与向狐狸要皮、向羊要肉相比，又有什么区别！"

鲁定公听了左丘明的话，才恍然大悟，说道："你说得太对了！我现在想清楚了，就拜孔子为司寇，不和那些卿大夫商量了！"没过多久，鲁定公真的封孔子为司寇，让他行宰相之权。

鲁国在孔子的治理下，国势越来越强，威震天下诸侯，连强大的齐国都有些害怕。

后来，人们将"与狐谋皮"改为"与虎谋皮"。这个成语就流传开了。

◎成语释义

跟老虎商量取下它的皮来。比喻所商量的事要牺牲对方的根本利益，一定不会成功，也用来形容与坏人商量，要他放下私利。

◎故事出处

《太平御览》："欲为千金之裘，而与狐谋其皮。"

◎出处译文

想做价值千金的裘皮大衣而与狐狸商量要它身上的皮。

◎成语示例

你和他合作，简直就是与虎谋皮，是不会有什么发展的。

● 羽毛未丰

战国时期，苏秦到秦国去，想劝说秦国征伐六国，称霸天下。可是，秦惠王对他的意见不感兴趣，说道："现在的秦国，就好比一只羽毛还未长全的小鸟，如果硬要展翅高飞，必定会遇到灾祸。先生从很远的地方来到我国，对我进行开导，我表示感谢。可是，关于争霸称帝的事，还是以后再说吧。"

苏秦不愿意就此离去，于是给惠王上了十多次奏章，说明争霸的重要性。可是，秦惠王对他的意见越来越反感。这时，苏秦的资财也耗费光了，只得垂头丧气地回家去了。

◎成语释义

比喻尚未成熟或力量还不够强大。丰：丰满。

◎故事出处

《战国策·秦策一》："秦王曰：'寡人闻之，毛羽不丰满者，不可以高飞。'"

◎出处译文

秦王说："我听说，羽毛还没长全的小鸟，是不能够展翅高飞的。"

◎成语示例

但这好像"中日亲善，同存共荣"之说，从羽毛未丰的无产者看来，是一种欺骗。（鲁迅《二心集·"硬译"与"文学的阶级性"》）

缘木求鱼

战国时期，齐宣王自恃国力强盛，想用武力征服天下。孟子知道后，觉得这样实施"霸道"，实在令仁者痛惜，便想通过言辞，使他改变态度。

孟子见到齐宣王后，首先向他发问："听说大王的兴国计划相当宏伟，能否说来听听，让我也长长见识？"

宣王明知这不是孟子的真意，只是笑了笑，并不回答。

孟子说："大王即使不说，我也能猜到几分，您是想派遣军队吞并疆土，使秦国、楚国的国君心惊胆战，来齐国朝贡，而您就可以意气风发地以天下盟主自居，对四方民族进行安抚。这个愿望确实宏伟，令人惊叹不已。可是，仔细了解您的手段，我以为，若要达到目的，无异于爬到树上去寻找鱼！"

齐宣王听后非常惊异："想不到寡人的想法居然糟糕到这种程度！"

孟子朗声答道："恐怕比上树找鱼还要糟糕得多呢！爬到树上寻找鱼类，只不过空忙一场，还不会产生什么后患。可是若要执行您的想法，抢什么天下盟主，气力花费得越大，灾祸就会越大！"

齐宣王听罢，冷汗已从体内流了出来："这到底是怎么回事，先生可否对我详细说明吗？"

孟子见自己的言辞产生效果，接着说："大王请想，邹国人与楚国人交战，哪一方能够取得胜利？"

宣王说："邹人力量小，楚人力量大。肯定是楚人获胜，这还用得着想么！"

孟子的音调突然显得铿锵有力："小国根本敌不过大国，少数的士兵怎能打得过众多的敌人，弱小的力量难道可以同强大的力量去强争强斗吗？现在天下方圆千里，而齐国只是天下的九分之一。您要借助武力吞并天下，这与邹人去和楚人交战又有什么区别！”

◎成语释义

比喻思想脱离实际，做事的方法不对头，必定劳而无功。缘，攀援。

◎故事出处

《孟子·梁惠王上》：“以若所为，求若所欲，犹缘木而求鱼也。”

◎出处译文

如果以武力满足自己独霸天下的欲望，就像爬到树上去寻找鱼一样，不但达不到目的，其后果还不堪设想！

◎成语示例

思想正确才能事半功倍，缘木求鱼，必定劳而无功。

约法三章

秦朝末年，朝政腐败，各地起义风起云涌。刘邦与项羽约定先入关中者称王。刘邦一路西进，没有受到什么阻挡，秦军纷纷溃败或倒戈，于是很快占领了秦都城咸阳。

为了安定民心，刘邦召集各县父老及豪杰，他说：“暴虐的秦王使你们受苦了。我与诸侯约定，先入关的称王。我先入关，所以应称王。现在我与大家约定三条法律：第一，杀人者判死刑。第二，任意伤人的要治罪。第三，偷盗抢劫的人要受惩罚。”

刘邦的措施受到了关中人民的拥护，后来，他被封为汉王，退居巴蜀，但很快又占领了关中。刘邦同项羽打仗，关中的老百姓提供了非常大的支持，这同他建立起来的良好群众关系密切相关。

◎成语释义

原指约定法律三条。现在多指定出几条规矩，大家严格遵守。

◎故事出处

《史记·高祖本纪》：“与父老约，法三章耳。”

◎出处译文

跟父老乡亲约好三条法令。

◎成语示例

我们很郑重地和工头约法三章，什么时候交稿，什么时候看校，什么时候拼版。（邹韬奋《经历·种种尴尬》）

越俎代庖

原始社会时期，尧听说许由才华盖世，想把帝位让给他，让他为人类造福。可是，许由却不愿意接受这天大的好事。他诚恳地对尧说：“您已经把天下治理得很好了。如果让我来取代您，岂不是让我平白地享受你的名声吗？我现在自食其力，要那些虚名干什么？鹪鹩在森林里筑巢，只愿意占一根树枝的地方；鼹鼠在河边饮水，最多喝满一肚子也就心满意足了。主上，算了吧！

“我得到天下，又有什么用呢？厨师在祭祀的时候，又烹饪菜肴，又准备美酒，忙得不可开交。可是专门负责掌管祭祀的人，并不能因为厨师非常忙，而放弃自己的本职工作，放下手中的祭祀用具，去代替厨师做菜备酒、供应宴席啊！

“您就是丢开天下不管，我也绝不会代替您的职务，贪恋功名富贵。”

许由把话说完，就不再理会尧帝，自顾自地走了。

许由面对天上掉下来的好事，首先想到的不是享乐，而是责任、义务。看来，尧帝没有看错人，许由真是难得的高人啊！

◎成语释义

司祭不能放下祭品，替厨师做饭。常用来比喻越权办事，或包办代替。俎：祭祀用的器具；庖：厨师。

◎故事出处

《庄子·逍遥游》：“庖人虽不治庖，尸祝（掌管祭祀的人）不越樽俎（祭祀用的器具）而代之矣。”

◎出处译文

厨师虽然不在厨房做饭，可是专门负责掌管祭祀的人，也不能放下手中的祭祀用具，去代替厨师做饭！

◎成语示例

孩子能做的事，父母不要越俎代庖。

Z

债台高筑

东周的末代君主是周赧王。他手中没什么实权，还不如最小的诸侯说话算数。周赧王只管辖着几十个县，却分为西周和东周。西周由西周公管辖，东周由东周公管辖。周赧王住在西周，对国家大事根本没有插手的余地。

当时，秦国国主秉虎狼之性，准备灭掉六国，统一天下。所以六国就联合起来，一致抗秦。公元前257年，秦国攻打赵国，赵国危在旦夕。于是，赵国向魏、楚两国求救。魏将晋鄙来到赵国边境，按兵不动。魏国信陵君知道唇亡齿寒的道理，就想办法窃取了魏王的兵符，杀了晋鄙，带兵打败秦国。

楚孝烈王见秦国吃了败仗，就请周赧王以天子的名义，命令六国对秦国展开攻势。周赧王正想大干一场，显一显天子的威风，于是命楚王约各国诸侯出兵。周赧王在西周公那里拼凑了一支部队，准备和六国部队兵合一起，共同进攻秦国。

由于周赧王没有军粮，就向国内的地主、商人借了钱，并立下字据，说好打了胜仗就连本带息一起归还。结果，周军在约定地点等了三个多月，只等来两支诸侯国的部队。由于周国军队力量太小，根本无法进攻强大的秦国。军费也所剩不多了，抗秦攻秦的计划只好作罢，已集中的人马也各自散去。

结果，债主们天天找周赧王，要他还钱。周赧王没有钱，只得在宫中的一座高台上躲了起来。他对债主们的逼债采取了闭门不见的对策。

后人觉得周天子很可笑，就把这座避债的高台称为“逃债台”。

◎成语释义

欠别人的钱很多，债务很重，难以还清。债：欠别人的钱财。

◎故事出处

《汉书·诸侯王表序》：“周赧王负债，无以归之，主迫责急，乃逃于此台。”

◎出处译文

周赧王欠了太多债，拿不出钱来还。结果，债主们天天找周赧王还钱。周赧王只得在宫中的一座高台上躲了起来。

◎成语示例

由于经营不善，这家公司现已陷入债台高筑的境地。

昭然若揭

春秋时期，鲁国人孙休喜欢谈论修身处世的问题。

一天，他去找老师扁庆子，刚一进门就抱怨：“我的命真不好。种庄稼吧，收成不好；做官吧，君主又不贤明，不赏识我；我现在被放逐到乡间，乡官见了我还要嘲讽一番。我到底做错了什么，要招致这么严重的惩罚？”

听完孙休的抱怨，扁庆子安慰他说：“你见的世面太少，所以不知道圣人是怎样确定自己的行为的！他们很清高，因此能将腹中肝胆的存在忘得干干净净，能对外界发生的事不闻不问，心中坦坦荡荡，没有丁点杂念，好像生活在尘世之外一样。”

接着，扁庆子开始教训孙休：“可是你呢，整天想的都是凡夫俗子所关心的事情，把自己的欲望和才能非常明显地表现出来，就像高举着太阳和月亮走路一样，让人家看得清清楚楚。你的所作所为，与圣人相比，真是差太远了！你身体很健康，不是聋子、瞎子、跛子，有儿有女，跟他们一起生活难道不快乐？既然老天对你这么好，你还有什么抱怨的理由？所以你的抱怨实在是瞎耽误工夫。我劝你赶快回家好好过日子，不要再无事生非了！”

◎成语释义

形容事情的真相或本质都已经暴露无遗，让人看得清清楚楚。昭然：清楚、明白；揭：高举。

◎故事出处

《庄子·达生》：“今汝饰知以惊愚，修身以明污，昭昭乎若揭日月而行也。”

◎出处译文

如今你把自己打扮得很有才干用以惊吓众人，用提高自身修养的办法来突出他人的污秽，毫不掩饰地炫耀自己就像在举着太阳和月亮走路。

◎成语示例

承电示撤销军院，爱国之忱，昭然若揭。（蔡东藩、许廑父《民国通俗演义》第七七回）

朝秦暮楚

公元前475年，进入了战国时代。从这一年开始，到公元前221年秦王嬴政统一全国为止，共有255载的岁月。

战国时期，诸侯国之间你争我斗，到处爆发战争。比较大的诸侯国有七个，即秦、魏、韩、赵、楚、燕、齐，它们有“战国七雄”之称。在这七个国家当中，以秦国和楚国的势力最为强大。

秦、楚两国为了争夺天下之主的位

置，经常打仗。当时，**一些小国为了更好地生存，时而为秦国效力，时而向楚国靠拢，不知道到底忠于哪个国家**。许多说客也是这样，时而替秦国出主意，时而向楚国献计策。北宋才子晁补之，将这种现象概括为“朝秦暮楚”。

◎成语释义

比喻人反复无常，也可比喻生活极不安定，早在此，晚在彼。

◎故事出处

宋·晁补之《北渚亭赋》：“托生理于四方，固朝秦而暮楚。”

◎成语示例

他这人朝秦暮楚，很难让人信服。

枕戈待旦

晋朝时期，出了一位名叫刘琨的英雄。他喜欢与一些有志气的年轻人结交，讨论天下大事，要为国家做出一番大事业，博得个青史留名。

一天，他得知朋友祖逖已经当上了朝廷的官员，心里着急起来，就给亲属写信说：“**我每天都是枕着兵器躺在床上，一直等到天亮，一心想要为朝廷出力，杀退贼兵**。可惜祖逖比我先一步去建功立业了!”

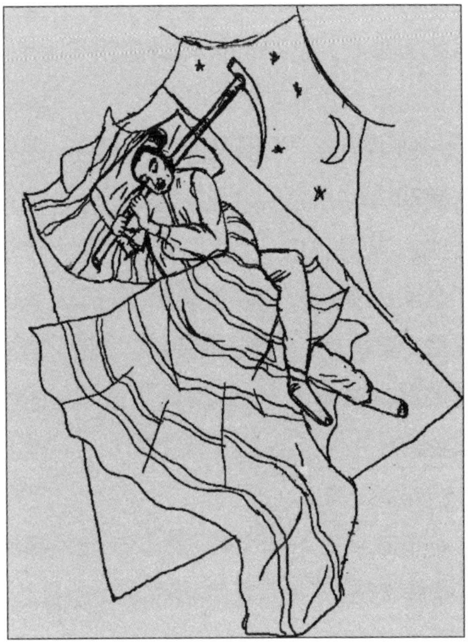

刘琨到了26岁的时候，也被朝廷委任为官员，为司隶从事，一直做到著作郎、太学博士、尚书郎。

在刘琨担任并州刺史的时候，晋阳闹起了灾荒，很多老百姓因为找不到吃的，活活饿死了。灾民没有办法，只得携儿带女逃往南方，剩下的人家不到两万户。贼寇也趁机作乱，百姓们吓得不敢出门。

刘琨得知消息后并没有惊慌失措，而是招募了一千余人，带领他们去晋阳平乱。平乱之后，刘琨派人将尸骨好好埋葬，重新修造衙门、庙宇，让百姓耕种土地，派军队对他们进行保护。不久，灾区的情况有了很大改善，人口也增多了，又能听到鸡鸣狗叫之声了。

不料，胡人想到晋阳劫掠财富，派兵将晋阳城团团围住。城内只有很少的一点儿军队，没有力量杀退贼兵。大家非常焦急，刘琨表现得非常镇静。到了夜间，他趁着月光，在城楼上吹起箫来。刘琨的箫声悲切凄凉，如泣如诉，城外的胡兵听了，一个个凄然长叹。

到了半夜，刘琨又吹起了胡笳，那乐声使胡人暗生思乡之念。其实，胡兵来打仗实在是身不由己，他们之中，哪一个不怀念亲人呢？他们想着家乡，全都流下了眼泪。天快亮的时候，刘琨又吹起了箫，胡人再也受不了了，纷纷骑上战马，回转家乡了。

◎成语释义

头枕兵器等待天明。形容杀敌报国的心情非常迫切，一刻也不懈怠。

◎故事出处

《晋书·刘琨传》："吾枕戈待旦，志枭逆虏。"

◎成语示例

我先前只知道武将大抵通文，当"枕戈待旦"的时候，就会做骈体电报，这回才明白虽是文官，也有深谙韬略的了。（鲁迅《准风月谈·冲》）

● 振臂一呼

西汉时，汉朝苏武出使匈奴，被匈奴扣留。第二年秋天，汉将李陵带领五千步兵北上。他的军队走了很长时间，在一处开阔的地方，与匈奴单于率领的三万骑兵相遇。尽管敌强我弱，但李陵及其部下毫不畏惧，奋勇杀敌。匈奴单于见汉军非常骁勇，于是向北撤退。李陵率众追赶，歼敌两千多人。

单于十分生气，又调来八万骑兵，与李陵的部队作战。单于发现汉军没有后援部队，就打算把他们全部消灭。李陵见势不妙，只得撤退。单于率领部队追击。李陵率领部将英勇反抗，杀死了很多敌军士兵。单于觉得李陵太英勇了，恐怕自己吃败仗，就想收兵。

可是在这个时候，汉军中的一个小头目投降匈奴，泄露了军事秘密，说汉兵只剩下三千多人，而且受伤、得病的人非常多。单于觉得汉军可以很快消灭，打消了原来的主意，下令对汉军进行全线进攻。汉军吃了败仗，尸体堆满了原野，血流成河。剩余的汉军已不足百人，且以伤者、病者居多。

李陵不肯服输，挥动着手臂，高声呼喊道："快杀敌啊！"在李陵的号召下，众士兵无论有伤无伤，全都举起手中的兵器，向匈奴冲杀过去。匈奴兵见汉军这样英勇，惊得心惊胆战，纷纷向后退去。

后来，这支汉军部队还是被匈奴消灭。

◎成语释义

形容一声号召，群起响应。

◎故事出处

汉·李陵《答苏武书》："死伤积野，余不满百，而皆扶病，不任干戈，然陵振臂一呼，创病皆起。"

◎出处译文

汉军死伤的人堆满了原野，剩余的已

不足百人，还都是伤者、病者，不能战斗，但是李陵挥动着手臂，高声呼喊后，有伤有病的士兵全都举起了手中的兵器，奋力向敌人冲杀。

◎成语示例

此话甚有道理。目前百姓生活于水深火热之中，朝不保夕，只要有人振臂一呼，谁不揭竿而起。（姚雪垠《李自成》）

● 直言不讳

383年，东晋与前秦交战，史称淝水之战。在战争中，前秦军表现出外强中干的特点，节节败退。晋孝武帝大喜，命令熟悉北方情况的刘波到北方镇守，统率淮北各军。可是此时的刘波正身染重病，闭门不出。

接到天子命他北上的诏书，刘波感到非常为难。他的身体很虚弱，这使他不能在平定北方的行动中建立功勋，可是他又不能说“皇上，您的任命错了”。因此，刘波的内心非常矛盾。

刘波想了一阵，还是觉得不能贻误国家大事，就给皇帝上了一道奏疏，提出了自己的真实意见，供朝廷进行参考。他边写边想，如今自己身染重病，皇帝就是看到奏疏龙颜不悦，也不便责备他这个病人。

他写道：“我想起本朝开国的历史，再联想到如今的时势，因此暂把戒律放在一边，放肆、直率、毫不隐瞒地把所想到的话都讲出来，希望您能采纳我的意见。”

在奏疏中，刘波不但指出自己无法承担重任，还把自己认为合理的治国之术，以及怎样任用人才都写在上面。

没想到刘波的病情越来越沉重，等到他写好奏疏以后，就一病不起，去世了。

◎成语释义

直爽地、毫无忌讳地把话说出来。也作“直言无讳”。

◎故事出处

《晋书·刘波传》：“臣鉴先征，窃惟今事，是以放肆狂瞽，直言无讳。”

◎出处译文

我想起先前的历史，再联想到如今的时势，因此放肆、直率、毫不隐瞒地把所想到的话都讲出来。

◎成语示例

这倒不必多心，我是个无党无派的人，才敢这样直言不讳。（梁斌《红旗谱》五十二）

● 纸上谈兵

战国时期，赵国大将赵奢有个精通兵法的儿子，名叫赵括。人们见赵括谈起兵法来头头是道，都觉得赵括一定可以成为大将。可是，赵奢的意见却与之相反。

他说：“赵括如果终生不能成为大将，倒是赵国之福；如果他是赵国的大将，那他一定会打败仗。他没有上过战场，只会纸上谈兵，真的打起仗来，肯定是成事不足，败事有余。”

秦昭王四十七年，秦国派遣军队进攻赵国。赵将廉颇率领二十万军队，对抗敌军。廉颇老成持重，作战方式就是守而不攻。这样，他和秦军相持四个多月，使秦军不能前进一步。秦王没法坚持下去，就设下反间之计，派人到赵国散布谣言，说秦王只怕赵括，却不怕坚守不战的廉颇。

赵工以为人们说的都是真的，就让赵括接管廉颇的军权，统率四十五万军队进攻秦军。赵括统率人马屡次发动进攻，很快被秦军包围起来。这时，秦国名将白起当了秦军主帅，赵括哪是他的对手。结果，秦军屡战屡胜，赵军四十五万人马都被秦军俘虏，然后被白起活埋。赵括本人也在沙场上战死。

这次战役使赵国元气大伤，再也无法与秦国抗衡。

◎成语释义

在纸上谈论用兵，比喻不切实际地空谈。

◎故事出处

《史记·廉颇蔺相如列传》：“赵括自少时学兵法，言兵事，以天下莫能当。尝与其父奢言兵事，奢不能难，然不谓善。”

◎出处译文

赵括从小就学习兵法，谈论兵事，认为天下没有比得上他的。曾经和他的父亲赵奢谈论兵事，赵奢都难不倒他，但是赵奢并不称赞他。

◎成语示例

人们都十分讨厌那些只会纸上谈兵，而不能解决实际问题的人。

志在四方

春秋时期，晋献公听信骊姬之言，派人去杀公子重耳。公子重耳不敢与父亲对抗，只得出逃。

重耳逃到齐国时，齐桓公非常喜欢他，把亲戚家的女儿姜氏嫁给他，给他非常好的待遇。七年之后，重耳的岁数已经很大了，只想在齐国安度余生，根本不想返回晋国了。

这时，齐桓公已死，他的几个儿子都想夺取大权，最后齐孝公登上天子之位。很多人都清楚，齐国已经发生内乱，此地不适合重耳停留了。重耳的谋臣子犯、赵衰等人在桑园聚在一起，秘密商量让重耳离开齐国之事。姜氏的侍女在树上采桑叶，无意中听见了他们的密谈。

这侍女回去后，就把谈话内容报告了姜氏。**姜氏得知后，杀掉侍女，叫来重耳，对他说：“男子汉大丈夫，应当志向远大，做一番轰轰烈烈的大事。这位侍女听到密谈，所以我将她杀了。**如果留恋妻子、贪图安逸，一定会引起别人的鄙视。现在齐国已经大乱，你何不赶快离去，另选支持你的强国!”

重耳不愿意离开这里，说道：“我并不想走啊!我的岁数很大了，难道还要硬逼我干事业吗? 若是如此，老天也太不公平了!”

姜氏听了，觉得重耳真是没用，于是不再劝他，而是把子犯等人叫来，一起商议如何让重耳离去。他们想了半天，最后将重耳灌醉，把他送出齐国。

重耳历经艰辛再度回到晋国，成为晋国国君，即历史上的晋文公。

◎成语释义

形容志向远大，不愿留恋家园，在小天地里蜗居。志：志向；四方：天下。

◎故事出处

《左传·僖公二十三年》：“姜氏杀之，而谓公子曰：‘子有四方之志，其闻之者，吾杀之矣。’”

◎成语示例

好男儿就应该志在四方。

● 炙手可热

唐玄宗李隆基年轻时是一个很有作为的皇帝，但是，唐玄宗后来任用口蜜腹剑的李林甫为丞相，朝政开始败坏。

745年，他封杨玉环为贵妃，纵情声色，奢侈荒淫，沉溺于声色犬马之中，政治越来越腐败。杨贵妃有个堂兄叫杨剑。由于杨贵妃得宠，杨剑也平步青云，做了御史，唐玄宗还赐其名“国忠”。

不久，李林甫死了，唐玄宗便任命杨国忠做丞相，把朝廷政事全部交杨国忠处理。一时之间，杨家兄妹权势熏天，他们结党营私，把整个朝廷搞得乌烟瘴气。

753年3月3日，杨贵妃等人到曲江江边游春，轰动一时。诗人杜甫对杨家兄妹这种只顾自己享乐，不管人民死活的行为极为愤慨，写出了著名的《丽人行》一诗，大胆揭露和深刻讽刺了杨家兄妹生活的奢侈和权势的显赫。

“炙手可热势绝伦，慎莫近前丞相嗔！”便是诗中的两句。这两句诗的意思是：**杨家权重位高，气焰盛，没有人能与之相比；**游人们还是躲远一点为好，以免惹怒了丞相。

◎成语释义

权势大，气焰盛，使人不敢接近。

◎故事出处

唐·杜甫《丽人行》：“炙手可热势绝伦。”

◎成语示例

这部电影获得了多项世界奖项，导演也成为当今炙手可热的导演之一。

● 置之度外

东汉初年，汉光武帝刘秀虽然已经称帝，可是天下仍处于群雄纷争的局面。东方的刘永、巴蜀的公孙述、燕王彭宠、齐王张步等都有很强的势力，对新生的东汉政权产生巨大的威胁。

光武帝的理想是统一全国，使百姓脱离战乱之苦。为了达到这个目的，他四处招揽人才，争取天下的民心。他知人善任，对统领大军的将领充分信任。刘秀连连得胜，还收服了威震河西的五郡大将军窦融。而陇西的隗嚣、巴蜀的公孙述还不服从东汉政权，负隅顽抗。

光武帝派人劝隗嚣归顺朝廷。隗嚣觉得自己的势力不足以对抗东汉朝廷，于是暂时臣服，派大儿子跟随汉使去见刘秀，给刘秀做人质。

当时，光武帝对天下形势进行了细致的分析。他指出，隗嚣既然遣子为质，肯定会老实、听话，所以不用顾忌。公孙述在西南边陲，也没有与东汉政权争斗的资本，所以天下大局已定。

他对众将领说："隗嚣和公孙述已没有阻止我统一天下的力量，所以我可以不把他们放在心上了。"

几年之后，刘秀终于荡平其他势力，统一天下，实现了自己的理想。

◎成语释义

放在一边，不作考虑，不把它放心上。置：放；度：打算。

◎故事出处

《后汉书·隗嚣传》："帝积苦兵间，以嚣子内侍，公孙述远据边陲，乃谓诸将曰：'且当置此两子于度外耳。'"

◎出处译文

光武帝仔细分析天下形势——隗嚣遣子为质，公孙述远据边陲，于是对诸将说："我们可以暂且把他们放在一边，不作考虑了。"

◎成语示例

他为了抢救落水的儿童，把生死置之度外。

● 忠言逆耳

公元前207年，刘邦攻入关中，秦王子婴觉得抵挡不住，就投降刘邦。于是，刘邦进入秦宫仔细查看。秦宫宝物无数，美女如云，刘邦见到这些，喜出望外，想好好享用这一切。

樊哙是刘邦的部下，他看到刘邦在秦宫赖着不走，就问他是要做一个大富翁，还是要占领天下。刘邦是个心怀大志的人，很痛快地说道："我起兵除暴，当然是想占领天下了。"

樊哙苦口婆心地说道："秦朝为什么会灭亡？其根源就是秦宫中的美女和珍宝。您若想夺取天下，请快快返回霸上，千万不能学秦朝君王的老样子。"刘邦觉得樊哙的话不中听，就沉默不语。

谋士张良对刘邦说："秦王昏庸，贪图享受，老百姓才起来反抗，您才能进入关中。现在您替天下百姓灭掉暴秦，就应当树立好的形象，做一个节俭的人。可是，您刚进入秦宫就想享受财宝、美色，岂不是让众百姓对您失望！

"忠诚正直的话虽然不顺人的耳朵，

可是对行动非常有好处；良药总是苦的，但对治病很有效果。樊哙性子直，不会拐弯抹角地说话，可他对您忠心耿耿！希望您听从樊哙的忠言!”

刘邦想，现在为了大局，还是退出秦宫为好，等到占领天下之后，美女、富贵迟早都会享受得到。想到这里，他听从了张良的劝告，离开秦宫。他传下命令，封府封库，关闭宫门，无论是谁，都不许擅动秦宫财宝。传下命令后，刘邦返回霸上。关东父老见刘邦不爱财宝、美色，以为他是个节俭之人，都对他非常崇敬。

◎成语释义

忠告的话往往不合自己的思想，听不进耳朵。逆耳：不顺耳、不中听。

◎故事出处

《史记·留侯世家》：“忠言逆耳利于行，良药苦口利于病。”

◎出处译文

忠诚的话虽不顺耳却对端正行为有帮助，好药虽苦却有利于疾病的治愈。

◎成语示例

烟馆里的人，都看这人来历不明，劝他不要与那人要好，却是忠言逆耳，哪里听得。(清·彭养鸥《黑籍冤魂》第十三回)

● 终南捷径

唐朝时候，有一个读书人，姓卢名藏用。他非常聪明，提起笔来就能写诗作赋。他通过科举考试，考中了进士，心里非常高兴。可是考中进士是一回事，当官又是一回事。眼见很多进士都得到了差事，自己却还无官无禄，他心中非常苦恼。

他觉得自己之所以难登仕途，就是因为像他这样的进士太多了，引不起朝廷的重视。而怎样才能使朝廷注意到他，让他当个官呢?

他整日冥思苦想，终于想出了一个好主意。他故意说自己对官场不感兴趣了，然后来到京城长安附近的终南山，在山中过起隐居生活来了。他每日里在山里修身养性，想以此获得清高的美名，让朝廷对自己赏识起来。没想到，这一招还真管用。没过多久，皇帝真认为卢藏用德才兼备，请他出去做官了。

卢藏用得知自己终于有官做了，喜不自胜。他指着终南山，得意地对另一位隐士司马承祯说道：“此中大有佳处。”

说实在话，这个卢藏用是个假隐士，一心想通过归隐这条途径，让朝廷请他去做大官。而司马承祯却是一个真隐士，只想与世无争，隐居山林。他听了卢藏用的话，明白了他话中的含义，便嘲弄地说：“依我看来，这座终南山倒是做官的一条捷径啊!”

◎成语释义

比喻求官的最便捷的门路。也常用来比喻达到目的的便捷途径。

◎故事出处

《新唐书·卢藏用传》：“以仆视之，仕宦之捷径耳。”

◎出处译文

依我看来，这儿倒是进入仕途的一条捷径啊!

◎成语示例

借此认识了几位当道，又结交了几家富

贾豪商，自以为终南捷径，即在此小小酒馆之中，因此十分高兴。（清·李宝嘉《文明小史》第四十四回）

众叛亲离

春秋时，卫国君主卫桓公有个弟弟，名叫州吁。公子州吁有满身的武艺，就想篡夺兄长的位置。

周平王死了，卫桓公到洛阳参加丧礼。州吁为兄长饯行，敬酒给桓公。桓公依照礼节，向弟弟回敬一杯酒。州吁趁哥哥没注意，突然拔出事先准备好的匕首，将桓公杀死，篡夺了国君之位。

州吁即位之后，觉得国人对自己不服。为了不让大家有反对自己的机会，他发动战争，联合陈、宋、蔡三国去攻打郑国，想转移人们的注意力。可是，郑国的防守非常严密，所以州吁打了败仗。

鲁国国君隐公问大臣们："州吁这样做，能长久吗？"

一位大臣说："州吁只知发动战争，四处树敌，老百姓不会对他效忠。他为人心狠手辣，谁都不敢亲近他。正因为如此，老百姓反对他，亲信的人背离他，这样的政权如何长久得了？其实，兵跟火是一样的，一味地用兵，却不懂得收敛和节制，就与玩火自焚差不多。我觉得，州吁很快就会遭遇灭顶之灾！"

果然，不到一年，卫人就借助陈国之力，将州吁杀死，报了杀害先君之仇。

◎成语释义

众人反对，亲信背离。众：大众；叛：背叛；亲：亲信。

◎故事出处

《左传·隐公四年》："夫州吁阻兵而安忍，阻兵无众，安忍无亲，众叛亲离，难以济矣。"

◎出处译文

州吁倚仗手中握有兵权而安于做残忍的事情，握有兵权作威作福，不会有人跟随他，安于做残忍的事情，亲信的人会背离他。老百姓反对，亲信的人背离，这样的政权如何长久得了？

◎成语示例

他坚持与人民为敌，以至众叛亲离，死无葬身之地。

众志成城

周朝时，周景王登基后，想从老百姓身上渔利，就将市面流通的小钱废除，重新铸造一种大钱。

大夫单穆对他说："老百姓的利益受损，穷了，国家就没有办法治理了。"周景王非常固执，听不进单穆的良言。

两年后，周景王又传下旨意，收集全国最好的铜，给自己造两口大钟，敲给自己听。

单穆又苦口婆心地劝他："早在两年之前，大王就将小钱改成大钱，使老百姓无故蒙受损失，现在又要劳民伤财，这怎么行。就算造成了大钟，配上乐也难有和谐之声。您太贪图享受了。"

可是，周景王一心想着玩乐，坚持要造这两口大钟。一年以后，大钟真的造好了，敲击起来的效果不理想。敲钟人为了让周景王高兴，就说钟的声音非常和谐。周景王也就信了。

大臣州鸠却对景王说道："这不能算和谐。大王铸钟，如果百姓高兴地为之欢呼，那才算得上是和谐。可是您为了造这口大钟，使老百姓怨声载道，对大王表现出十足的不满。因此，实在看不出这钟有什么地方值得欣赏。俗话说：**'众人一心，什么事都能办成功，即使是金子在众人口中含着，也会熔化掉。'**"

◎成语释义

如果大家一条心，就会像坚固的城堡一样不可摧毁。用来比喻大家团结起来，力量就会无比强大。众志：万众一心；城：坚固的城堡。

◎故事出处

《国语·周语下》："故谚曰：'众志成城，众口铄金。'"

◎成语示例

面对突如其来的疫情，军民一心，众志成城，全力防控疫情。

逐鹿中原

楚汉战争时期，汉王刘邦封部将韩信为齐王，对他非常宠信。韩信的谋士蒯通看到韩信的力量已经很大，就劝韩信背叛刘邦，带领军队与刘邦、项羽共争天下，那时天下三分之势可以实现。可是，韩信觉得刘邦对他不错，不忍心背叛汉王。

刘邦打败项羽后，当上了皇帝。可是，他开始猜忌韩信。有一次，刘邦带兵出征后，吕后假传圣旨，将韩信抓起来，说韩信想篡夺帝位，将他杀死。韩信见到刘邦、吕后这样无情无义，后悔地说道："我当初不听蒯通之言，所以才有今天这个下场！"

刘邦打了胜仗回来后，听别人讲述韩信的遗言，就将蒯通抓来，要治他的罪。蒯通大喊冤枉，说自己无罪。

刘邦问他："你当初唆使韩信反叛我，我今天就杀了你。这不是很合理吗？你还有什么话可说？"

蒯通一点儿也不害怕，从容不迫地说：**"狗都知道对自己的主人要忠诚，我那时是韩信手下的谋士，当然要忠于韩信，为他考虑。再者说，那时候秦朝失去了政权，全天下的人都在追逐它，谁有本事就能得到它。**你的对手因为力量不够才会失败，你要愿意杀就杀吧！反正你是胜利者。"

刘邦听完蒯通的话后，觉得这个人就是胆子大，对自己并不构成威胁，就把他放了。

◎成语释义

为了夺取政权而进行争斗。鹿：指所要围捕的对象。

◎故事出处

《汉书·蒯伍江息夫传》："狗各吠非其主。当彼时，臣独知齐王韩信，非知陛下也。且秦失其鹿，天下共逐之，高材者先得。"

◎成语示例

三军在江、淮、河、汉之间布成"品"字形阵势，互为犄角，逐鹿中原，机动歼敌。（刘伯承《千里跃进大别山》）

专心致志

弈秋是古代有名的棋手，有两个人慕名而来，同时拜他为师。弈秋一心想把自己的棋艺传授给他们，就非常仔细地给他们讲解。

一个学生非常仔细、认真地听他讲课，对旁边发生的事情都不理会；另一个学生表面上也在认真听课，而实际上思想很不集中。他一会儿看看窗边的花草，一会儿看看天上。他看到大雁从窗外飞过，就想到要用一支箭把大雁射下来，然后吃大雁的肉……

弈秋讲完课，叫这两个学生对弈一局，看看他们学得怎么样。刚开局不久，开小差的学生还能凭借以前的基础周旋一时，不过棋到中盘就见分晓：一个从容不迫地能攻善守，一个手忙脚乱地疲于应付。很快，开小差的学生败下阵来。

弈秋一看，两人的棋艺相差悬殊。他对棋艺差的学生说："你们两个人一起听我讲课，他能专心致志，而你呢，心不在焉。"

◎成语释义

指一心一意，思想高度集中。

◎故事出处

《孟子·告子上》："今夫弈之为数，小数也，不专心致志，则不得也。"

◎出处译文

下棋，这技艺是比较容易的，可是如果不一心一意地学，也是学不好的。

◎成语示例

不由我不专心致志搞这一套。（叶圣陶《招魂》）

自惭形秽

晋朝时，骠骑将军王济长得非常漂亮，性格也很好，没有武将的鲁莽之气。他虽在军队里任职，却喜欢研究经书，而且说得头头是道。人们见他文武双全，都很佩服他。

可是王济的外甥卫玠生得比王济还漂亮，眉目清秀，别人看了都有进入仙境之感。王济也常对别人说："人们都夸我长得漂亮，可是如果把我跟外甥一比，就立刻分出高低上下。外甥好像珠玉一样，我就如同顽石，我们俩相差得实在太远了。"

有一次，卫玠赶着车进城去。他经过市场时，人们都围住他看。大家都说卫玠长得真美，就像是白玉雕成的一样。

卫玠不但长得漂亮，还对玄理方面颇有研究。他和别人讲玄理时总是滔滔不绝。听众都称赞他讲得透彻，研究得精深，实在是不可多得的人才。

◎成语释义

自己觉得不如别人，因而感到惭愧。惭：惭愧；形秽：形态丑陋、不体面。

◎故事出处

《世说新语·容止》："骠骑王武子，是卫玠之舅，俊爽有风姿，见玠辄叹曰：'珠玉在侧，觉我形秽。'"

◎出处译文

骠骑将军王济，是卫玠的舅舅，眉目清秀，颇有风姿。可他看到卫玠时却叹道：

“外甥好像珠玉一样，我就如同顽石，我们俩相差得实在太远了。”

◎成语示例

她自惭形秽般只待在一个黑暗的角落里，不敢发一言。（杨沫《青春之歌》第一部第十一章）

自相矛盾

战国的时候，在楚国有个卖兵器的人，他带着一根矛和一面盾去集市上卖。

他先是吹嘘自己的盾说：“我这面盾呀，是世界上最坚固的盾了，无论什么兵器都没有办法刺穿。”可没喊一会儿，他又夸耀自己的矛说：“我这根矛啊，用罕见的金属千锤百炼而成，不管什么样的东西都能刺进去。”

于是，有人就故意调侃他：“**那用你的矛去刺你的盾，结果会怎么样**？赶紧试验一下吧。”卖兵器的人顿时哑口无言。

◎成语释义

比喻言行不一致，不能自圆其说。

◎故事出处

《韩非子·难一》：“以子之矛陷子之盾，何如？”

◎成语示例

这些理论自相矛盾，存在较严重的逻辑问题。

罪不容诛

西汉时期，河内轵县人郭解为非作歹，随意杀人，是个凶狠的地头蛇。他非常狡猾，又有势力，所以官府也拿他没办法。

当时，汉武帝为了抑制地方上的豪强地主，就命令河内大户都迁居到长安北面的茂陵。郭解也在其中，可是郭解在河内逍遥惯了，不想搬迁，就打通关节，想留在轵县。最后，连大将军卫青都替他说情，说郭解家穷，算不上富户。

可是，汉武帝早就听说过郭解的事情，坚决驳回卫青的求情。他说，郭解能够买通大将军，可见不是个穷人，怎能不迁？

郭解搬迁时，光送行者赠送的钱就有一千多万。一个官员害怕朝廷追究此事，就把这笔钱暂时封存，想等到以后再说。郭解的侄子仗势欺人惯了，当天就把这名官员杀死。不久之后，这官员的父亲也惨遭不幸。官员的家人派人上书，告郭解滥杀无辜。结果，上书人又被郭解的党羽杀死。

汉武帝得知情况，非常生气，就对郭

Z

解展开调查。审讯前，办案人员先问一些知情人，了解真实情况，有的人说郭解好，有的人说郭解坏。没想到，说郭解坏的人次日全都尸陈街上。

郭解却百般狡辩，说这些人的死与他无关。审讯的人苦于找不到证据，所以无法定罪。御史大夫公孙弘得知大怒，认为郭解主使杀人显而易见，就是杀了他都抵偿不了他的罪恶。汉武帝听了公孙弘的意见，终于传下旨意，将郭解满门抄斩。

◎成语释义

判处死刑还抵偿不了他的罪恶。诛：处以死刑。

◎故事出处

《汉书·游侠传序》：“郭解之伦，以匹夫之细，窃杀生之权，其罪已不容诛矣。”

◎出处译文

郭解的事情，在于他以平民的身份却掌握了别人的死活，就是杀了他都抵偿不了他的罪恶。

◎成语示例

汉奸们的所作所为，真是罪不容诛。

醉翁之意不在酒

欧阳修是北宋时期著名的文学家、政治家。他在当滁州太守时，写了一篇《醉翁亭记》，成为传诵千古的著名文章。滁州州署在今天的安徽省滁县。滁县西南有一座山，叫琅琊山，景色非常美丽。

琅琊山上有一眼泉水，非常清甜，人们都管它叫“酿泉”。泉旁的亭子是一个和尚修的，欧阳修称之为“醉翁亭”。欧阳修常和友人在此亭喝酒聊天。他年纪已经很大，没有多少酒量，一喝就醉，所以自称醉翁。

其实，欧阳修喝酒，一不是贪图美酒的香气，二不是贪图下酒菜的美味，而是为了更好地观赏风景。借着微微的醉意，人们会产生景色奇美的幻觉，有助于身心的愉悦。

欧阳修喝酒的乐趣，在于借助醉眼，欣赏一山一水一世界的朦胧美感和无穷韵味。

◎成语释义

本意不在此，而是另有所图。

◎故事出处

宋·欧阳修《醉翁亭记》："醉翁之意不在酒，在乎山水之间也。"

◎出处译文

醉翁的情趣不在于喝酒，而在于山水之间。

◎成语示例

松坡果乐此不倦，我也可高枕无忧，但恐醉翁之意不在酒，只借此过渡，瞒人耳目呢。（蔡东藩、许廑父《民国通俗演义》第五二回）

● 作壁上观

秦朝末年，秦二世为扑灭造反的熊熊烈火，派大将章邯领兵攻打赵国。赵王不是章邯的对手，率领兵将逃到巨鹿（今河北省邢台市）死守，等待援军。章邯派部将王离、涉间把巨鹿围了个水泄不通。

各国听说赵王被围困起来，都派出军队，前往巨鹿。但这些军队到了巨鹿，在离城很远的地方修筑十多个营垒，就是不与秦军交战。原来，他们都有各自的小算盘，只想保存实力，不敢招惹章邯。

这时，楚国的援军刚刚来到漳河。听到赵国危在旦夕的消息后，楚军统帅项羽立刻率军渡河，直奔巨鹿，将秦军团团围住。

第二天，秦军与楚军展开了激烈的决战，战场上鼓声阵阵，杀声冲天。项羽身先士卒，带头杀入敌军之中。秦将苏角策马过来，要与项羽比个高低，被项羽一刀斩于马下。楚军将士见统帅如此英勇，不觉士气大振，个个以一当十，奋力拼杀。

项羽指挥楚国将士连续对秦军发动进攻，秦军的战斗力也很强，士卒们杀红了眼。这一仗，直杀得血流成海，尸骨堆山。

到了这般时候，各国将领仍不敢出兵，都站在自己的营垒上仔细观看。他们虽然是袖手旁观，但亲眼看到楚军的勇猛，也惊得目瞪口呆。

巨鹿之战的结局是，楚军获胜，秦军主力损失惨重，不得不投降项羽。秦将王离被俘，涉间自杀，章邯投降。

各国将领见项羽获胜，非常害怕，一起拜见项羽，表示愿意接受项羽的领导。项羽从此名扬天下，成了指挥各国军队的上将军。

◎成语释义

原意是人家交战，自己却站在营垒上观看。现在往往用来比喻坐观成败，不去帮助。

◎故事出处

《史记·项羽本纪》："及楚击秦，诸将皆从壁上观。"

◎出处译文

到楚军攻击秦军时，那些诸侯军的将领都躲在壁垒上观战。

◎成语示例

我以为对于校长主张去留的人，俱不免各有其复杂的背景，所以我是袖手作壁上观的。（鲁迅《两地书·七》）

参考文献

[1] 刘荣奇.细说成语典故[M].北京：海潮出版社，2007.

[2] 明道.写给青少年的成语典故读本[M].哈尔滨：哈尔滨出版社，2010.

[3] 王珂.中华成语典故全读本[M].北京：中国纺织出版社，2011.

[4]《中华成语词典》编委会.中华成语词典[M].2版.北京：商务印书馆，2013.

[5]胡丽敏，张婷婷.中华成语典故[M].长春：吉林出版集团，2014.